_____ 님께

_____ 드림

쉽게 푸는 재건축·재개발 시리즈 [1]

동영상 강의와 함께 하는 (www.r119.co.kr)

꼭 알아야 하는 재건축·재개발 기본지식

법률사무소 국토
대표변호사 **김 조 영**

1. 도시재생의 개념 및 사업 종류
2. 정비사업의 개념 및 종류
3. 정비사업 진행절차
4. 정비사업의 기본이론

도서출판 **국 토**

쉽게 푸는 재건축·재개발 시리즈 [1]
동영상 강의와 함께 하는
꼭 알아야 하는 재건축·재개발 기본지식

초판 1쇄 발행   2020.1.1.
지은이   김 조 영
펴낸곳 도서출판 국토, 출판신고 2013.12.20. 제379-2013-000119호
사무소 서울특별시 서초구 반포대로28길 39, 402호(서초동)
전화: 02)592-9600   **팩스** 02)592-6366
가격   30,000원
ISBN 979-11-951864-2-6

이 책은 저작권법에 따라 보호받는 저작물이므로 무단 전재와 무단복제를 금지합니다.

* 잘못된 책은 교환해 드립니다.

인 사 말

여러분 안녕하십니까!

그동안 재건축·재개발 등 정비사업 분야를 22년간 자문 및 소송 수행(250여개 추진위·조합관련 800여건 소송)한 경험과 지식을 바탕으로 정비사업의 주체인 조합원님과 임·대의원님, 그리고 관련 협력 업체에 종사하시는 분들이 정비사업을 쉽게 이해할 수 있도록 법률사무소 국토 홈페이지인 www.r119.co.kr 에 동영상 강의를 개설하고, 아울러 본 책을 발간하게 되었습니다.

본 책은 다음과 같은 특징을 가지고 있습니다.

첫째, 강의 내용을 **동영상**으로 제작하고 본 책자를 **강의교재**로 사용하면서 각종 자료, PPT를 제시하여, **눈과 귀로 보고, 들어** 일반 책보다 더 쉽고 더 자세하게 이해 될 수 있도록 노력하였습니다.

둘째, **핵심적인 내용**만 책에 기재하고, 동영상 강의의 **PPT 내용을 가급적 그대로 책에 인용**하여 동영상강의를 보고 난 뒤 핵심내용을 쉽게 기억할 수 있도록 하였습니다. 단, 제4장은 스토리텔링(Story telling)형식으로 교재를 구성하였습니다.

앞으로 정비사업초기부터 해산·청산시까지 시리즈로 동영상강의 및 책을 계속하여 발간해 나가도록 하겠습니다. 그동안 귀중한 조언을 하여 준 아들 민우와 아내에게 감사의 말을 드립니다.

2020.1.1

법률사무소 국토 김 조 영 대표변호사 올림

김 조 영 대표변호사 활동사항

법률사무소 **국 토** 대표변호사

서울특별시 서초구 반포대로28길 39, 401호(서초동)
☎ 02-592-9600, 팩스: 02-592-6366
홈페이지 www.r119.co.kr

■ 전문분야

대한변호사협회 재건축·재개발 전문변호사, 건설법 전문변호사

재건축·재개발, 부동산·건설소송, 일조권, 상가업종분쟁, 종중소송 등

97년~현재까지 약 1,600여건 재건축·재개발, 부동산소송 수행, 그 중 약 250여개 추진위·조합관련 800여건 재건축·재개발관련 소송수행

■ 저서

부동산소송의 법률지식 ('97 청림출판사)
쉽게 푸는 재건축·재개발 [1] ('14 도서출판 국토)
재건축·재개발등 정비사업관련 법령해설집 ('19 도서출판 국토)
꼭 알아야 하는 재건축·재개발 기본지식 ('20 도서출판 국토)

■ 주요경력

- 국토해양부 / 건설교통부 고문변호사 ('03.4~'09.5)
- 서울특별시 「도시계획위원회」 위원, 「시장재정비위원회」 위원 ('10.2~'12.1) 「정비사업 갈등조정위원회」 위원 ('11.12~'13.12) 「주거환경개선 정책자문회의」 위원 ('08.5~'10.5)

-**경기도** 고문변호사 ('09.9~'19.9),
　　　　「도시재정비위원회」 전문위원 ('09.4~'10.10)

-**한국부동산개발협회**(KODA) 고문변호사 ('15.2~현재), 정책위원 ('04~'06)

-**한국도시설계학회** 고문변호사 ('15~'16)

-**광명시** ('11.3.~'13.2.), **안양시** ('09.4.~'11.4) 고문변호사

-**대한주택공사** 「재건축/재개발 컨설팅팀」 고문변호사 ('03.~'05.)
　「임대주택자산관리자문위원회」 위원 ('08.~'10.)

-**한국감정원** 도시정비사업단 전문위원 ('05.~'07.)

-**대한상공회의소** 시장재건축/재개발분야 자문위원 ('02.~'03.)

-**사단법인 주거환경연구원** 이사 ('03.~'15)

-**한국주택정비사업조합협회** 정책위원 ('05.~현재)

-**매일경제** "부동산법률상담" 게재 ('98.~'04. '08.~'09.)

-**동아일보** "부동산법률상담" 게재 ('07.~'08.)

-**조선닷컴**(chosun.com) "김조영의 부동산법률이야기" 게재('13.11~'14.2)

-**The Weekly 한국주택경제** 편집인('14~'17), 칼럼 게재 ('14~현재)

-**하우징헤럴드** 편집인, 법률상담 게재 ('04.~'13)

-**재건축신문** "재건축법률상담" 게재 ('01.~'03.)

-**(전)바른재건축실천 전국연합(재건련)** 법률분과위원장 ('01.~'03.)

■ 강의

　서울지방변호사회 변호사연수원(변호사 대상), 한국주택정비사업조합협회, 사단법인 주거환경연구원(재건축·재개발 강의), 한국생산성본부(건설분쟁 강의), 중앙일보 조인스랜드(상가분쟁 강의), 서울특별시, 경기도, 인천광역시, 대구광역시, 부산광역시, 성남시, 김포시 등, 대

우건설, 대림산업, LG건설, 롯데건설, 삼성물산건설부문(직원 대상)등 강의 다수

■ 재건축·재개발등 정비사업 자문 또는 소송수행
   (자문, 소송의뢰인 또는 소송 상대방 모두 포함)

-현재까지 약 1,600여건의 재건축·재개발 부동산관련 소송, 그 중 약 250여개 추진위·조합관련 800여건 재건축·재개발소송 수행

※괄호 안에 지명이 없는 것은 서울특별시 소재임

【ㄱ】 강동시영1차아파트주택재건축, 강변복지아파트주택재건축, 개나리아파트4차주택재건축, 개봉동화영주택재건축, 개봉4구역주택재건축, 개포시영아파트주택재건축, 개포주공2단지주택재건축, 거여2재정비촉진구역1지구주택재개발, 건우수정아파트주택재건축, 경남연립5차주택재건축, 경일연립주택재건축, 경희연립주택재건축, 계양1구역주택재개발(인천), 계양문화회관동측구역주택재개발(수원), 고덕시영아파트주택재건축, 고덕주공1단지아파트주택재건축, 고덕주공3단지아파트주택재건축, 고잔연립1단지주택재건축(안산), 공단2주공500단지주택재건축(구미), 과천주공6단지주택재건축(과천), 광명1R구역주택재개발(광명), 교문지역주택조합(구리), 국동아파트제1단지주택재건축(여수), 군자주공5단지주택재건축(안산), 군자주공8단지주택재건축(안산), 권선주공2차주택재건축(수원), 금의2구역, 금호제16구역주택재개발, 길동화성연립주택재건축, 계양1구역주택재개발(인천), 길음8구역주택재개발, 김포풍무대림주택(김포),

【ㄴ】 남산아파트주택재건축, 남서울한양아파트주택재건축, 능곡연합주택재건축(고양),

【ㄷ】 다대2주공아파트주택재건축(부산), 대명제2지역주택조합(하남), 대명제3지역주택조합(하남), 대방대림연합주택, 대림2주택재건축, 대

원연립주택재건축, 대일연립주택재건축, 대조동주택재건축, 대치주공고층아파트주택재건축, 대흥2구역주택재개발(대전), 대흥연립주택재건축, 덕소강변연합주택조합(남양주), 동보빌라주택재건축(성남), 동삼아파트주택재건축(안양), 동진연립주택재건축, 동성2차아파트주택재건축(안양), 둔촌주공아파트주택재건축,

【ㄹ】 럭키빌라신축단체,

【ㅁ】 매탄주공2단지주택재건축, 면목2구역주택재건축, 면목5주택재건축, 목동·초원연립재건축, 목동황제주택재건축, 무악연립주택재건축, 문화연립주택재건축, 미도아파트주택재건축, 미아9-1구역주택재건축, 미성아파트주택재건축, 미주아파트주택재건축, 미추B구역도시환경정비사업(인천),

【ㅂ】 박달1동연합재건축(안양), 반여1의1주택재개발(부산), 반포주공1단지아파트주택재건축, 반포주공2단지아파트주택재건축, 반포아파트3주구주택재건축, 반포한양아파트주택재건축, 방배삼익아파트주택재건축, 방배서리풀주택재건축, 보문제4구역주택재개발, 보문시장정비사업, 봉천제12-2구역주택재개발, 부평제5구역주택재개발(인천), 부천역1-1구역도시환경정비사업(부천), 북변5구역도시환경정비사업(김포),

【ㅅ】 사당연립주택재건축, 사당1주택재건축, 산천시민아파트주택재건축, 삼덕진주아파트주택재건축(안양), 삼선제1구역주택재건축, 삼성아파트주택재건축, 삼성연립주택재건축, 삼익그린맨션아파트주택재건축, 삼천리별장빌라재건축, 상록지구주택재개발(안양), 상수1구역주택재개발, 삼신아파트주택재건축, 삼호가든1·2차아파트주택재건축, 삼화·동일연립주택재건축, 상계8단지주택재건축, 상수1구역주택재개발, 상아2차아파트주택재건축, 새인천아파트주택재건축(인천), 서대신1구역주택재개발(부산), 서초보천아파트주택재건축, 서초연합주택

재건축, 석수주공아파트주택재건축(안양), 석수2동한일연립주택재건축(안양), 선부동2구역주택재건축(안산), 선부동3구역주택재건축(안산), 성수아파트2단지주택재건축, 성원협성아파트주택재건축, 소사1-1구역주택재개발(부천), 소사본1-1구역도시환경정비사업(부천), 소라아파트주택재건축, 소사1구역도시환경정비사업(부천), 송림아파트주택재건축(수원), 송파동성원아파트주택재건축, 송현2동송학주택재건축(대구), 송현주공아파트주택재건축(대구), 수원111-1구역주택재개발(수원), 수협중앙회직장주택조합, 신갈주공아파트주택재건축(용인), 신당7주택재개발, 신림제2구역2지구주택개량재개발, 신림4구역주택재개발, 신반포5차주택재건축, 신사1구역주택재건축, 신진다.라동주택재건축, 신현주공아파트주택재건축(인천), 십정4구역주택재개발(부천),

【ㅇ】 안양1동진흥아파트주택재건축(안양), 안양9동의창향우주택재건축(안양), 약대주공아파트주택재건축(부천), 양정2주택재개발(부산), 역곡연립주택재건축(부천), 연남연합구역주택재건축, 연희팰리스빌주택재건축, 염창동태양연립주택재건축, 올림픽아파트주택재건축(성남), 우암1구역주택재개발(청주), 원곡연립1단지주택재건축(안산), 원곡연립2단지주택재건축(안산), 원곡연립3단지주택재건축(안산), 원일주택3단지주택재건축(구리), 원풍아파트주택재건축, 월계라이프아파트주택재건축, 율림연립주택재건축(의정부), 은평구대조동주택재건축, 응암제2구역주택재개발, 의정부시가능동대일연립주택재건축(의정부), 이문4재정비촉진구역주택재개발, 이촌동현대아파트리모델링주택, 이화아파트주택재건축(인천), 인계주공아파트주택재건축(수원), 인화연립주택재건축(인천), 일산동양연합주택(고양), 일산2재정비촉진구역도시환경정비사업(고양),

【ㅈ】 잠실5단지주택재건축, 잠원5지역주택재건축, 잠원한신지역주택조합, 장미아파트주택재건축, 장안3동시영아파트1단지주택재건축,

정원연립주택재건축, 전농도시환경정비사업1, 제기동주택재건축, 종암시장주택재건축, 중동주공아파트주택재건축(부천), 중동희망지구주택재건축(대구), 중앙아파트및상가재건축, 중앙주공1단지재건축, 진흥주택재건축,

【ㅊ】 천호동 422-3번지도시환경정비사업, 철산주공2단지아파트주택재건축(광명), 철산주공4단지아파트주택재건축(광명), 청담삼익아파트주택재건축, 초지연립1단지주택재건축(안산), 초지연립상단지주택재건축(안산), 춘천주공1단지주택재건축(춘천), 춘천효일주택재건축(춘천), 충영가로주택정비사업(인천), 침산2동주택재건축(대구),

【ㅌ】 태양연립주택재건축,

【ㅍ】 팔달10구역주택재개발(수원), 평리지구주택재개발(연기), 풍납동신우연립주택재건축, 풍납연합제2지역주택조합, 풍납연합제3지역주택조합,

【ㅎ】 한남하이츠주택재건축, 한솔리치빌에이주택조합(하남), 하대원주공아파트단지주택재건축(성남), 하안주공본1단지아파트주택재건축(광명), 한강연합연립주택재건축, 한신·경연립주택재건축, 한양연립재건축, 한전상도동지역주택, 해청1단지아파트주택재건축, 해청2단지아파트주택재건축, 행신주공아파트주택재건축(고양), 화곡2주구주택재건축, 화곡3주구주택재건축, 화명주공아파트주택재건축(부산), 화성병점지역주택조합(화성), 화인아트가로주택정비사업, 호평동조동지역주택조합, 홍은동제2주택재건축, 홍은동제6주택재건축, 홍은10구역주택재개발, 화서주공2단지아파트주택재건축(수원), 화양연립주택재건축, 화원맨션주택재건축, 환호아파트주택재건축(포항), 황악구역주택재개발, 황제아파트주택재건축, 효자주공주택재건축(전주) 흥인·덕운시장재건축 등

■ 일반 부동산 분쟁 관련 소송

분양, 매매 : 분양대금 반환청구, 수분양자 명의변경, 수분양자 명의변경 말소, 계약해제에 기한 매매대금 반환, 매매 잔대금 청구, 해약금 반환청구, 대출상환금 부존재 청구, 부당이득금 반환, 매수인 지위 확인 등. 투자금 반환청구, 분양대금 감액청구, 분양금지 가처분, 매매계약 무효,

상가 업종분쟁 : 영업금지 가처분, 영업금지 및 손해배상, 권리행사 방해로 인한 손해배상, 단전 단수 금지 가처분, 체납 관리비 부존재 확인, 관리비 청구, 관리단 집회결의 부존재 확인,

공사 관련 : 공사대금 청구, 공사금지 가처분, 공사방해금지 가처분, 하자보수금 청구, 일조권 침해로 인한 공사금지 가처분, 건설기계 사용료 청구, 공사장 퇴거 청구, 유치권 소송,

손실보상금 : 하천편입토지 손실보상금 청구, 수용재결 손실보상금 청구,

용역비등 : 용역비 청구, 분양대행료 청구, 중개수수료 청구,

경매 : 배당이의의 소, 경매개시결정신청, 강제집행정지 신청,

임대차 : 임대차보증금 반환 , 건물(토지)인도, 임차권등기명령,

맹지 : 주위토지통행권 청구(맹지), 통행방해금지 가처분, 통행금지 가처분,

소유권이전(말소)등기 : 매매, 분양, 종중 소유 땅, 특별조치법, 이전등기청구권 가등기, 소유권 이전등기 말소, 소유권 보존등기 말소

행정소송(세금 포함): 토지수용재결처분 취소, 건축허가 취소, 건축불허가처분 취소, 산업단지개발계획 변경 및 실시계획승인 취소소송, 상속세 부과처분 취소, 증여세 부과처분 취소, 농지조성비등 부과처분 취소, 건물철거 대집행 계고처분 취소, 양도소득세 부과처분

취소, 건축허가취소처분 취소,

기타 일반 : 상속포기, 건물명도(인도), 근저당권 말소, 사해행위 취소, 양수금 청구, 동산인도 청구, 토지분할, 공유물 분할 등

홈페이지 r119.co.kr 동영상 강의 위치

목 차

홈페이지 동영상 강의 위치   12

☞ 아래 각 제목의 강의는 왼쪽 면에 있는 홈페이지내 위치에 동영상으로 게재되어 있습니다. 본 책의 강의내용을 살펴보면 강의시간이 조금 긴 경우에는 제목에 ▶ 2:35 와 같이 동영상 시간별 위치를 게재하였습니다.

1 도시재생의 개념 및 사업 종류

1. **도시재생의 개념, 최초 도시재생 성공원인** 도시재생이란 무엇이며, 최초의 도시재생사업은 어떻게 성공하였는가요?   19

2. **도시재생 성공방법, 정비사업과의 차이점** 도시재생을 제대로 하려면 어떻게 하여야 하며, 정비사업과의 차이점은 무엇인가요?   42

3. **도시재생사업의 종류** 도시재생사업에는 어떤 종류가 있는가요?   46

4. **우리나라 도시재생사업과 도시재생뉴딜정책** 우리나라에서는 도시재생사업을 어떻게 하고 있으며, 도시재생뉴딜정책이란 무엇인가요?   50

5. **도시재생법 내용, 서울시 도시재생전략** 도시재생법을 왜 만들었고, 서울시 도시재생전략은 무엇인가요?   66

2 정비사업의 개념 및 종류

6. **정비사업 종류의 변천** 정비사업 종류가 그동안 어떻게 변경되어 왔는가요?   81

7. **정비사업의 개념 및 종류(1)** 정비사업에는 어떤 종류가 있으며, 각 사업은 어떻게 다른가요? 85

8. **정비사업의 개념 및 종류(2)** 정비사업에는 어떤 종류가 있으며, 각 사업은 어떻게 다른가요? 104

9. **빈집 및 소규모주택정비사업** 빈집 및 소규모주택정비사업이란 무엇인가요? 112

10. **재정비촉진사업의 개념 및 사업진행방식** 재정비촉진사업이란 무엇이며, 어떤 방식으로 진행되는가요? 121

11. **정비사업 종류 선택 가능 여부** 정비사업 종류를 소유자들이 선택해서 사업을 시행할 수 있는가요? 128

③ 정비사업 진행절차

12. **상식으로 본 정비사업 진행절차** 상식적으로 일반 건축허가를 받을 때를 예상하여 알아 보도록 합시다. 137

13. **정비사업 진행절차(1)** 정비기본계획수립 140

14. **정비사업 진행절차(2)** 정비계획수립 및 정비구역 지정 152

15. **정비사업 진행절차(3)** 추진위원회 구성승인 159

16. **정비사업 진행절차(4)** 창립총회, 조합설립인가, 조합의 개념 169

17. **정비사업 진행절차(5)** 시공자 및 협력업체 선정 179

18. **정비사업 진행절차(6)** 사업시행계획인가 190

19. **정비사업 진행절차(7)** 조합원 분양신청 198

20. **정비사업 진행절차(8)** 관리처분계획인가 207

21. **정비사업 진행절차(9)** 동호수추첨, 분양계약, 이주, 철거, 착공, 입주, 해산, 청산   217

4 정비사업의 기본이론

☞ 아래 각 강의는 스토리텔링(Storytelling)형식으로 교재가 되어 있습니다.

22. **정비사업의 징후** 어떤 징후가 나타나면 우리 동네도 재건축·재개발등 정비사업을 시작했다고 볼 수 있는가요?   224

23. **정비사업의 시작** 고 여사는 왜 25년이나 된 낡은 아파트를 구입하였을까요?   231

24. **정비사업의 수익 발생 이유** 정비사업을 하면 왜 이익이 발생하는 것일까요?   243

25. **재건축·재개발과 집값 상승과의 관계** 재건축·재개발을 하면 집값이 얼마나 오르는가요?   257

26. **정비사업을 해야 하는 이유** 정비사업을 왜 하는 것인가요? 안하면 안 되는 가요?   266

27. **재건축·재개발사업의 긍정적 효과** 재건축·재개발사업을 하면 어떤 좋은 효과가 발생하는 것인가요?   276

28. **재건축·재개발사업의 부정적 효과** 재건축·재개발사업을 하면 안 좋은 효과도 당연히 있겠지요?   286

29. **정비사업 초기자금 마련** 사업초기에 소유자들이 돈 한 푼 내지 않고도 정비사업을 할 수 있다고?   292

30. **정비사업에 대한 가장 기본적인 의문점** 재건축 재개발을 하기 싫어하는 사람을 이렇게 설득하라!   299

31. **정비사업의 기간** 정비사업을 하면 통상 어느 정도 기간이 걸

리는가요?   304

32. **지분제·도급제의 개념 및 선택** 시공자 선정시 지분제와 도급제가 있다고 하던데? 그리고 지분제와 도급제중 어느 것이 이익인가요?   306

33. **시공자의 중요성 및 수익구조** 정비사업에 있어서 시공자가 왜 중요하며, 무슨 이익을 얻기에 그렇게 목숨걸고 덤벼드는가요?   327

34. **무이자 이주비, 유이자 이주비** 무이자 이주비라는 것은 무엇인가요? 또 유이자 이주비는 무엇인가요?   330

35. **정비사업과 세입자** 정비사업은 소유자만 할 수 있는가요? 세입자는 못하나요?   334

36. **정비사업별 신축건축물의 종류** 우리 정비사업에는 어떤 종류의 건축물을 신축할 수 있는가요?   338

37. **일반분양가 자율화의 양면성** 일반분양가가 자율화되면 좋은 것일까요?   341

38. **신탁업자의 정비사업 진출** 신탁업자가 사업시행자가 되는 경우 찬·반 입장   346

39. **정비사업진행여부 결정권자** 정비사업 진행을 결정하는 것은 누구인가요?   352

40. **사업 도중 탈퇴 가능여부** 한번 조합원으로 가입하면 빠질 수가 없는가요?   355

1. 도시재생의 개념 및 사업종류

재건축·재개발 등 정비사업을 이해하려면
그 상위 개념인 도시재생을 이해하여야만 합니다.

도시재생을 이해하지 못한 상태에서 시행하는
재건축·재개발사업은 오로지 철거 및 신축, 개발이익 증대라는
개념으로만 접근할 수 있기 때문입니다.

따라서 도시재생이란 무엇인지, 우리나라 도시재생은 어떻게
하고 있는 것인지에 관하여 살펴보는 것이 재건축·재개발
정책을 이해하고 방향을 설정하는데 많은 도움이 되기
때문에, 도시재생의 개념 및 사업종류에 관하여
살펴보도록 하겠습니다.

1. 도시재생의 개념, 최초 도시재생 성공원인

> ### 도시재생이란 무엇이며, 최초의 도시재생사업은 어떻게 성공하였는가요?

Key Point

　우리는 주변에서 '도시재생'이란 말을 많이 듣고 있습니다. 재건축·재개발이란 용어는 예전부터 많이 들은 반면, 도시재생이란 말은 잘 듣지 못하고 있다가 최근에 들어서 많이 듣게 되었을 것입니다.
　그러면, 과연 '도시재생'이란 무엇일까요? 그냥 우리가 흔히 듣는 재건축·재개발을 말하는 것일까요? 그리고 최초로 도시재생사업을 한 곳이 있을 텐데, 그 곳의 당시 상황은 어떠했으며, 도시재생사업을 어떻게 하였길레 성공하였는지에 관하여 살펴보도록 하겠습니다.

법률사무소 국토
김조영 대표변호사의 **동영상 강의**

1. 도시재생이 무엇인지 정확히 알고 있나요?

○ 도시재생이 무엇인지 물어보는 고 여사 질문에 대한 남편의 답변

　고 여사 : 여보, 요즈음 도시재생, 도시재생이라고 하는데 도대체 도시재생이 뭐야?

　남편 : 도시재생? 그~ 그거는, 도시를 재생하는 것을 말하는 것이야~

고 여사 : 그러면, 재건축은 '재~건축 하는 것'이고. 재개발은 '재~개발하는 것'이겠네? 우리 남편 잘났어 정말~~

○ 여러분, 고 여사 남편의 답변이 틀렸나요? 여러분께서는 도시재생에 대하여 고 여사의 남편보다 더 잘 답변할 자신이 있으신가요? 도시재생에 관하여 국어사전적 개념과 법률적인 개념을 살펴보도록 하겠습니다.

가. 국어사전적 개념 ▶ 2:35 부분

○ 재생(**再生**) :

- '죽게 되었다가 다시 살아남',
- '낡거나 못쓰게 된 물건을 가공하여 다시 쓰게 함'

○ 도시재생 : '도시를 다시 살리는 것'

나. 법률적 개념

○ 도시재생은 **「도시재생 활성화 및 지원에 관한 특별법」**(약칭:도시재생법, 2013.6.4.제정, 2013.12.5.시행)에 규정되어 있는데, 이 법에는 아래와 같이 정의되어 있다.

> 「"도시재생"이란 인구의 감소, 산업구조의 변화, 도시의 무분별한 확장, 주거환경의 노후화 등으로 쇠퇴하는 도시를 지역 역량의 강화, 새로운 기능의 도입·창출 및 지역자원의 활용을 통하여 **경제적·사회적·물리적·환경적**으로 활성화시키는 것을 말한다」(제2조).

○ 여기서 중요한 것은 '**경제적·사회적·물리적·환경적**'으로 활성화시킨다는 것인데, 이 4가지 요소를 복합적으로 함께 활성화시켜야만 도시재생이 성공할 수 있다.

○ 아래에 나오는 각종 사업과 도시재생사업은 어떻게 다른 것일까?

2. 도시재생사업은 왜 등장하게 되었을까요?   ▶ 5:30

○ 제2차 세계대전(1939년~1945년) 이후 유럽 등 선진국 **도시에 인구가 집중** ⇒ **도시가 확장** ⇒ **도심 공동화 현상**이 발생

 **도심 공동화(都心空洞化) 현상 ?**

- 도심(도시 중심지) : 인구 밀집, 부동산 가격 급등, 각종 공해
  ⇒ 거주지를 도시 외곽으로 이동

- 낮 : 등교, 출근, 쇼핑 등 → 도심
  밤 : 휴식, 취침 → 도심 주변 거주지

- 낮 : 도심 밀집, 외곽 거주지 한산
  밤 : 도심 한산, 외곽 거주지 분산

- '도넛 현상'이라고도 함

○ 그러다가 세월이 흘러 **노후화 → 도시가 낙후되고 황폐화** 됨

○ 이에 대한 대책은?
  · **낙후된 지역 재건**
  · **단순히 건물만 신축하는 물질적인 개발사업으로 해결?**

○ 최초의 도시재생사업을 보면 그 해답이 있음

3. 최초의 도시재생사업 ▶ 9:28

○ 도시재생을 처음 하게 된 곳

  : 고층빌딩이 많은 미국이나 인구가 밀집된 중국, 고전적인 건물이 많은 프랑스 등이 아니라 영국의 수도 **런던 항구**에 있는 '**도크랜드**' 라는 곳에서 시작

[영국 런던의 위치]

[바다와 강으로 연결되어 있는 런던 항구 지역에 위치]

가. 도크랜드의 위치 및 번성기

○ 영국 런던 도심 동측 8km(템즈 강변)

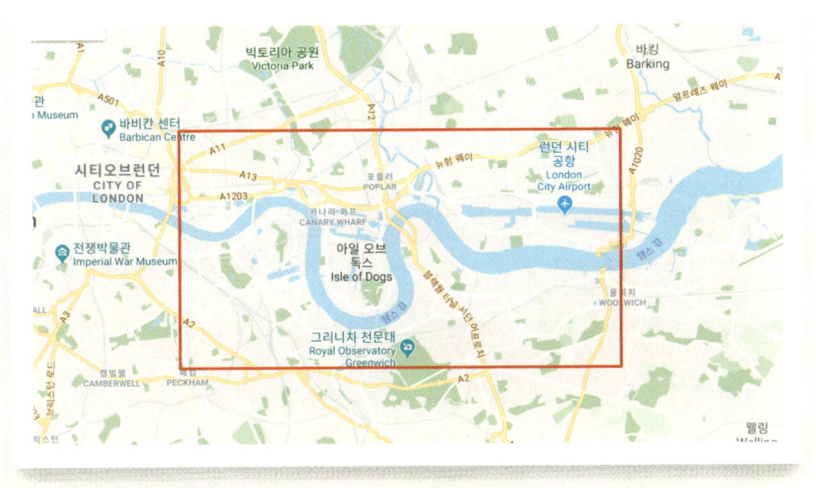

[런던 템즈강의 위 항구 부분이 도크랜드 지역임]

○ 도크랜드의 당시 상황

　· 수상교통의 요지, 런던 동부의 제일가는 항구지역

　· 1880년대에 런던 항구 개발 후 1960년까지 번성

나. 도크랜드의 문제점

○ 도크랜드도 세월이 지나면서 다음과 같은 문제점이 발생

　· 20세기 중반이후 대형선박, 컨테이너 해운이 보편화됨에 따라 수심이 낮은 도크랜드는 항구 기능이 쇠퇴

　· 인구 감소, 주택 노후화, 쓰레기 산적, 부랑자 발생

　· 15만명 실업자 발생, 실업률 24%로 최악의 상태

○ 그런데 그 지역 **토지소유자인 공공기관은 이 문제를 해결하기 위한 재개발 의지가 없었고 노후화되어 가는 도크랜드 지역을 방치**해 두고 있었음

○ 당시 **도시재생 전 사진**을 보면 아래와 같음

다. 도크랜드 도시재생 방법 ▶ 14:00

○ 이렇게 노후화된 도크랜드를 **영국정부가 주도**하여 아래와 같이 재개발을 진행

- 1981년 **LDDC** (London Dock lands Development Corporation) 설립
- 1981년 ~2001년 까지 사업추진 (20년간 장기 플랜)
- 도크랜드지역을 **5개 지구**로 조성
- **공적자금은 기반시설공사를 중심으로 투입, 수익성 있는 지역 개발은 대부분 민간에게 맡겼음**
- 총 투자비 83억 파운드(한화로 약 12조원 중 민간자본이 78% - 이 중 외국자본이 2/3)

○ **정부 주도의 사업추진** 및 **대규모 용도변경**을 통해 도시 기능을 회복하게 되었음

■ **5개 지구의 개발 추진 상황**

○ 도크랜드 지역을 5개 지역으로 나누어 개발

○ 5개 지역으로 나눈 현황은 아래 그림의 번호가 있는 부분임

1) 커내리 와프(Canary Wharf)

- 아래 1 표시 구역임

- 50층 규모 금융빌딩, 업무시설, 호텔, 상가, 레스토랑, 주점 및 위락시설 건설

- **개발 후 사진** (사진 Google 검색, 이하 같음)

2) 아일 오브 독스(Isle of Dogs)

- 아래 2 표시 구역임
- 위락센터, 해양레포츠센터 건설

- 개발 후 사진

3) 로얄 도크(Royal Docks)

- 아래 3 표시 구역임
- 런던 시티 공항, 3,000세대 이상 주택, 쇼핑센터, 요트장, 과학·상업단지, 실내 스타디움, 전시관, 호텔 건설

- 개발 후 사진

4) 워핑(Wapping)

- 아래 4 표시 구역임

- 대규모 복합쇼핑몰, 사무실, 주택 건설

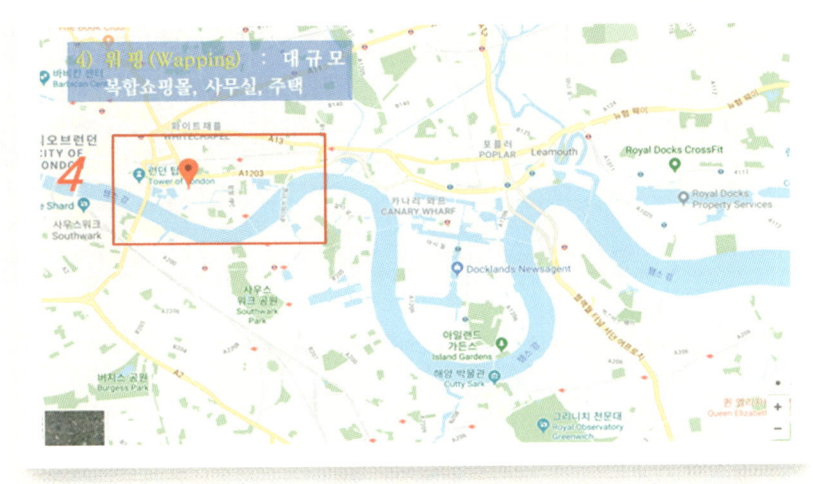

- 개발 후 사진

5) 서레이 닥스(Surrey Docks)

- 아래 5 표시 구역임
- 주택 3,500가구 건립, 런던브리지 시티 오피스, 쇼핑센터
  - 상업과 주거시설 건설

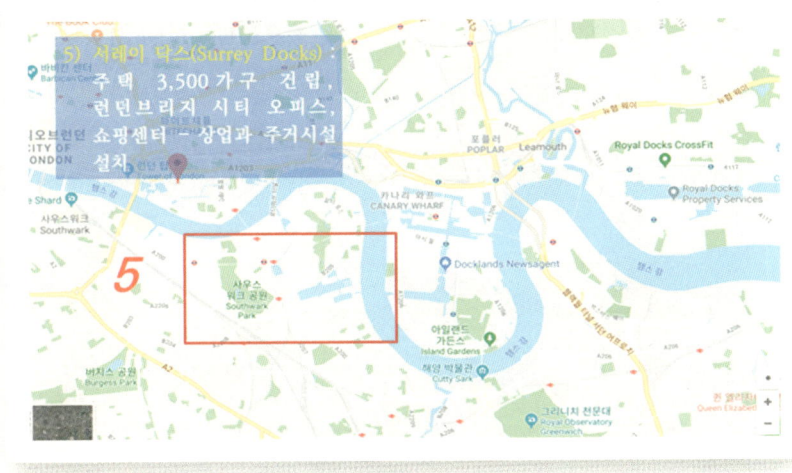

- 개발 후 사진

라. 런던 도시재생사업의 결과

○ 위 사진에서 보시는 바와 같이 예전과 완전히 다른 도시로 탄생

○ 그리고 이 곳에 사람들이 몰리기 시작하여 도시가 다시 활기차기 시작

○ 공사 현황 사진

- **도크랜드 도시재생 관련 동영상** ▶21:00

※ 도크랜드 도시재생 관련 영상을 동영상 강의에서 꼭 보시기 바랍니다.

마. 도크랜드 도시재생 사업이 성공한 이유 ▶ 23:26

도크랜드 도시재생사업이 성공한 이유

1. **경제적·사회적·물리적·환경적**으로 **복합적**으로 활성화시켰기 때문

- 5개 구역으로 구분해서 주택, 금융 및 업무시설, 대규모 쇼핑센터, 레스토랑, 주점 및 위락시설, 문화시설, 해양 레포츠센터, 공항, 과학·상업단지, 실내 스타디움, 전시관, 호텔 등을 **복합적으로 건축**하였음

  → 사람들이 모이고 → 자생할 수 있고
  → **지속가능한 경쟁력**을 가짐

도크랜드 도시재생사업이 성공한 이유

2. **정부가 주도**했기 때문

- 대규모 사업비, 용도변경, 민간자본 투입, 외국자본 유입 등은 지방자치단체가 아닌 정부가 주도하여야 가능함

3. **민간**에게 **수익**이 나도록 배려

- 민간이 참여하려면 수익이 나야 됨
- 수익부분을 불로소득이라고 생각하고 세금이나 기부채납 등을 통하여 무조건 환수하려고 하면 참여하는 기업이나 사람들이 없게 됨
- 정부는 개발의 장만 마련하고, 직접 투자 및 운영은 결국 민간이 하도록 계획하여야 함

도크랜드 도시재생사업이 성공한 이유

4. 한번 시작한 계획을 **지속적으로 진행**하여 완결함

- 정부가 발표한 계획을 중간에 중단하면 신뢰 상실 → 투자 참여 주저
- 20년간 지속적으로 계속하여 완결

5. **광역적으로 계획수립**후 실행하였음

- 5개 구역으로 나누어 서로 연관성이 있게 광역적으로 계획수립
- 일부만 하였으면 계획성과 미비하였을 수도 있음

2. 도시재생 성공방법, 정비사업과의 차이점

> 도시재생을 제대로 하려면 어떻게 하여야 하며, 정비사업과의 차이점은 무엇인가요?

Key Point

언론에 보면 각종 지역에서 도시재생사업을 한다고 발표하고 있습니다. 그런데 도시재생을 하는 모든 지역에서 다 성공하는 것은 아닌 것지요?
 그러면 도시재생을 제대로 하여 성공하기 위해서는 어떻게 하여야 하는 것인가요?
 그리고 재건축·재개발등 정비사업과 도시재생사업과의 차이점은 무엇인가요?

법률사무소 국토
김조영 대표변호사의 **동영상 강의**

1. 도시재생은 어떻게 하여야 할까요?

가. 우리가 일반적으로 상상하는 도시재생방법은?

○ 우리가 흔히 '도시재생'이라는 말을 들으면 생각나는 것

- 낡은 건물을 부수고 새로 짓는 것?
- 주택이나 상가 주변을 살기 좋게 보수하는 것?
- 대규모 주택공급을 많이 하여 집값을 떨어뜨리는 것?

○ 어떻게 하는 것이 제대로 된 도시재생일까?

나. 대원칙   ▶ 3:20 부분

○ 도시재생사업을 하는데 있어서 준수되어야 할 대원칙이 있음.

○ 바로 **경제적·사회적·물리적·환경적**인 측면을 되살려 **사람과 자원이 다시 모이게끔 유도**하는 차원의 도시개발사업이 필요

- 도로, 공원 등 기반시설 정비
- 광역적인 도시계획 수립

    ⇒ 도시계획에 따른 건축물 신축 및 리모델링

- 산업단지, 레저지구 등 사람이 모일 수 있도록 조성

    ⇒ 자체 경쟁력을 가진 도시로 재생

다. 구체적인 방법   ▶ 5:00

1) **주택, 상업시설, 위락시설, 문화시설 등을 함께 만들어서 사람들이 모여서 생활하고, 소비할 수 있도록 하여야 함**

- 단순히 주택의 보수 및 도로 정비, 공원, 벽화 그리기 등만으로는 해결되지 않음 ⇒ 일시적 효과
- 주택은 계속 노후화, 결국 전면 철거시기 곧 도래
- 무계획적인 세금 투입 ⇒ 국가 돈으로 그 지역 부동산 가격만 일시적으로 상승시키는 역할
- 사람이 모이는 자생력이 유지되지 않음

2) **주택이나 상가 건물을 전면 철거한 뒤에 신축 주택, 상가건물을 건축한다고 하여 반드시 경쟁력이 생기는 것은 아님**

- 주거지, 상업지로서의 역할만 하게 됨
- 사람이 몰리지 않으면 상업지의 기능도 서서히 쇠퇴됨
- 주택과 상업시설, 그리고 복합문화시설 등을 함께 건설하거나,

인접하여 건설하여 그 지역에 사람이 모이도록 하여야 함

3) **도시계획을 광역적**으로 세우고, 그 계획에 따라 **장기적으로 철거, 신축** 등을 순차적으로 하여야 함
   - 재건축, 재개발단지의 규모보다 훨씬 큰, 최소한 재정비촉진구역 정도의 규모로 정비계획을 수립하여야 함
   - 도시 전체의 기본적인 계획도 서로 연관성이 있도록 세워야 함
   - 주택, 상가 등의 시설 뿐만 아니라, 문화, 종교, 위락시설, 스포츠, 쇼핑몰 등 커뮤니티시설 등을 **광역적**으로 계획한 뒤에 **순차적**으로 정비해 나가야 함

4) **정부가 주도**하여야 하며, 지방자치단체에의 위임은 부분적으로 해야 함
   - 지방자치단체장의 성향에 따라 도시재생이 중단이 되거나 진행되지 않을 수 있음
   - 광역적인 계획은 정부가 주도하고, 지자체에 위임하는 범위를 축소해야 함
   - 정권이 교체되더라도 계속 지속될 수 있도록 계획을 확정해야 함

5) 참여하는 **사업시행자에게 수익**이 나도록 할 것
   - 용도변경으로 인한 수익 등을 불로소득으로 판단하여 세금징수나 기부채납 등을 통하여 무조건 환수하려고 하여서는 안됨
   - 참여하는 민간에게 수익이 나도록 하여야 함

6) 중간에 중단하지 말고 **지속적으로 시행**하여야 함
   - 광역적인 계획하에 순차적으로 재생사업을 하다가 중간에 중단되면 도시재생계획 전체에 문제가 발생함

・ 중단없이 지속적으로 시행하여 재생계획을 완료하여야 함

2. 재정비촉진사업, 재건축·재개발사업과의 차이

○ 각 사업의 범위 비교 ▶ 16:00

○ 재건축·재개발사업과의 차이

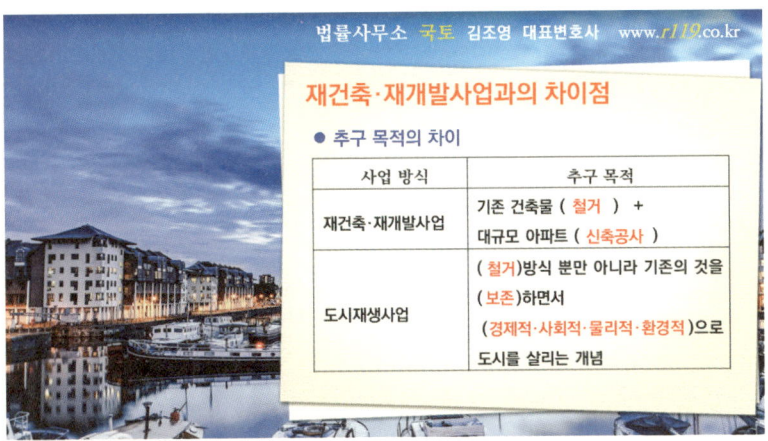

☞ 홈페이지(www.r119.co.kr)의 동영상 강좌를 들으시면
   더 쉽고 더 자세하게 이해하실 수 있습니다.

www.r119.co.kr ☎ 02) 592-9600   *45*

3. 도시재생사업의 종류

> ### 도시재생사업에는 어떤 종류가 있는가요?

Key Point

1번과 2번의 동영상강의를 들으니 이제 '도시재생'이 무엇인지는 대충 알게 되었습니다. 그러면 도시재생을 위한 사업에는 어떤 종류가 있는것인가요?
재건축사업, 재개발사업 이외에 주거환경개선사업과 도시환경정비사업, 그리고 리모델링주택조합, 지역주택조합, 도시개발사업, 뉴타운사업등 사업의 종류가 엄청 많은데 이 사업들이 다 도시재생사업일까요?

법률사무소 국토
김조영 대표변호사의 동영상 강의

1. 도시재생사업의 종류

○ 자, 1강과 2강의 강의를 들으니 이제 조금 도시재생이 무엇인지 알게 되었지요? 그러면 이렇게 도시재생을 위하여 하는 도시재생사업에는 어떤 것들이 있는지를 알아보도록 하겠습니다.

○ 우리가 아래 그림에 나오는 사업들을 한 번씩 들어보신 적이 있지요? 이 사업들이 다 도시재생사업일까요? 자, 그러면 도시재생사업에는 어떤 종류가 있는지를 알아보도록 하겠습니다.

○ 현재 시행되고 있는 「도시재생 활성화 및 지원에 관한 특별법」 (이하 '도시재생법'이라고 함)에는 도시재생사업의 개념 및 종류에 관하여 아래와 같이 구체적으로 기재

- "**도시재생사업**"이란 **도시재생활성화지역**에서 **도시재생활성화계획**에 따라 시행하는 다음 각 목의 사업을 말함(도시재생법 제2조)

    ① **국가 차원**에서 지역발전 및 도시재생을 위하여 추진하는 일련의 사업

    ② **지방자치단체**가 지역발전 및 도시재생을 위하여 추진하는 일련의 사업

    ③ **주민 제안**에 따라 해당 지역의 물리적·사회적·인적 자원을 활용함으로써 공동체를 활성화하는 사업

    ④ 「도시 및 주거환경정비법」에 따른 **정비사업** 및 「도시재정비 촉진을 위한 특별법」에 따른 **재정비촉진사업**

    ⑤ 「도시개발법」에 따른 **도시개발사업** 및 「역세권의 개발 및 이용에 관한 법률」에 따른 **역세권개발사업**

⑥ 「산업입지 및 개발에 관한 법률」에 따른 **산업단지개발사업 및 산업단지 재생사업**

⑦ 「항만법」에 따른 **항만재개발사업**

⑧ 「전통시장 및 상점가 육성을 위한 특별법」에 따른 **상권활성화사업 및 시장정비사업**

⑨ 「국토의 계획 및 이용에 관한 법률」에 따른 **도시·군계획시설사업 및 시범도시**(시범지구 및 시범단지를 포함한다) **지정에 따른 사업**

⑩ 「경관법」에 따른 **경관사업**

⑪ 「빈집 및 소규모주택 정비에 관한 특례법」에 따른 **빈집정비사업 및 소규모주택정비사업**

⑫ 「공공주택 특별법」에 따른 **공공주택사업**

⑬ 그 밖에 도시재생에 필요한 사업으로서 **대통령령**으로 정하는 사업

　1. 「전통시장 및 상점가 육성을 위한 특별법」에 따른 **상업기반시설 현대화사업**

　2. 「국가통합교통체계효율화법」에 따른 **복합환승센터 개발사업**

　3. 「관광진흥법」에 따른 **관광지 및 관광단지 조성사업**

2. 제외된 사업

○ 그런데 우리가 잘 아는 사업 중에 외형상으로는 분명히 도시재생사업인 것 같은데, 도시재생법에 빠진 사업이 있다.

○ 주택법에 의하여 시행되는 **리모델링주택조합사업, 지역주택조합사업, 직장주택조합사업**이 제외되어 있다.

○ 위 사업도 분명히 도시재생의 효과가 있는 사업들인데, 왜 도시재생법의 도시재생사업에서 제외되었는지 잘 이해가 되지 않는다.

☞ 홈페이지(www.r119.co.kr)의 동영상 강좌를 들으시면
　더 쉽고 더 자세하게 이해하실 수 있습니다.

부동산 온라인 강좌

1. 재건축, 재개발 등 정비사업

0. 도시정비법 개정(19.4.23) 강의
1. 꼭 알아야 하는 재건축재개발 기본지식
2. 정비계획 ~ 추진위원회 운영(1)
3. 추진위 ~ 조합설립인가
4. 추진위 운영규정, 조합정관, 자료공개
5. 조합 총회, 대의원회, 협력업체 선정 사업시행계획인가
6. 매도청구, 분양신청, 현금청산, 토지수용
7. 관리처분계획인가, 분양계약, 이주, 인도소송

2. 해설, 판례가 함께 하는 정비사업 법령해설집(3단)

1. 도시 및 주거환경정비법(3단) 해설
2. 정비사업 계약업무 처리기준 해설
3. 빈집 및 소규모주택 정비에 관한 특례법
4. 재건축,재개발조합 표준 정관안
5. 추진위원회 운영규정
6. 기타 법령

3. 부동산 정책, 정보, 재테크

1. 김조영 변호사의 부동산 세상

4. 우리나라 도시재생사업과 도시재생뉴딜정책

> 우리나라에서는 도시재생사업을 어떻게 하고 있으며, 도시재생뉴딜정책이란 무엇인가요?

Key Point

도시재생의 시초는 영국이지만, 우리나라도 도시재생사업을 하고 있습니다. 특히 문재인 대통령 취임 이후에는 '도시재생 뉴딜정책'이라는 이름으로 도시재생사업을 활발하게 추진하고 있습니다.

하지만 현재 하고 있는 우리나라 도시재생사업이 과연 도시재생의 개념에 맞게 제대로 하고 있는 것일까요? 제가 살펴볼 때에는 너무나 안타까운 점들이 많습니다. 자, 같이 살펴보도록 하겠습니다.

법률사무소 국토
김조영 대표변호사의 **동영상 강의**

1. 우리나라 도시재생사업의 시작

○ 최초의 도시재생사업이 영국 런던에서 1981년~2001년까지 약 20년간 시행되었다고 제1강에서 말씀드렸는데, 우리나라는 2006년부터 도시재생사업을 시작

○ 2007.1. 국토해양부에서 **도시재생사업단**을 출범시켰고, 2017.7.에도 국토교통부에서 **도시재생사업기획단**을 출범시켜 도시재생업무를 주관하고 있음

■ 도시재생사업단이 정한 '도시재생'의 의미

○ 2007.1.에 처음으로 도시재생사업단이 출범하면서 정한 '도시재생'의 의미

- '**도시재생**'이란 산업구조의 변화(기계적 대량생산 위주 산업→전자공학·하이테크·IT등 신산업) 및 신도시·신시가지 위주의 도시 확장으로 상대적으로 낙후되고 있는 기존 도시를, 새로운 기능을 도입·창출함으로써 **경제적·사회적·물리적으로 부흥**시키는 것'

◢ 도시재생의 개념

쇠퇴하고 낙후된 구도시를 대상으로 삶의 질을 향상시키고 도시경쟁력을 확보하기 위하여 물리적 정비와 함께 사회적, 경제적 재활성화를 통합적으로 추진하는 일

○ 우리나라도 도시재생사업의 사례라고 볼 수 있는 것이 많이 있으나, 분당, 일산, 평촌등 신도시 개발사업은 도시재생사업의 개념이 도입되기 전의 사업이고, 도시재생사업와 비슷한 효과를 발생한 부산광역시 해운대구, 인천광역시 송도 신도시를 소개해 보도록 하겠다.

○ 그리고 광역적인 도시재생은 아니지만 특정 랜드마크 건축물을 건축한 동대문 디자인플라자(DDP), 반포 세빛 둥둥섬도 도시재생의 일환이라고 할 수 있다.

1) 부산광역시 해운대구   ▶ 3:37 부분

우리나라 도시재생사례
1) 부산광역시 해운대구 : 해운대 해수욕장, 센텀시티, 마린시티, 해운대 신시가지

[홈페이지 동영상 시청 바람]

2) 인천광역시 송도 신도시

3) 서울 동대문 디자인플라자 (DDP)

4) 서울 반포 세빛 둥둥섬

2. 도시재생 모델 구현을 위한 시범적 사업   ▶ 7:34

가. 도시재생사업단의 TEST BED

○ 우리나라에서 도시재생사업을 본격적으로 시행하기 전에 초기 단계에서 시범적으로 한 사업

○ '테스트 베드 (TEST BED)'라고 함은 기성시가지 쇠퇴문제를 해결하기 위해 도시재생사업단에서 개발한 도시재생관련 정책, 제도,

기법, 설계 및 시공기술 등 연구 성과물을 선택적 패키지 형태로 실제 사업구역내에 적용하여, 기술의 실용성을 검증하고 도시재생모델로 구현하기 위한 일종의 시범적 사업을 말함.

○ 대표적인 예 : 창원과 전주

○ <u>아래 해당사업에 대한 설명은 동영상 강의를 참조하시기 바람</u>

나. 창원 TEST BED

다. 전주 TEST BED

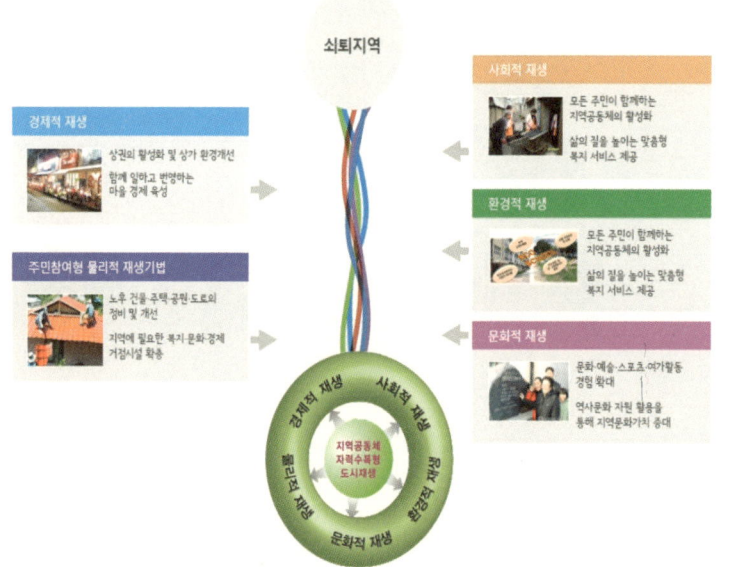

① 문화예술 진흥사업-장나래
배경 : 시장 활성화 문화컨텐츠 필요
내용 : 상인 주도 지역예술인 협력 축제 개발
기간 : 2011. 07 ~ 2014. 04

② 적정기술기반 환경관리사업(전역)
배경 : 녹색기술 적용 친환경시장 적용
내용 : 친환경 자원순환 환경관리 실행
기간 : 2012. 12 ~ 2014. 04

③ 에코스쿨 조성사업
배경 : 녹색교육 및 녹색체험을 통한 대한민국 최초의 녹색학교 건설
내용 : 무약한우수블럭에 의한 우수재이용과 이를 기반으로한 자원순환형 도시농장 설치 및 지역커뮤니티 강화
기간 : 2012. 07 ~ 2014. 04

④ 천사동 주민신문 발간사업(전역)
배경 : 주민주도 정보공유 매체 필요
내용 : 지역재생 공동체 활성화 정보 확산
기간 : 2012. 09 ~ 2014. 04

⑤ 도시재생거점시설 조성사업
배경 : 대상지 내 커뮤니티시설 부재
내용 : 도시재생거점시설 건립
기간 : 2013. 01 ~ 2014. 04

⑥ 도시재생거점시설 자율운영
배경 : 주민자치 시설운영 방법 필요
내용 : 주민자력운영 프로그램 개발
기간 : 2012. 12 ~ 2014. 04

⑦ 천사마을 축제사업
배경 : 마을의 가치창출 및 공동체 육성
내용 : 천년전주 천년사랑 축제 실행
기간 : 2011.10 ~ 2013. 10

⑧ 어린이 보육여건 조성사업
배경 : 기존보육시설 서비스 한계 보완
내용 : 보육프로그램 지원 및 공동체 육성
기간 : 2012. 07 ~ 2014. 04

⑨ 더불어 주민학교 운영사업
배경 : 주민역량강화 필요
내용 : 주민역량강화 프로그램 개발/실행
기간 : 2011. 05 ~ 2014. 04

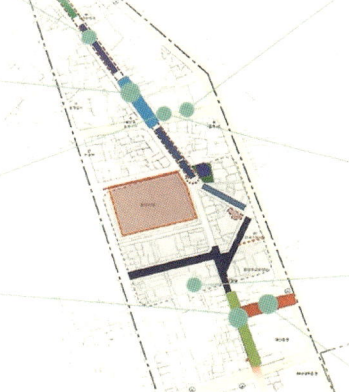

① 노송천 명소화사업
배경 : 노송천 수변활성화
내용 : 노송천 일원의 체계적인 경관관리
기간 : 2012. 09 ~ 2014. 04

② 만원행복거리 사업
배경 : 기로를 통한 규모경제화 도입
내용 : 만원세트상품을 개발 특화
기간 : 2012. 09 ~ 2014. 04

③ 빈점포 챌린지 사업
배경 : 쇠퇴상가지구의 빈점포 활용
내용 : 예술인, 청년 등 창업자 빈점포 임대
기간 : 2013. 01 ~ 2014. 04

④ 테마골목길 조성사업
배경 : 기존 시장 가치 및 도시 활력 증진
내용 : 4구간 테마골목길 특성화
기간 : 2013 ~ 2014

⑤ 건물 리모델링 사업
안전진단지원
배경 : 노후건축물 물리적환경개선
내용 : 구조안정성평가 등 기술지원
기간 : 2011. 12 ~ 2012. 12

리모델링기능조사지원
배경 : 노후건축물 물리적환경개선
내용 : 리모델링을 통해 노후복지민 계획
기간 : 2012. 03 ~ 2012. 07

⑥ 상가신탁창업지원사업
배경 : 빈점포 활용을 통한 상가활성화
내용 : 빈점포(건물) 신탁 및 창업지원
기간 : 2011. 04 ~ 2014. 04

⑦ 그린박스 설치 및 운영사업
배경 : 중앙시장 활성화
내용 : 그린단지시스템 적용
기간 : 2012. 09 ~ 2014. 04

⑧ 팔달로 연계 환경정비 사업
배경 : 상가지구 보행인구 유입
내용 : 팔달로 연계 도로 정비
기간 : 2012. 11

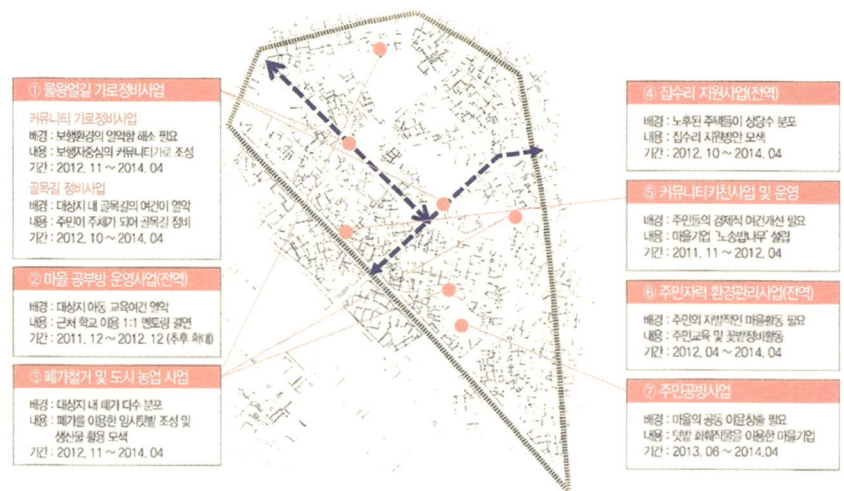

3. 도시재생 활성화 및 지원에 관한 특별법 ▶ 10:05

○ 도시재생을 활성화 하기 위하여 2013년도에 「도시재생 활성화 및 지원에 관한 특별법」 (약칭:도시재생법, 2013.6.4.제정, 2013.12.5.시행)을 제정하여 시행

○ 이 법에서 정한 '**도시재생**'의 개념은 "인구의 감소, 산업구조의 변화, 도시의 무분별한 확장, 주거환경의 노후화 등으로 쇠퇴하는 도시를 지역역량의 강화, 새로운 기능의 도입·창출 및 지역자원의 활용을 통하여 **경제적·사회적·물리적·환경적**으로 활성화 시키는 것을 말한다(제2조)."라고 되어 있음

○ **이 법의 적용을 받게 되면 다음과 같은 특례를 받게 됨**

도시재생활성화계획을 수립하면,

① 도시재생활성화를 위한 비용 **보조 또는 융자**

② 법인세, 소득세, 취득세, 등록면허세 및 재산세 등 **조세 감면**

③ **개발부담금, 농지보전부담금, 대체초지조성비, 대체산림자원조성비, 교통유발부담금, 생태계보전협력금, 공유수면 점용료·사용료, 환경개선부담금, 기반시설설치비용 및 광역교통시설 부담금**을 **감면하거나 미부과**

④ **건폐율** 최대한도의 예외

⑤ **용적률** 최대한도의 예외

⑥ **주차장** 설치 기준의 예외

⑦ **건축물의 최고높이** 완화

를 해 주게 되어 사업이 활성화되도록 함

4. 도시재생 뉴딜정책 ▶ 12:44

○ 여러분, '도시재생 뉴딜정책'이라는 말을 들어보셨지요?

○ **'도시재생 뉴딜정책'** : 문재인 대통령이 공약한 도시재생사업의 한 형태로서, 뉴타운등 기존 사업이 대규모 계획 수립에 초점을 두는 바람에 실질적인 사업추진이 미흡했고, 중앙정부가 주도하면서도 지원은 부족하여 주민이 체감할 수 있는 성과가 미약했다고 판단되어 **'도시재생 뉴딜사업'**을 새로이 추진하겠다는 것임

○ 재원 투입 : 문재인 대통령 재임기간인 **5년 동안 전국 낙후지역 500곳에 50조원 투입**

○ 기존 도시재생사업의 단위사업 규모를 줄여서 대규모 철거없이 주민들이 원하는 소규모 생활밀착형 시설을 설치하는 등 지역이 주도하고 정부는 적극 지원하는 방식으로 추진하게 됨

○ 사업유형 및 그 특징

  · 사업유형은 ① 소규모 저층 주거밀집지역(면적 규모 5만㎡ 이

하)을 대상으로 한 '**우리동네 살리기형**', ② 저층 주거밀집지역 (면적 규모 5만 ~10만㎡)을 대상으로 하는 '**주거정비 지원형**', ③ 골목상권과 주거지 혼재 지역(면적 규모 10만 ~15만㎡)을 대상으로 하는 '**일반 근린형**', ④ 상업, 창업, 역사관광, 문화 예술 지역(면적 규모 20만㎡)등을 대상으로 하는 '**중심시가지형**', ⑤ 역세권, 산업단지, 항만 등(면적 규모 50만㎡)를 대상으로 하는 '**경제 기반형**' 등이 있음

< 사업유형별 특징 >

구분	우리 동네 살리기	주거정비 지원형	일반 근린형	중심시가지형	경제 기반형
대상 지역	소규모 저층 주거밀집지역	저층 주거밀집지역	골목상권과 주거지혼재	상업, 창업, 역사 관광, 문화예술 등	역세권, 산단, 항만 등
특성	소규모 주거	주거	준주거	상업	산업
면적규모(㎡)	5만 이하	5~10만	10~15만	20만	50만

* (기존 유형의 평균 규모) 경제 기반형 407만, 중심시가지형 88만, 일반 근린형 50만㎡

- 특히, 주민들이 재생효과를 빠르게 느낄 수 있도록 <u>전체 사업의 절반 이상</u>을 동네 단위에서 주택을 개량하고, <u>소규모 생활편의시설</u>을 설치해주는 "우리 동네 살리기 사업" 방식으로 추진되는 방안을 검토하고 있다고 밝혔다.

□ (**선정 기준**) 사업의 **시급성** 및 **필요성**, **타당성**, **효과**를 기준으로 지역 간 **형평성**, 지역 **균형발전** 등을 종합적으로 고려하여 선정

* '17년에는 각 지자체에 3~5곳씩 균등하게 배분되도록 하였으나, '18년부터는 지자체 수요, 재생계획 준비정도, 지역 재생효과 등을 감안하여 조정

< '17년 시범사업 선정방식 및 규모 >

사업 목표	노후 주거지 정비		구도심 활력 거점 조성		
대상 지역	소규모 저층 주거밀집지역	저층 단독 주택지역	골목상권과 주거지혼재	상업, 창업, 관광, 문화 등	역세권, 산단, 항만 등
면적(㎡)	5만 이하	5~10만 내외	10~15만 내외	20만 내외	50만 내외
사업 유형	우리동네살리기	주거지 지원형	일반근린형	중심시가지형	경제기반형
선정 주체	광역지자체			중앙(국토교통부)	
사업 수	45곳 내외(광역지자체별 3곳)			15곳 내외(경쟁 방식)	

※ 공공기관 제안방식(10곳 내외): 공공성 강한 사업 발굴 및 지자체 지원을 위해 도입

○ 위 사업중 '우리 동네 살리기'사업을 살펴보면, 다음 면 두 번째 사진이 첫번째 사진중 우측 하단 부분을 확대 한 것인데, 1단계부터 4단계까지 모두 '기존 주택은 그대로 두고 생활시설등을 개선하는데 중점'을 두고 있음

< 우리 동네 살리기 사업 예시 >

○ 선정 지역은 아래와 같음

2 선정지역 위치도

[중앙 선정 (15)/공공기관 제안 (9)]

시·도	대상지역		
부산 (1)	◆ 북 구		
인천 (2)	◆ 부평구	▲ 동 구	
대전 (1)	◆ 대덕구		
세종 (1)	◆ 조치원읍		
경기 (5)	◆ 수원시	◆ 시흥시	◆ 남양주시
	★ 광명시	▲ 안양시	
강원 (1)	◆ 강릉시		
충북 (1)	◆ 청주시		
충남 (1)	◆ 천안시		
전북 (3)	◆ 군산시	◆ 익산시	◆ 정읍시
전남 (2)	◆ 목포시	◆ 순천시	
경북 (3)	◆ 영천시	◆ 포항시	● 영양군
경남 (3)	◆ 사천시	◆ 김해시	■ 통영시

[광역지자체 선정 (44)]

시·도	대상지역		
부산 (3)	● 동 구	★ 사하구	▲ 영도구
대구 (3)	● 동 구	★ 북 구	▲ 서 구
인천 (3)	● 동 구	★ 서 구	▲ 남동구
광주 (3)	● 남 구	★ 광산구	▲ 서 구
대전 (3)	● 중 구	★ 동 구	▲ 유성구
울산 (3)	● 중 구	★ 남 구	▲ 북 구
경기 (3)	● 고양시	★ 안양시	▲ 고양시
강원 (3)	● 춘천시	★ 태백시	▲ 동해시
충북 (3)	● 청주시	★ 충주시	▲ 제천시
충남 (3)	● 천안시	★ 공주시	▲ 보령시
전북 (3)	● 전주시	★ 완주군	▲ 군산시
전남 (3)	● 순천시	★ 목포시	▲ 나주시
경북 (3)	● 상주시	★ 경산시	▲ 영주시
경남 (3)	● 밀양시	★ 거제시	▲ 하동군
제주 (2)		★ 서귀포시	▲ 제주시

(범례1) 선정방식별
◆ 중앙 선정   ◆ 공공기관 제안   ■ 광역지자체 선정

(범례2) 사업유형별
■ 경제기반형   ◆ 중심시가지형
● 일반근린형   ★ 주거지지원형   ▲ 우리동네살리기

5. 도시재생 홍보영상 ▶ 19:00

○ 도시재생에 관하여 설명하는 동영상이 여러 개 있으나, 그 중에서 도시재생에 관하여 경기도에서 제작한 홍보 동영상이 나름대로 잘 되어 있어 그 내용을 소개하니 홈페이지에서 동영상을 꼭 시청하시기 바람

[동영상을 반드시 보시기 바랍니다]

☞ 홈페이지(www.r119.co.kr)의 동영상 강좌를 들으시면
더 쉽고 더 자세하게 이해하실 수 있습니다.

5. 도시재생법의 내용, 서울시 도시재생전략

> 도시재생법을 왜 만들었고,
> 서울시 도시재생전략은 무엇인가요?

Key Point

도시재생법을 왜 만들었을까요? 그리고 지금 전국적으로 도시재생사업을 하고 있는데, 그 중에 서울특별시의 경우에는 도시재생전략을 어떻게 하고 있을까요?
이를 "1. 도시재생 활성화 및 지원에 관한 특별법 제정, 2. 도시재생법의 주요 내용, 3. 2025 서울특별시 도시재생전략계획" 순서로 알아보도록 하겠습니다.

법률사무소 국토
김조영 대표변호사의 **동영상 강의**

1. 도시재생 활성화 및 지원에 관한 특별법 제정

가. 특별법상 도시재생의 개념

○ 도시재생을 활성화하기 위하여 2013년도에 「**도시재생 활성화 및 지원에 관한 특별법**」을 제정하여 시행(약칭:도시재생법, 2013. 6.4.제정, 2013.12.5.시행)

○ 이 법에서 정한 '**도시재생**'의 개념은 "인구의 감소, 산업구조의 변화, 도시의 무분별한 확장, 주거환경의 노후화 등으로 쇠퇴하는 도시를 지역역량의 강화, 새로운 기능의 도입·창출 및 지역자원의 활용을 통하여 **경제적·사회적·물리적·환경적**으로 활성화 시

키는 것을 말한다(도시재생법 제2조)."라고 되어 있음

나. 법 제정 목적

○ 도시재생법을 만든 목적은
- 도시의 경제적·사회적·문화적 활력 회복을 위하여 공공의 역할과 지원을 강화함으로써
- 도시의 **자생적 성장기반을 확충**하고
- 도시의 **경쟁력을 제고**하며
- 지역 공동체를 회복하는 등
- 국민의 삶의 질 향상에 이바지함에 있음(도시재생법 제1조).

○ 위 내용 중에 '**자생적 성장기반을 확충**'하는 것과 '**경쟁력을 제고**'하는 것이 가장 중요한 도시재생의 목적이라고 할 것임

2. 도시재생법의 주요 내용   ▶ 4:22 부분

가. 국가도시재생기본방침 수립

○ 도시재생을 하기 위해서는 먼저 '국가도시재생기본방침'이라는 것을 수립함

○ **국가도시재생기본방침** : 도시재생을 종합적·계획적·효율적으로 추진하기 위하여 수립하는 국가 도시재생전략을 말함

○ **국토교통부장관**이 도시재생 활성화를 위한 **국가도시재생기본방침**을 10년마다 수립하며, 필요한 경우 5년마다 그 내용을 재검토하여 정비하도록 되어 있음

나. 도시재생전략계획 수립

○ 그런 다음에는 도시재생전략계획이라는 것을 수립

○ **도시재생전략계획** : 전략계획수립권자가 국가도시재생기본방침을 고려하여 도시 전체 또는 일부 지역, 필요한 경우 둘 이상의 도시에 대하여 도시재생과 관련한 각종 계획, 사업, 프로그램, 유형·무형의 지역자산 등을 조사·발굴하고, 도시재생활성화지역을 지정하는 등 도시재생 추진전략을 수립하기 위한 계획

○ 위에서 말하는 "**전략계획수립권자**" : 특별시장·광역시장·특별자치시장·특별자치도지사·시장 또는 군수(광역시 관할구역에 있는 군의 군수는 제외한다)를 말하는데, 국토교통부장관이 위에서 보신 바와 같이 기본방침을 수립하면, 전략계획수립권자는 **도시재생전략계획**을 10년 단위로 수립하고 이 또한 필요한 경우 5년 단위로 정비함(동법 제12조).

○ 그리고 이 도시재생전략계획에 "**도시재생활성화지역**"(국가와 지방자치단체의 자원과 역량을 집중함으로써 도시재생을 위한 사업의 효과를 극대화하려는 전략적 대상지역으로 그 지정 및 해제를 도시재생전략계획으로 결정하는 지역)을 지정하거나 변경하게 됨

다. 도시재생활성화계획 수립

○ 위와 같이 도시재생전략계획에서 도시재생활성화지역이 지정되면, 도시재생전략계획에 부합하도록 도시재생활성화지역에 대하여 국가, 지방자치단체, 공공기관 및 지역주민 등이 지역발전과 도시재생을 위하여 추진하는 다양한 도시재생사업을 연계하여 종합적으로 수립하는 실행계획인 "**도시재생활성화계획**"을 전략계획수립권자가 수립하는데, 주요 목적 및 성격에 따라 다음 각 목의 유형으로 구분하게 됨

　(1) **도시경제기반형 활성화 계획**: 산업단지, 항만, 공항, 철도, 일반국도, 하천 등 국가의 핵심적인 기능을 담당하는 도시·군계획시

설의 정비 및 개발과 연계하여 도시에 새로운 기능을 부여하고 고용기반을 창출하기 위한 도시재생활성화 계획

(2) **근린재생형 활성화 계획**: 생활권 단위의 생활환경 개선, 기초생활인프라 확충, 공동체 활성화, 골목 경제 살리기 등을 위한 도시재생활성화계획

라. 특 례

○ 위와 같이 도시재생활성화계획을 수립하여 도시재생사업을 하면,

① 도시재생활성화를 위한 **비용 보조 또는 융자**

② 법인세, 소득세, 취득세, 등록면허세 및 재산세 등의 **조세 감면**

③ 개발부담금, 농지보전부담금, 대체초지조성비, 대체산림자원조성비, 교통유발부담금, 생태계보전협력금, 공유수면 점용료·사용료, 환경개선부담금, 기반시설설치비용 및 광역교통시설 부담금을 **감면하거나 미부과**

④ **건폐율** 최대한도의 예외

⑤ **용적률** 최대한도의 예외

⑥ **주차장** 설치 기준의 예외

⑦ **건축물의 최고높이** 완화

를 해 주게 되어 사업이 활성화되도록 하게 되는 것임

3. 2025 서울특별시 도시재생전략계획 ▶ 9:57

가. 서울특별시 도시재생 홍보영상

○ 전국적으로 도시재생사업을 위한 계획을 수립하고 있지만 그 중에서 서울특별시의 경우를 살펴보도록 하겠음

○ 서울특별시에서 **도시재생을 홍보하기 위한 동영상**을 제작하였는바, 그 내용을 홈페이지에서 시청해 보시기 바람. 나름대로 도시재생 사업의 중요한 핵심을 홍보하고 있음

서울특별시 도시재생 홍보영상

[동영상 강의 속 '서울특별시 도시재생 홍보 동영상'을 꼭 보시기 바랍니다.]

나. 서울특별시 도시재생 전략계획 ▶ 14:45

○ 서울특별시 2025 도시재생전략계획 책자를 보면 아래와 같음

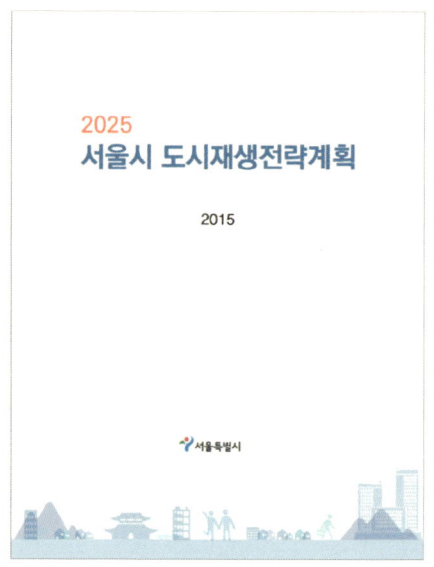

목 차

제1장 | 계획의 개요

1 계획의 배경 및 목적   3
2 계획의 위상 및 범위   5
3 계획의 수립과정   7

제2장 | 서울의 쇠퇴현황과 도시재생 과제

1 서울의 변화 및 쇠퇴현황 진단   11
2 상위 및 관련계획 검토   24
3 서울의 도시재생 잠재력 진단   31
4 서울형 도시재생을 위한 과제 및 방향   37

제3장 | 서울형 도시재생 기본방향

1 서울형 도시재생의 비전 및 전략   43
2 서울형 도시재생을 위한 권역별 재생과제   48
3 서울형 도시재생 유형 및 유형별 전략   75

제4장 | 도시재생활성화지역 선정 및 계획방향

1 도시재생활성화지역 선정방향   89
2 도시재생활성화지역 선도모델의 선정   93
3 도시재생활성화지역 선도모델 재생방향   98
4 도시재생활성화지역 확대운영 방안   153

○ 그리고 서울특별시를 **도심권, 동북권, 동남권, 서북권, 서남권**으로 지칭하는 생활권역으로 구분

○ 이 생활권역별로 특징이 다르기 때문에 도시재생사업중 각 생활권역별로 어떤 종류를 시행할 것인지를 구분

○ 그리고 생활권역별로 여건을 진단하고, 도시재생과제를 아래에서 보시는 바와 같이 정하였음

[표 3-1] 권역별 여건진단 및 도시재생 과제

권역	여건진단	도시재생 과제
도심권	• 역사문화도심으로서의 정체성 약화 • 거주인구 정체, 성곽 및 구릉지 일대 노후주거지 분포 • 도심산업 밀집지역의 물리적 환경 열악 • 주차장 등 생활기반시설 부족 • 지역 내 풍부한 역사문화자원 및 관광명소 보유 • 상공인 공동체 활성화	• 역사도심으로서의 정체성 회복 • 광역교통체계와 연계한 국제업무 중심기능 강화 • 도심특화산업의 육성 • 도심 관광명소의 연계를 통한 관광활성화 • 관광 지원시설 확충 및 편의제공 • 지역특성을 고려한 다양한 대안적 정비사업 추진 • 한양도성 주변 성곽마을 주거환경 개선
동북권	• 중심지 기능 미약 및 고용기반 취약 • 구릉지, 하천변 등 노후주거지 다수 분포 • 지역특화산업 다수 분포 • 생활기반시설 공급 부족 • 역사·자연 등 풍부한 지역자원 보유 • 다양한 형태의 공동체 분포	• 광역중심 등 중심지의 전략적 육성 • 신성장산업 기반 강화 • 지역특화산업의 발굴 및 육성 • 대학과 연계한 준공업지역 발전방향 제시 • 정비구역 해제지역 관리방안 마련 • 고도지구·구릉지 주변 저층주거지 정비 및 관리
서북권	• 미래산업 고용기반 확충을 위한 중심성 보유 • 구릉지 및 대학가 주변의 주거지 노후화 • 직주균형지수가 낮고, 고용기반 취약 • 주차공간 등 생활기반시설 부족 • 다양한 지역자산 등 관광 잠재력 풍부 • 마을공동체 및 커뮤니티 활동 활성화	• 미래산업 고용기반 확대를 통한 광역중심 기능 강화 • 지역중심 기능 강화를 통한 균형발전 도모 • 지역자원의 연계를 통한 창조문화산업거점 육성 • 지역특화자원을 활용한 지역 명소화 추진 • 지형특성에 따른 주거지 재생 • 대학가 주변 소형주택 유지·공급
서남권	• 광역·지역중심지 기능 미약 • 주공혼재지역, 외국인 밀집지역 등 주거지특성 다양 • 준공업지역의 산업기능 저하 • 생활기반시설의 양적부족 및 불균형 입지 • 근대산업유산, 교육관련 기능 등 지역특화요소 보유 • 외국인 노동자관련 공동체 존재	• 광역중심의 신성장산업거점 육성 • 권역 내 지역중심의 특성화 유도 • 산업단지 재생 및 활성화 • 지역특화산업의 보호 및 복합산업공간 마련 • 지역특성에 따른 계획적 관리 • 대규모 노후주거지의 체계적 관리
동남권	• 글로벌 업무기능 강화 요구 • 고용 중심지 주변 소형가구 분포, 대규모 아파트 단지 노후화 • 사업체 및 종사자수 증가 추세, IT기업 유출 • 상대적으로 양호한 기반시설 보유 • 풍부한 역사문화자원 보유 • 일부지역에 소규모 공동체 분포	• 중심지간 연계로 대도시권 중심에 맞는 글로벌 경쟁력 강화 • 선제적 관리를 통한 동남권의 도시경쟁력 확보 • 지역특화요소를 활용한 지역 정체성 회복 및 강화 • 지역자원을 활용한 광역차원의 연계 • 저층주거 밀집지역의 주거환경 개선 및 특성별 관리 • 대규모 아파트 단지의 계획적 정비 유도

○ 위와 같이 도시재생과제를 정한 다음, 서울에 적합하다고 판단되는 "**서울형 도시재생 유형**"을 아래와 같이 4개 유형으로 나누어 정하였음

① 신 광역 경제중심지 육성
② 쇠퇴·낙후 지역경제 활성화
③ 자연·역사·문화 정체성 강화
④ 노후 쇠퇴 주거지역 활성화

서울형 도시재생 유형

서울형 도시재생 유형은 기성시가지 내 성장 잠재력이 높은 지역, 상대적으로 쇠퇴·낙후된 지역, 기존 자원들의 활용가치가 높은 지역을 우선 배려하되, 앞에서 설정한 '서울의 도시재생 방향'에 부합하도록 다음과 같이 네 가지로 설정함.

[표 3-2] 서울형 도시재생 유형

재생방향	신 광역 경제중심지 육성	쇠퇴·낙후 지역경제 활성화	자연·역사·문화 정체성 강화	노후 쇠퇴 주거지역 활성화
예시				
재생대상	대중교통 접근성이 양호한 대규모 (저이용)가용지를 보유한 지역	기존의 산업 또는 상업의 재활성화가 필요한 지역	역사·문화·자연자산의 활용가치가 높은 지역	주거환경이 노후 불량하여 정비 또는 개선이 필요한 지역
재생유형	저이용·저개발 중심지역	쇠퇴·낙후 산업(상업)지역	역사문화자원 특화지역	노후 주거지역

○ 위와 같은 도시재생 유형에 따라 사업을 진행하는데 소요되는 예산 및 진행현황은 다음과 같음

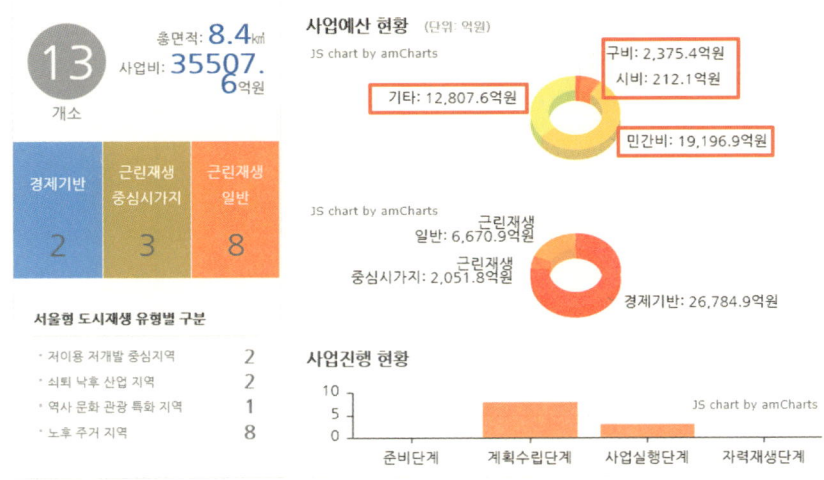

[서울시 도시재생사업 유형별 추진현황도]

○ 그리고 서울시에서 나름대로 각 사업별로 사업기간을 정하여 진행하였으나. 계획과는 달리 안타깝게도 사업이 제대로 진행되지 않는 경우가 많이 있음

총 13건   단위:억원

사업유형	서울시유형	선정방식	사업명	총 사업비	사업기간	추진단계
근린재생 중심시가지형	쇠퇴낙후산업상업지역	서울시지정	세운상가 일대 도시재생활성화지역	974	2015-2019	사업실행단계
근린재생 중심시가지형	쇠퇴낙후산업상업지역	서울시지정	장안평 일대 도시재생활성화지역	5529	2016-2016	계획수립단계
근린재생 중심시가지형	역사문화자원특화지역	서울시지정	낙원상가 일대 도시재생활성화지역	167	2015-2018	계획수립단계
도시경제기반형	저이용저개발중심지역	서울시지정	서울역 일대 도시재생활성화지역	225	2015-2019	계획수립단계
도시경제기반형	저이용저개발중심지역	국가지정	창동·상계 일대 도시재생활성화지역	26559	2015-2015	계획수립단계
근린재생 일반형	노후주거지역	국가지정	창신숭인 선도지역	211	2014-2017	사업실행단계
근린재생 일반형	노후주거지역	국가지정	가리봉 일대 도시재생활성화지역	402	2014-2018	계획수립단계
근린재생 일반형	노후주거지역	국가지정	해방촌 일대 도시재생활성화지역	170	2014-2018	사업실행단계
근린재생 일반형	노후주거지역	자치구공모	성수동 시범사업 도시재생활성화지역	445	2015-2018	계획수립단계
근린재생 일반형	노후주거지역	자치구공모	신촌동 시범사업 도시재생활성화지역	244	2015-2018	계획수립단계
근린재생 일반형	노후주거지역	자치구공모	암사동 시범사업 도시재생활성화지역	226	2015-2018	계획수립단계
근린재생 일반형	노후주거지역	자치구공모	장위 시범사업 도시재생활성화지역	186	2015-2018	계획수립단계
근린재생 일반형	노후주거지역	자치구공모	상도4동 시범사업 도시재생활성화지역	165	2015-2018	계획수립단계

○ 도시재생활성화 지역이 많이 있으나, 그 중에 2군데만 소개하면 아래와 같음

서울역 일대 도시재생활성화지역

- 위치 : 서울역, 남대문시장, 중림동, 회현동 일대
- 면적 : 약 1,725,000㎡
- 유형 : 도시경제기반형 (서울형 : 일자리거점 육성형)

- 위치 : 용산구 서계동 일대
- 면적 : 약 123,000㎡
- 유형 : 근린재생일반형 (서울형 : 근린 재생형)

장안평 일대 경제기반형 도시재생활성화지역

- 위치 : 장안동 일대 (자동차 유통상가)
- 면적 : 약 1,451,000㎡ (물재생센터, 차량기지 포함)
- 유형 : 도시경제기반형 (서울형 : 일자리거점 육성형)

2. 정비사업의 개념 및 종류

이제 본격적으로 재건축·재개발 등 정비사업에 관하여
강의를 하도록 하겠습니다.

정비사업에 관한 법률인 「도시 및 주거환경정비법」은
2003.7.1.시행된 뒤에 현재까지 많이 개정되었습니다.

그중에 정비사업의 종류가 어떻게 변경되어 왔는지,
그리고 종류 변경에 따라 개념도 어떻게 변경되어 왔는지에
관하여 살펴보도록 하겠습니다.

6. 정비사업 종류의 변천

> 정비사업의 종류가 그동안 어떻게 변경되어 왔는가요?

Key Point

2003.7.1. 「도시 및 주거환경정비법」이 시행될 당시에 4개였던 정비사업 종류가 그 뒤에 6개로 변경되었고, 다시 2018.2.9.부터는 3개로 변경되었습니다.

왜 변경이 되었으며, 변경내용은 무엇인지 알아보도록 하겠습니다.

법률사무소 국토
김조영 대표변호사의 **동영상 강의**

1. 2003.7.1.~2012.8.1.

○ 정비사업에 적용되고 있는 「도시 및 주거환경정비법」은 2003.7.1.부터 시행

○ 최초 시행 당시부터 법이 개정되어 2012.8.2. 개정법 시행 전까지, 주거환경개선사업, 주택재개발사업, 주택재건축사업, 도시환경정비사업 등 4가지 사업이 있었음

2. 2012.8.2.~2018.2.8.

○ 그런데 9년 뒤인 2012.8.2.부터 최초 4가지 사업에 주거환경관리사업, 가로주택정비사업이 추가되어 총 6가지 사업이 되었음

3. 2018.2.9.~현재

○ 6가지 사업이었다가 주거환경관리사업은 주거환경개선사업에 포함되고, 도시환경정비사업은 재개발사업에 포함되었으며, 가로주

택정비사업은 2018.2.9. 시행된 「빈집 및 소규모주택 정비에 관한 특례법」으로 이동하여 이 특례법에 포함되었음.

○ 따라서 2018.2.9. 이후 부터 현재까지는 도시 및 주거환경정비법상 정비사업의 종류에는 **주거환경관리사업, 재개발사업, 재건축사업**등 3개만 있음

구분	주거환경 개선사업	주거환경 관리사업	주택재개발 사업	도시환경 정비사업	주택재건축 사업	가로주택 정비사업
대상 지역	저소득자 집단거주	단독주택 및 다세대 밀집	노후불량 건축물밀집	상·공업지역	공동주택	노후불량주택 밀집 가로구역
통폐합	주거환경개선사업		재개발사업		재건축사업	빈집 및 소규모 주택정비에 관한 특례법으로 이동

☞ 홈페이지(www.r119.co.kr)의 동영상 강좌를 들으시면 더 쉽고 더 자세하게 이해하실 수 있습니다.

부동산 온라인 강좌

1. 재건축, 재개발 등 정비사업

0. 도시정비법 개정(19.4.23) 강의
1. 꼭 알아야 하는 재건축재개발 기본지식
2. 정비계획 ~ 추진위원회 운영(1)
3. 추진위 ~ 조합설립인가
4. 추진위 운영규정, 조합정관, 자료공개
5. 조합 총회, 대의원회, 협력업체 선정 사업시행계획인가
6. 매도청구, 분양신청, 현금청산, 토지수용
7. 관리처분계획인가, 분양계약, 이주, 인도 소송

2. 해설, 판례가 함께 하는 정비사업 법령해설집(3단)

1. 도시 및 주거환경정비법(3단) 해설
2. 정비사업 계약업무 처리기준 해설
3. 빈집 및 소규모주택 정비에 관한 특례법
4. 재건축,재개발조합 표준 정관안
5. 추진위원회 운영규정
6. 기타 법령

3. 부동산 정책, 정보, 재테크

1. 김조영 변호사의 부동산 세상

7. 정비사업의 개념 및 종류(1)

> ### 정비사업에는 어떤 종류가 있으며, 각 사업은 어떻게 다른가요? (1)

Key Point

'정비사업'이라고 함은 「도시 및 주거환경정비법」에 있는 사업을 말합니다. '도시재생사업'과는 다른 개념입니다.

정비사업은 2003.7.1. 최초 시행 때에는 4가지 종류가 있었는데, 2008년도에 6가지로 변경되었다가 2018.2.9.부터 3가지로 변경되었고, 경과조치등에 의하여 현재 기존의 사업이 진행중에 있으므로, 기존의 개념 등을 포함하여 정비사업의 종류 및 각 사업의 차이점을 설명해 드리도록 하겠습니다.

법률사무소 국토
김조영 대표변호사의 동영상 강의

1. 구 「도시 및 주거환경정비법」상 정비사업의 개념 및 종류 (2018.2.9.이전)

○ 도시재생사업의 종류가 엄청나게 많다는 사실은 이미 강의를 들으신 분들은 아실 것이다. 그래서 본 강의에서는 도시재생사업중 「도시 및 주거환경정비법」이라는 법에 의하여 시행되는 '정비사

업'에 대하여 알아보도록 하겠다.

○ 그리고 「도시재정비 촉진을 위한 특별법」에 의한 "재정비촉진사업"은 재정비촉진계획 및 구역지정까지만 위 특별법에 의하여 진행되고 그 뒤의 사업진행은 「도시 및 주거환경정비법」의 3가지 사업방식 중 한 가지를 적용하여 사업방식을 진행하도록 규정되어 있기 때문에 근본적으로 「도시 및 주거환경정비법」에 의한 사업내용을 알게 되면 자연적으로 이해가 될 것이다.

○ 「도시 및 주거환경정비법」은 기존의 도시재개발법, 주택건설촉진법, 도시저소득주민의주거환경개선을위한임시조치법을 폐지 또는 통합하여 제정한 법률로서 2003.7.1.부터 시행

○ 시행 당시에는 4가지 종류가 있다가, 2012.8.2.부터 6가지 종류가 되었다가, 2018.2.9.부터 3가지 종류로 되었음

○ 2018.2.9. 개정법이 시행되기 전의 구 「도시 및 주거환경정비법」 제2조에는,

『"**정비사업**"이라 함은 이 법에서 정한 절차에 따라 도시기능을 회복하기 위하여 정비구역 또는 가로구역(가로구역: 정비구역이 아닌 대통령령으로 정하는 구역을 말하며, 바목의 사업으로 한정한다)에서 정비기반시설을 정비하거나 주택 등 건축물을 개량하거나 건설하는 다음 각목의 사업을 말한다. 다만, 다목의 경우에는 정비구역이 아닌 구역에서 시행하는 주택재건축 사업을 포함한다.』

라고 개념을 설명하면서, 정비사업에는 다음의 6가지 사업이 있음을 규정하고 있었음

가. **주거환경개선사업**: 도시저소득주민이 집단으로 거주하는 지역

으로서 **정비기반시설**이 극히 열악하고 **노후·불량건축물**이 과도하게 밀집한 지역에서 주거환경을 개선하기 위하여 시행하는 사업

나. **주택재개발사업**: 정비기반시설이 열악하고 **노후·불량건축물**이 밀집한 지역에서 주거환경을 개선하기 위하여 시행하는 사업

다. **주택재건축사업**: 정비기반시설은 양호하나 **노후·불량 건축물**이 밀집한 지역에서 주거환경을 개선하기 위하여 시행하는 사업

라. **도시환경정비사업**: 상업지역·공업지역 등으로서 토지의 효율적 이용과 도심 또는 부도심 등 **도시기능의 회복이 필요한 지역**에서 도시환경을 개선하기 위하여 시행하는 사업

마. **주거환경관리사업**: **단독주택 및 다세대주택** 등이 밀집한 지역에서 정비기반시설과 공동이용시설의 확충을 통하여 주거환경을 보전·정비·개량하기 위하여 시행하는 사업

바. **가로주택정비사업**: 노후·불량건축물이 밀집한 **가로구역**에서 종전의 가로를 유지하면서 **소규모로 주거환경을 개선**하기 위하여 시행하는 사업

○ 위 사업내용에 대한 정의를 보면, 구체적인 내용이 없기 때문에 서로 비슷하다는 느낌이 들고, '정비기반시설'과 '노후·불량건축물'이라는 용어가 등장하는데, 이 개념은 본 변호사가 해설하여 발간한 **'재건축·재개발등 정비사업 법령 해설집(3단)'** 조문을 인용하며 동영상으로 설명을 하였으니 '정비기반시설'과 '노후·불량건축물'의 개념에 관하여는 위 법령해설집이나 동영상 강의를 참조하여 들으시기 바람

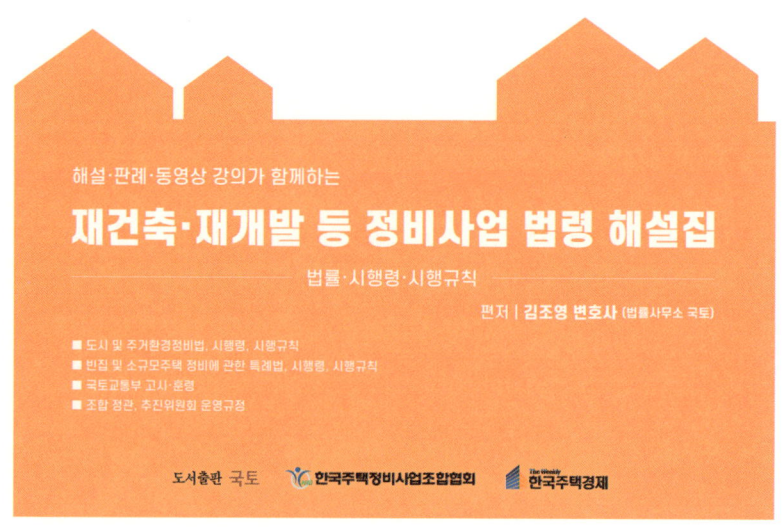

♣ 정비기반시설   ▶ 5:20 부분

도시 및 주거환경정비법	도시 및 주거환경정비법 시행령
4. "**정비기반시설**"이란 도로·상하수도·공원·공용주차장·공동구("국토의 계획 및 이용에 관한 법률」제2조제9호에 따른 공동구를 말한다. 이하 같다), 그 밖에 주민의 생활에 필요한 **열**·가스 등의 공급시설로서 **대통령령**으로 정하는 시설을 말한다. ▲【해설】 • 2015.9.1.개정으로 '**열** 공급시설'이 추가되었다. 정비기반시설의 범위가 확대되면 신설되는 정비기반시설의 설치비용이 증가되고, 이로 인하여 정비사업의 시행으로 용도폐지되는 국가 또는 지방자치단체 소유의 정비기반시설을 사업시행자가 무상으로 양도받을 수 있는 범위가 확대되어 사업시행자에게 유리하게 된다. • 법에 규정된 '공동구', 시행령에 규정된 '공공공지'란 아래 그림의 시설을 말한다. 가끔 운전하다 보면 지하 공동구 설치 공사를 하는 것을 볼 수가 있다.	**제3조(정비기반시설)** 법 제2조제4호에서 "**대통령령**으로 정하는 시설"이란 다음 각 호의 시설을 말한다. 1. 녹지 2. 하천 3. 공공공지 4. 광장 5. 소방용수시설 6. 비상대피시설 7. 가스공급시설 8. 지역난방시설 9. 주거환경개선사업을 위하여 지정·고시된 정비구역에 설치하는 공동이용시설로서 법 제52조에 따른 사업시행계획서(이하 "사업시행계획서"라 한다)에 해당 특별자치시장·특별자치도지사·시장·군수 또는 자치구의 구청장(이하 "시장·군수등"이라 한다)이 관리하는 것으로 포함된 시설

♣ 노후·불량건축물

도시 및 주거환경정비법	도시 및 주거환경정비법 시행령	도시 및 주거환경정비법 시행규칙

도시 및 주거환경정비법

3. "노후·불량건축물"이란 다음 각 목의 어느 하나에 해당하는 건축물을 말한다.

가. 건축물이 훼손되거나 일부가 멸실되어 붕괴, 그 밖의 안전사고의 우려가 있는 건축물

나. 내진성능이 확보되지 아니한 건축물 중 중대한 기능적 결함 또는 부실 설계·시공으로 구조적 결함 등이 있는 건축물로서 대통령령으로 정하는 건축물

▶ [해설]
- 내진성능이 확보된 건축물은 위 나. 목에 해당되지 않는다.
- 2012.12.18. 법 개정시 위 나.목이 신설되었는데, 이 조항이 신설된 이후 정비사업진행을 반대하는 의사를 가진 지방자치단체장이 정비사업 진행을 반대하는 경우에도 정비사업이 제대로 진행되는 기준연한을 길게 정함으로써 정비사업이 제대로 진행되지 못하도록 하였으므로, 이와 같은 현상이 나타나 정비사업 침체가 되자, 조례가 정한 기준연한이 되지 않은 건물이라도 내진성능이 확보되지 아니한 건축물 중에서 너무 요건에 해당하면 "노후·불량건축물"에 해당하도록 하여, 노후·불량건축물의 비율을 높여 정비사업 진행을 원활하게 할 수 있도록 한 것이다.

도시 및 주거환경정비법 시행령

제2조(노후·불량건축물의 범위) ① 「도시 및 주거환경정비법」(이하 "법"이라 한다) 제2조제3호나목에서 "대통령령으로 정하는 건축물"이란 다음 각 호의 어느 하나에 해당하는 건축물을 말한다.

1. 급수·배수·오수 설비 등의 설비 또는 지붕·외벽 등 마감의 노후화나 손상으로 그 기능을 유지하기 곤란할 것으로 우려되는 건축물

2. 법 제12조제4항에 따른 안전진단기관이 실시한 안전진단 결과 건축물의 내구성·내하력(耐荷力) 등이 같은 조 제5항에 따라 국토교통부장관이 정하여 고시하는 기준에 미치지 못할 것으로 예상되어 구조 안전의 확보가 곤란할 것으로 우려되는 건축물

▶ [해설]
- 건축물을 최초로 건축하거나 대수선하였을 당시의 건축법령을 기준으로 판단하여야 한다.
- 이때나 연립주택의 경우에 내부 인테리어 공사나 외벽 페인트 등을 통해 외관상으로는 노후·불량건축물이 아닌 듯하나, 녹물이 많이 나오거나 장마 때에 물이 샌다거나 하는 등 생활하기 힘든 경우에는 조례로 정하는 기준연한이 되지 않았더라도 노후·불량건축물에 해당될 수 있는 것이다.

도시 및 주거환경정비법 시행규칙

가. 노후·불량건축물에 해당하는지, 해당 건축물이 얼마나 있는지 여부는 정비계획 수립 시 중요한 요건이다.
나. 기본부터 다락까지 규정하고 있는데, 전부 해당하지 않아도 그 중 어느 하나에만 해당된다면 노후·불량건축물로 분류될 수 있다.

다. 정비구역으로 지정되려는 구역 안에 있는 건축물 중 노후·불량건축물이 각 사업별로 일정비율 이상이 되면 정비계획 수립 및 정비구역지정이 가능하기 때문에, 노후·불량건축물의 개념은 상당히 중요하다.

라. 정비구역지정 취소나 무효를 주장하는 대부분이 노후·불량건축물에 해당되지 않는 건축물을 해당하는 것으로 선정하여 결국 노후·불량건축물의 비율이 충족되지 않아 정비계획 및 정비구역지정이 무효라고 주장을 하고 있다.

▶ [해설]
- 국토교통부 고시 "주택 재건축 판정을 위한 안전진단 기준"에 의하면 안전진단결과 이래와 같이 유지보수, 조건부 재건축, 재건축 등으로 분류하게 된다.

최종 성능점수	판정
55 초과	유지보수
30 초과 ~ 55 이하	조건부 재건축
30 이하	재건축

도시 및 주거환경정비법	도시 및 주거환경정비법 시행령	도시 및 주거환경정비법 시행규칙
다. 다음의 요건을 **모두 충족**하는 건축물로서 **내**[국?]**통령** **령**으로 정하는 바에 따라 특별시·광역시·특별자치시·도·특별자치도 또는 「지방자치법」 제175조에 따른 서울특별시·광역시 및 특별자치시를 제외한 인구 50만 이상 **대도시**(이하 "**시·도조례**"라 한다)로 정하는 건축물 1) 주변 토지의 이용 상황 등에 비추어 주거환경이 불량한 곳에 위치할 것 2) 건축물을 철거하고 새로운 건축물을 건설하는 경우 건축에 드는 비용과 비교하여 효용의 현저한 증가가 예상될 것 ▼ **[해설]** • 위 요건은 **모두** 충족하여야 한다. • 법에서 "**대도시**", "**시·도조례**" 라는 용어가 앞으로 자주 나오게 되는데, 그 개념이 위 다목에서 규정한 것이나 기억해 두기 바란다. 예를 들면 "**대도시**"라고 함은 인구 50만 이상 도시 전부를 말하는 것이 아니라 50만 이상 도시 중에서 서울특별시·광역시 및 특별자치시를 제외한 시를 말한다. • 특별시, 광역시, 특별자치시 등의 현황을 보면 아래와 같다. **특별시**(1): 서울특별시 **광역시**(6): 부산광역시, 대구광역시, 인천광역시, 광주광역시, 대전광역시, 울산광역시 **도**(8): 경기도, 강원도, 충청남도, 충청북도, 경상남도, 경상북도, 전라남도, 전라북도 **특별자치도**(1): 제주특별자치도 **인구 50만 이상 대도시**(15): 고양시, 김해시, 남양주시, 부천시, 성남시, 수원시, 안산시, 안양시, 용인시,	② 법 제2조제3호다목에 따라 특별시·광역시·특별자치시·도·특별자치도 또는 「지방자치법」 제175조에 따른 서울특별시·광역시 및 특별자치시를 제외한 인구 50만 이상 대도시의 조례(이하 "**시·도조례**"라 한다)로 정할 수 있는 건축물은 다음 각 호의 어느 하나에 해당하는 건축물을 말한다. ▶조례: 인천 제3조 1. 「건축법」 제57조제1항에 따라 해당 지방자치단체의 조례로 정하는 면적에 미치지 못하거나 「국토의 계획 및 이용에 관한 법률」 제2조제7호에 따라 도시·군계획시설 등의 설치로 인하여 효용을 다할 수 없게 된 대지에 있는 건축물 ▶조례: 서울 재4조제2항 2. 공장의 매연·소음 등으로 인하여 위해를 초래할 우려가 있는 지역에 있는 건축물 3. 해당 건축물을 조속의 경제적 기준으로 40년까지 사용하기 위하여 보수·보강하는 데 드는 비용이 철거 후 새로 건축하는 데 드는 비용보다 클 것으로 예상되는 건축물	건축물 시행령 시행령 제80조에는 • 건축법 시행령 제80조에는 1. 주거지역: 60제곱미터, 2. 상업지역: 150제곱미터, 3. 공업지역: 150제곱미터, 4. 녹지지역: 200제곱미터, 5. 제1호부터 제4호까지의 규정에 해당하지 아니하는 지역: 60제곱미터 미만으로 분할할 수 없도록 되어 있고, • 서울특별시 건축조례 제29조에는 1. 주거지역: 90제곱미터, 2. 상업지역: 150제곱미터, 3. 공업지역: 200제곱미터, 4. 녹지지역: 200제곱미터, 5. 제1호부터 제4호까지의 규정에 해당하지 아니하는 지역: 90제곱미터 미만으로 분할할 수 없도록 되어 있다. 따라서 시행령 1호에서 '조례로 정하는 면적'이라고 함은 위 면적 기준에 미치지 못하는 토지를 말하는 것이다.

도시 및 주거환경정비법	도시 및 주거환경정비법 시행령	도시 및 주거환경정비법 시행규칙
전주시, 창원시, 천안시, 포항시, 화성시		
또 척지을 일으키지 않아야 할 사항은 "시·도조례"라고 함은 대도시만의 조례를 말하는 것이 아니라 특별시·광역시·특별자치시·도·특별자치도의 조례를 말하는 것이다.		
다. 도시미관을 저해하거나 노후화된 건축물로서 대통령령으로 정하는 바에 따라 시·도조례로 정하는 건축물 ▶조례 : 인천 제3조제2항	③ 법 제2조제3호라목에 따라 시·도조례로 정할 수 있는 건축물은 다음 각 호의 어느 하나에 해당하는 건축물을 말한다.	
▲[해설]	1. 준공된 후 20년 이상 30년 이하의 범위에서 시·도조례로 정하는 기간이 지난 건축물 ▶조례 : 서울 제4조제1항, 경기 제3조제2항	서울특별시 도시 및 주거환경정비조례 제4조(노후·불량건축물) ① 영 제2조제3항과 함께 제2조제3항에 따라 노후·불량건축물로 보는 기준은 다음 각호와 같다
• [2017.8.9.개정전] 개정전에는 "도시미관을 저해하거나 노후화된 구조적 결함이 있는 건축물 등으로서 대통령령으로 정하는 바에 따라 시·도조례로 정하는 건축물이라고 구조적 결함등이 있는 문구를 삭제하였다.	2. "국토의 계획 및 이용에 관한 법률" 제19조제1항제8호에 따른 도시·군기본계획의 경관에 관한 사항에 어긋나는 건축물 ▶조례 : 경기 제3항	1. 공동주택 가. 철근콘크리트·철골콘크리트·철골철근콘크리트 및 강구조인 공동주택: **별표 1**에 따른 기간
• 철거가 불가피하여야만 노후·불량건축물에 해당되도도 어 부 : 2012.2.1. 법 개정 전에는 "노후화로 인한 구조적 결함 등으로 인하여 **철거가 불가피한 건축물로서...**"라고 규정되어 있어 노후·불량건축물이 되기 위해서는 철거가 불가피한 것이라는 요건이 포함되어 있었다.		나. 가목 이외의 공동주택: 20년
• 하지만 철거가 불가피하다는 요건을 갖지 않고 건축물이 경과년수로 노후·불량건축물 해당여부를 판단하도록 규정되어 있어, 법에서 철거가 불가피한지 여부가 요건이 갖춰져 있음에도 불구하고 시·도조례에는 이에 관한 판단없이 단순히 건축물이 경과년수에 따라 노후·불량건축물 해당여부를 판단하도록 되어 있기 때문에, 조례가 법에 위배되어 무효인 것이 아닌지에 관하여 논란이 있는 곳도 소송도 많았다.		2. 공동주택 이외의 건축물 가. 철근콘크리트·철골콘크리트·철골철근콘크리트 및 강구조 건축물("건축법" 시행령 별표 1 제1호에 따른 단독주택을 제외한다): 30년
• 그래서 2012. 2.1. 법을 개정하여 위와 같이 **파괴이라는 용어를 삭제하였다.**	▲[해설] 주로 위 제9호1호에 의하여 "노후·불량건축물에 해당하는지를 많이 판단한다. 속칭 경과년수에 의한 계산을 하는 것이다.	나. 가목 이외의 건축물: 20년
	부칙 〈대통령령 제28628호, 2018.2.9.〉	3. 미사용승인건축물의 용도별·규모별 구조는 건축허가 내용에 따르며, 준공 연도는 계산 사용 수도요금·전기요금 등이 부과가 개시된 날이 속하는 연도로 한다.
	제11조(정비계획의 수립에 관한 경과조치) 이 대통령령 시행 (2013.9.19.) 전에 "도시 및 주거환경정비법 시행령" 제24756호로 일부개정령(법률 제12116호로 개정되기 전의 것을 말한다) 제4조제1항에 따라 정비계획을 수립한 경우 노후·불량건축물의 범위에 대해서는 제5조의 개정규정에도 불구하고 종전의 "도시 및 주거환경정비법 시행령"(대통령령 제24756호로 개정되기 전의 것을 말한다) 제2조에 따른다.	※ [별표 1]은 아래 맨 끝에 있음

도시 주거환경정비법	도시 및 주거환경정비법 시행령	도시 및 주거환경정비법 시행규칙

도시 주거환경정비법

- 그런데 법 개정 전부터 '철거가 불가피한지 않으면 경과년 수가 지나도 노후·불량건축물에 해당되지 않는다'는 이유로 정비구역지정취소소송이 무효소송이 진행됐었고, 그 중에 대법원에 올라간 사건이 2012.6.18.에 선고되었는데 **대법원 전원합의체 판결로 철거가 불가피한 지 여부도 노후·불량건축물의 판단기준**'이라고 판결 났다(아래 판결 참조). 그래서 단순히 건물 건축 후 경과 년수만을 기준으로 노후도를 조사하고, 철거가 불가피한지 여부를 조사하지 않은 경우 정비구역지정처분이 위법하다고 판결하였다.

- 하지만 이 대법원판결이 나기 전인 2012. 2. 1. 법률 개정하여 위와 같이 '철거가 불가피한'이라는 용어를 삭제하였기 때문에, 2012.2.1. 개정법 시행 이후 지정된 정비구역에서는 노후·불량건축물을 판단하는 있어서 '철거가 불가피한 지' 여부를 판단할 필요가 없게 되었다.

♦ **[판례] 철거가 불가피한 건축물이어야 하는지 여부**
- "도시정비법 제12조가 일정한 경우 필수적으로 주택단지 내의 건축물을 대상으로 안전진단을 실시한 다음 그 결과 등을 종합적으로 검토하여 정비계획을 수립 또는 주택재건축사업 시행 여부를 결정하도록 규정하고 있는 경우 비추어 보더라도, 준공된 후 20년 등의 기간이 경과하였다는 것이 노후·불량건축물에 해당하는지를 판단하는 유일한 기준이 될 수 없다. 나아가 정비사업에는 토지 또는 건축물 수용이나 매도청구 등과 같이 재산권 제한에 관한 절차가 필수적으로 수반되는 것을 고려할 때, 토지 또는 건축물 소유자 등이 이해관계에도 충분히 고려되어야 한다. 구 도시정비법 제2호가 규정한 '건축물이 노후화로 인한 구조적 결함 등으로 인하여 철거가 불가피한 건축물로서 대통령령으로 정하는 바에 따라 시·도 조례로 정하는 건축물'이란, 준공된 후 20년 등이 지난 건축물로서 그로 인하여 건축물이 노후화되고 구조적 결함 등이 발생하여 철거가 불가피한 건축물을 말한다고 해석하는 것이 타당하다」 대법원 2012.6.18.선고, 2010두16592. ★ 전원합의체 판결

도시 및 주거환경정비법 시행령

▲ [해설]
- 2013.9.19.전에 불량 건축물에 해당되는 경우에는 적용되는 노후·불량건축물의 범위 내용이 위 시행령 시행령 제24756호를 개정되기 전의 것을 말한다)제2조를 찾아서 보아야 한다.

♦ **[판례] 재정비촉진구역지정시 노후·불량건축물 요건 충족하여야 하는지 여부**
- 「도시재정비촉진법에 따라 재정비촉진지구 안에서 도시정비법에 의한 도시환경정비사업을 시행하기 위하여 재정비촉진구역을 지정할 때에도 도시정비법 제2조에서 정한 노후·불량건축물의 개념이나 범위에 따라 그 지정요건의 충족 여부를 판단하여야 한다」 대법원 2012. 11. 29., 선고, 2012두16077, 판결

도시 및 주거환경정비법 시행규칙

[별표 1]

노후불량건축물·불량건축물·불량주택리모델링 및 공공주택재건축사업의 노후·불량주택의 기준 (제4조제1항제1호 관련)

준공연도	5층 이상 건축물	4층 이하 건축물
1981. 12. 31. 이전	20년	20년
1982	22년	21년
1983	24년	22년
1984	26년	23년
1985	28년	24년
1986	30년	25년
1987	30년	26년
1988	30년	27년
1989	30년	28년
1990	30년	29년
1991. 1. 1. 이후	30년	30년

2. 정비사업의 종류 개정

가. 개정 이유 ▶ 9:24

○ 2018.2.9.부터 시행된 「도시 및 주거환경정비법」 전부 개정법이 1년 전인 2017.2.8.에 개정되었는데, 국회에서 개정될 때 개정 이유를 보면 다음과 같음

[법 개정 이유]

복잡한 정비사업 유형을 간소화하기 위해 사업 내용이나 방식이 유사한 사업은 통합할 필요가 있었습니다.

그래서 주거환경개선사업(현지개량 방식)과 주거환경관리사업은 사업방식이 동일하고 대상지역도 일부 중첩되어 하나로 통합하고, 주택재개발사업과 도시환경정비사업은 복합개발을 통한 다양한 도시기능의 회복을 위해 하나로 통합하며, 아울러 소규모 정비사업인 가로주택정비사업 및 소규모 재건축사업은 「빈집 등 소규모주택 정비에 관한 특례법」으로 이관하여 규정함에 따라, 「도시 및 주거환경정비법」에서 가로주택정비사업 규정은 삭제하게 된 것입니다.

나. 개정된 정비사업 종류

○ 정비사업 종류는 ①주거환경개선사업과 주거환경관리사업이 통합되어 주거환경개선사업이 되었고, ②주택재개발사업과 도시환경정비사업이 통합되어 재개발사업이 되었고, ③주택재건축사업은 기존에 단독주택과 공동주택 모두 가능하였는데 개정법에서는 공동주택만 가능한 것으로 되면서 재건축사업이 되었으며, ④가로주택정비사업은 '빈집 및 소규모주택정비에 관한 특례법'으로 이동하였음

○ 이에 대한 개정 내용을 도표로 간단히 설명하면 아래와 같음

2018.2.9.부터 달라진 정비사업 종류

2018.2.9. 당시 종전법에 따라 사업시행인가를 받은 경우에는 아래 변경된 사업으로 봄

구분	주거환경개선사업	주거환경관리사업	주택재개발사업	도시환경정비사업	주택재건축사업	가로주택정비사업
대상지역	저소득자 집단거주	단독주택 및 다세대 밀집	노후불량 건축물밀집	상·공업지역	공동주택	노후불량주택 밀집 가로구역
통폐합	주거환경개선사업		재개발사업		재건축사업	빈집 및 소규모 주택정비에 관한 특례법으로 이동

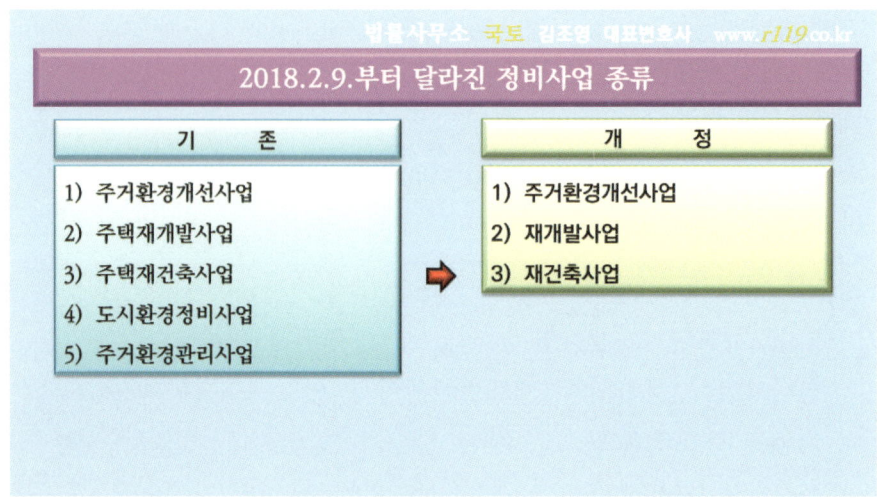

2018.2.9.부터 달라진 정비사업 종류

기 존
1) 주거환경개선사업
2) 주택재개발사업
3) 주택재건축사업
4) 도시환경정비사업
5) 주거환경관리사업

⇒

개 정
1) 주거환경개선사업
2) 재개발사업
3) 재건축사업

가로주택정비사업 ⇒ '빈집 및 소규모주택 정비에 관한 특례법'으로 이전

기 존

가로주택정비사업 : 노후·불량건축물이 밀집한 가로구역에서 종전의 가로를 유지하면서 소규모로 주거환경을 개선하기 위하여 시행하는 사업

⇒

현 행

소규모주택정비사업: 노후·불량건축물의 밀집 등 대통령령으로 정하는 요건에 해당하는 지역 또는 가로구역(街路區域)에서 시행하는 다음 각 목의 사업
가. 자율주택정비사업: 단독주택 및 다세대주택을 스스로 개량 또는 건설하기 위한 사업
나. 가로주택정비사업: 가로구역에서 종전의 가로를 유지하면서 소규모로 주거환경을 개선하기 위한 사업
다. 소규모재건축사업: 정비기반시설이 양호한 지역에서 소규모로 공동주택을 재건축하기 위한 사업

빈집 및 소규모주택 정비에 관한 특례법

제1장 총칙

제1조(목적) 이 법은 방치된 빈집을 효율적으로 정비하고 소규모주택 정비를 활성화하기 위하여 필요한 사항 및 특례를 규정함으로써 주거생활의 질을 높이는 데 이바지함을 목적으로 한다.

제2조(정의) ① 이 법에서 사용하는 용어의 뜻은 다음과 같다.
1. "빈집"이란 특별자치시장·특별자치도지사·시장·군수 또는 자치구의 구청장(이하 "시장·군수등"이라 한다)이 거주 또는 사용 여부를 확인한 날부터 1년 이상 아무도 거주 또는 사용하지 아니하는 주택을 말한다. 다만, 미분양주택 등 대통령령으로 정하는 주택은 제외한다.
2. "빈집정비사업"이란 빈집을 개량 또는 철거하거나 효율적으로 관리 또는 활용하기 위한 사업을 말한다.
3. "소규모주택정비사업"이란 이 법에서 정한 절차에 따라 노후·불량건축물의 밀집 등 대통령령으로 정하는 요건에 해당하는 지역 또는 가로구역(街路區域)에서 시행하는 다음 각 목의 사업을 말한다.
  가. 자율주택정비사업: 단독주택 및 다세대주택을 스스로 개량 또는 건설하기 위한 사업
  나. 가로주택정비사업: 가로구역에서 종전의 가로를 유지하면서 소규모로 주거환경을 개선하기 위한 사업
  다. 소규모재건축사업: 정비기반시설이 양호한 지역에서 소규모로 공동주택을 재건축하기 위한 사업
4. "사업시행구역"이란 빈집정비사업 또는 소규모주택정비사업을 시행하는 구역을 말한다.
5. "사업시행자"란 빈집정비사업 또는 소규모주택정비사업을 시행하는 자를 말한다.

3. 정비사업의 개념 변경 (2018.2.9.~) ▶ 11:29

○ '정비사업'이라는 개념은 2018.2.9.을 기준으로 아래와 같이 변경되었음

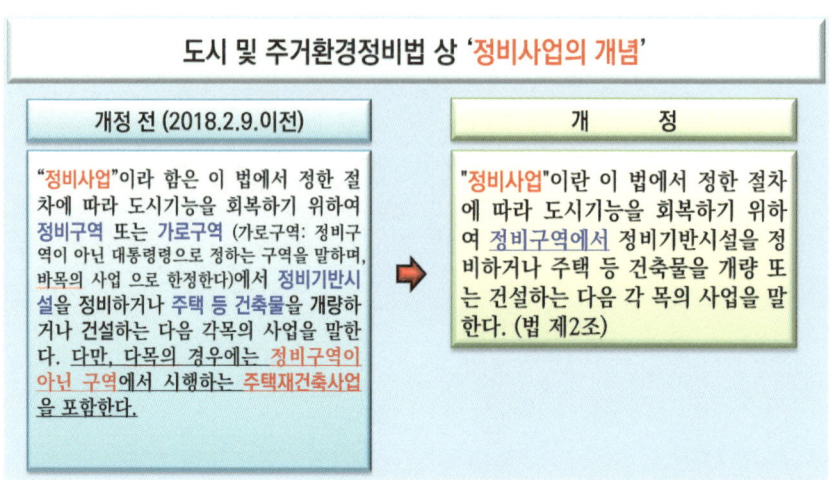

○ 2018.2.9.이전에는 「"정비사업"이라 함은 이 법에서 정한 절차에 따라 도시기능을 회복하기 위하여 정비구역 또는 가로구역 (가로구역: 정비구역이 아닌 대통령령으로 정하는 구역을 말하며, 바목의 사업 으로 한정한다)에서 정비기반시설을 정비하거나 주택 등 건축물을 개량하거나 건설하는 다음 각목의 사업을 말한다. 다만, 다목의 경우에는 정비구역이 아닌 구역에서 시행하는 주택재건축사업 을 포함한다.」라고 규정되어 있어 정비구역이 아닌 구역에서도 가능하였음

○ 그런데 2018.2.9.부터는 「"**정비사업**"이란 이 법에서 정한 절차에 따라 도시기능을 회복하기 위하여 정비구역에서 정비기반시설을 정비하거나 주택 등 건축물을 개량 또는 건설하는 다음 각 목의 사업을 말한다. (법 제2조)」라고 변경이 되었음.

○ 그래서 현행 도시정비법 제2조에는 정비사업으로 다음과 같이 3

가지만 규정하고 있음

> 2. "**정비사업**"이란 이 법에서 정한 절차에 따라 도시기능을 회복하기 위하여 정비구역에서 정비기반시설을 정비하거나 주택 등 건축물을 개량 또는 건설하는 다음 각 목의 사업을 말한다.
>
> **가. 주거환경개선사업:** 도시저소득 주민이 집단거주하는 지역으로서 정비기반시설이 극히 열악하고 노후·불량건축물이 과도하게 밀집한 지역의 주거환경을 개선하거나 단독주택 및 다세대주택이 밀집한 지역에서 정비기반시설과 공동이용시설 확충을 통하여 주거환경을 보전·정비·개량하기 위한 사업
>
> **나. 재개발사업:** 정비기반시설이 열악하고 노후·불량건축물이 밀집한 지역에서 주거환경을 개선하거나 상업지역·공업지역 등에서 도시기능의 회복 및 상권활성화 등을 위하여 도시환경을 개선하기 위한 사업
>
> **다. 재건축사업:** 정비기반시설은 양호하나 노후·불량건축물에 해당하는 공동주택이 밀집한 지역에서 주거환경을 개선하기 위한 사업

○ 다음 면에서 각 사업의 개념을 사진등을 통하여 쉽게 설명을 하도록 하겠음

가. 주거환경개선사업

○ 현행 주거환경개선사업은 기존의 주거환경개선사업과 주거환경관리사업이 아래와 같이 통합되었음

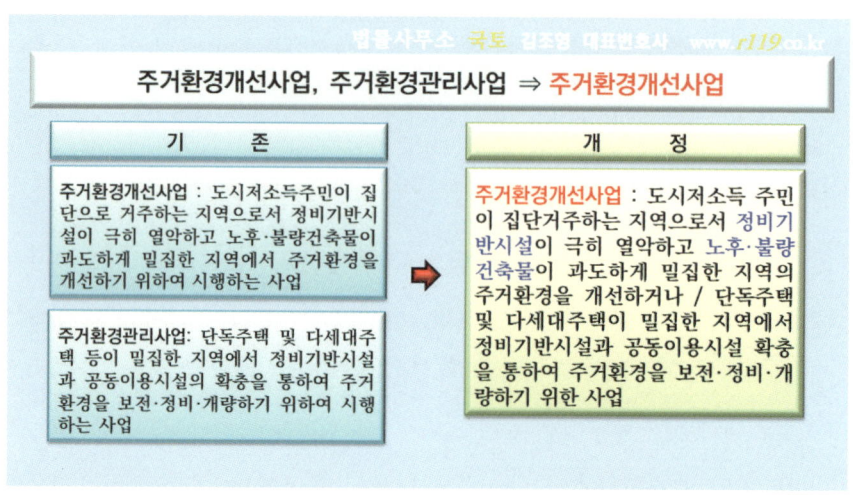

그래서 기존의 주거환경개선사업 분야와 주거환경관리사업 분야로 나누어 볼 수 있음

(1) 구 주거환경개선사업 분야

○ 이 분야는 현행 주거환경개선사업의 아래 법령상 개념중 앞 부분 파란색에 해당함

주거환경개선사업 : 도시저소득 주민이 집단거주하는 지역으로서 정비기반시설이 극히 열악하고 노후·불량건축물이 과도하게 밀집한 지역의 주거환경을 개선하거나 / 단독주택 및 다세대주택이 밀집한 지역에서 정비기반시설과 공동이용시설 확충을 통하여 주거환경을 보전·정비·개량하기 위한 사업

○ 주로 달동네나 철거민들의 주거지등을 개발하여 아파트를 건설하여 공급하거나, 도로확장, 공용주차장조성, 공원 조성등을 해 주

는 사업임

○ 여기에는 2가지 방법이 있는데,

① 공동주택건설방식

기존에 설치된 주택과 도로 등을 모두 철거하고 새롭게 공동주택을 건설하는 경우로서, 아래 그림에서 보시는 것처럼 기존의 건축물을 전부 철거하고 신축아파트 등을 건축하게 됨

[기존 건축물을 철거하고 신축아파트를 건설하는 방식]

② 현지개량방식

그 다음 방식은 기존에 있던 주택 등을 철거하는 것이 아니라 주택은 소유자들이 개량하고, 시장·군수 등은 도로 확장, 주차장, 공원 등을 조성해 주는 방식임

아래 그림에서 보는 것처럼 주택은 그대로 두고 도로확장, 공용

주차장조성, 공원 조성등을 해 주는 방식을 말함

[도로, 공원등을 조성해주는 현지개량방식]

(2) 구 주거환경관리사업 분야

○ 이 부분은 현행 주거환경개선사업의 아래 법령상 개념중 뒷부분 파란색에 해당함

주거환경개선사업 : 도시저소득 주민이 집단거주하는 지역으로서 정비기반시설이 극히 열악하고 노후·불량건축물이 과도하게 밀집한 지역의 주거환경을 개선하거나 / **단독주택 및 다세대주택이 밀집한 지역에서 정비기반시설과 공동이용시설 확충을 통하여 주거환경을 보전·정비·개량하기 위한 사업**

○ 재건축·재개발등 사업들이 주로 기존의 주택을 철거하고 아파트 등 새로운 건물만 자꾸 건축하다 보니 저층 위주의 기존 주택

단지가 자꾸 사라지니까 이를 방지하기 위하여 기존의 주택을 철거하지 않고 보전·정비·개량하는 방식의 사업임

○ 전면 철거하고 아파트를 세우는 개발 대신 단독주택 및 다세대주택은 그대로 보존하면서 주민들의 요구를 반영해 도로, 공원 등 기반시설을 정비하고 공동이용시설을 확충하는 새로운 형태의 주거환경 개선사업인 것임

○ 아래 그림의 첫 번째 사업이 서울 성북구 정릉동에 있는 정든마을 사업이며, 두 번째 사업이 서울 동대문구 휘경동에 있는 휘경마을 사업임

○ 기존 주택 등을 철거하는 것이 아니라 그대로 보전하고 마을 내에 위치한 공동이용시설, 공원, 노후계단 등을 개선하는 사업임을 알 수 있음

○ 정든마을 사업

정릉동 정든마을 위치도 및 마스터플랜

○ 휘경마을 사업

휘경마을 위치도 및 마스터플랜

마스터플랜(안)

○ 재개발사업과 재건축사업은 다음 장에 설명하겠음

8. 정비사업의 개념 및 종류(2)

> 정비사업에는 어떤 종류가 있으며,
> 각 사업은 어떻게 다른가요? (2)

Key Point
앞의 강의 내용에 이어서 재개발사업과 재건축사업에 관하여 설명드리겠습니다.

법률사무소 국토
김조영 대표변호사의 **동영상 강의**

나. 재개발사업

○ 재개발사업은 기존의 주택재개발사업과 도시환경정비사업이 통합되어 2018.2.9.부터 재개발사업이 되었음

○ 기존의 주택재개발사업, 도시환경정비사업의 개념과 통합된 재개발사업의 개념을 보면 아래와 같음

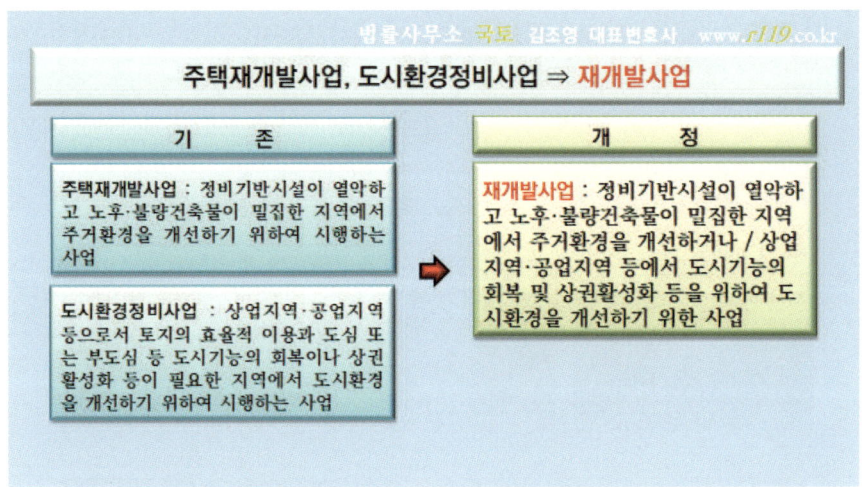

(1) 구 주택재개발사업 분야

○ 기존의 주택재개발사업은 아래 현행 재개발사업의 개념 중 앞 부분 파란색 부분임

재개발사업 : 정비기반시설이 열악하고 노후·불량건축물이 밀집한 지역에서 주거환경을 개선하거나 / 상업지역·공업지역 등에서 도시기능의 회복 및 상권활성화 등을 위하여 도시환경을 개선하기 위한 사업

○ 주로 노후화된 단독주택지역에서 기존의 주택이나 건물 등을 철거하고 새롭게 아파트 등을 건설하여 공급하는 방식으로 진행됨

○ 아래에서 보시는 바와 같이 사업구역인 정비구역을 먼저 지정한 다음(그림의 빨간 선내 부분), 그 구역에 있는 기존의 건축물을 허물고 새로운 주택 등 건축물을 신축하는 방법으로 진행됨

■ 현황 종합분석도

■ 조감도

(2) 구 도시환경정비사업 분야

○ 기존의 도시환경정비사업은 아래 현행 재개발사업의 개념 중 뒷부분 파란색 부분임

재개발사업 : 정비기반시설이 열악하고 노후·불량건축물이 밀집한 지역에서 주거환경을 개선하거나 / 상업지역·공업지역 등에서 도시기능의 회복 및 상권활성화 등을 위하여 도시환경을 개선하기 위한 사업

○ 주택단지가 아니라 주로 상가나 사무실 건물 등이 밀집된 지역에서 새로운 상가건물이나 주상복합건물을 건설하는 사업이라고 생각하면 됨

4. 대상지 전경 및 현황사진

다. 재건축사업   ▶ 3:40

○ 재건축사업은 기존의 주택재건축사업에서 약간 개념이 변경되었음

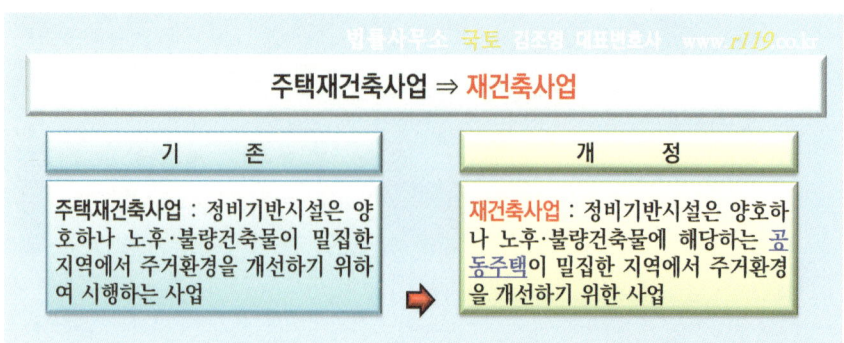

○ 기존에는 단독주택 또는 공동주택이 모두 대상이었으나, 현행법은 **공동주택만 대상**이 되도록 변경되었고, 또 기존에는 정비구역 이외의 부분도 재건축이 가능하도록 되어 있었으나, 현행법은 **정비구역에서만** 가능하도록 개정되었음

○ 주로 기존의 아파트 단지나 연립주택 단지 등을 철거하고 새롭게 아파트 등을 건설하는 사업임

○ 간혹 도로 등 정비기반시설이 잘 설치된 단독주택지역도 재개발이 아닌 재건축사업을 하는 경우가 예전에는 있었으나, 현행법상으로는 단독주택지역은 재개발사업이나 「빈집 및 소규모주택정비에 관한 특례법」에서 규정하는 소규모주택정비사업으로 하여야 할 것임

[기존의 아파트단지를 정비구역으로 지정한 뒤 사업을 함]

☞ 홈페이지(www.r119.co.kr)의 동영상 강좌를 들으시면
더 쉽고 더 자세하게 이해하실 수 있습니다.

9. 빈집 및 소규모주택정비사업

빈집 및 소규모주택정비사업이란 무엇인가요?

Key Point

 2018.2.9.부터 시행된 「빈집 및 소규모주택정비사업」이란 것이 있습니다. 도시 및 주거환경정비법에 정비사업으로 주거환경개선사업, 재개발사업, 재건축사업이라는 것이 있는데, 이 「빈집 및 소규모주택정비사업」이란 것은 무엇인지 알아보도록 하겠습니다.

법률사무소 국토
김조영 대표변호사의 **동영상 강의**

1. 빈집 및 소규모주택정비사업이 생기게 된 연유

- 우리나라 주택 총호수가 약 1,600만호 정도가 되는데, 이 중 빈집의 규모가 약 100만호가 넘어갈 정도가 됨

- 조금만 더 지나면 전체 주택호수의 약 10%정도가 빈집이 될 가능성이 있기 때문에 정부에서 빈집과 관련된 특별법을 제정하여 시행하게 된 것임

- 아울러 도시 및 주거환경정비법상의 재건축, 재개발사업의 규모에 해당되지 않는 조그마한 규모의 단독주택이나 공동주택을 정비하여야 할 필요성이 있기 때문에, 이러한 사업들을 '소규모주

택정비사업'이라고 하여 위 특별법에 포함시키게 된 것임

2. 빈집 및 소규모주택정비사업의 개념 및 종류

가. 빈집의 개념

○ 2018.2.9.부터 「빈집 및 소규모주택정비사업에 관한 특례법」(이하 '법'이라고 함)이 시행되었는데, 이 법에서는 '빈집'의 개념을 아래와 같이 규정하고 있음

빈집 및 소규모주택 정비에 관한 특례법

제2조(정의) ① 이 법에서 사용하는 용어의 뜻은 다음과 같다. 〈개정 2019. 4. 23.〉

1. "**빈집**"이란 특별자치시장·특별자치도지사·시장·군수 또는 자치구의 구청장(이하 "**시장·군수등**"이라 한다)이 거주 또는 사용 여부를 확인한 날부터 1년 이상 아무도 거주 또는 사용하지 아니하는 주택을 말한다. 다만, 미분양주택 등 **대통령령**으로 정하는 주택은 제외한다.

▲ 【해설】
- 현재 전국의 주택수가 약 1,600여만 호에 달하는데 그 중 빈집의 숫자가 약 100만호가 될 정도로 빈집이 증가하고 있고, 또한 방치되어 있다. 따라서 이러한 빈집을 정비할 필요성이 생긴 것이다.
- 시장·군수가 '거주여부 또는 거주하지는 않지만 사용하는지 여부'를 파악한 뒤 1년 이상 거주 또는 사용하지 않는 경우에 빈집으로 된다.
- 다만 미분양주택등 대통령령이 정하는 주택은 일시적으로 비어 있는 것이거나 기숙사, 고시원, 숙박시설등과 같이 이용객이 없을 경우에는 비어 있을 수 있는 주택등은 빈집이라고 볼 수 없기 때문에 이런 경우를 시행령에서 규정하여 빈집에서 제외하고 있다.

> **빈집 및 소규모주택 정비에 관한 특례법 시행령**
>
> **제2조(빈집에서 제외되는 주택)** 「빈집 및 소규모주택 정비에 관한 특례법」(이하 "법"이라 한다) 제2조제1항제1호 단서에서 "미분양주택 등 대통령령으로 정하는 주택"이란 다음 각 호의 주택을 말한다.
>
> 1. 「공공주택 특별법」제2조제1호가목의 공공임대주택(이하 "공공임대주택"이라 한다)
> 2. 「건축법」제11조에 따른 건축허가 또는 「주택법」제15조에 따른 사업계획승인을 받은 자가 건축하여 보유하고 있는 미분양주택으로서 「건축법」제22조제2항에 따른 사용승인 또는 「주택법」제49조제1항에 따른 사용검사를 받은 후 5년이 경과하지 아니한 주택
> 3. 「건축법」제22조제2항에 따른 사용승인 또는 「주택법」제49조제1항에 따른 사용검사를 받지 아니한 주택
> 4. 「주택법 시행령」제4조에 따른 준주택. 다만, 같은 조 제4호에 따른 오피스텔은 제외한다.
> 5. 별장 등 일시적 거주 또는 사용을 목적으로 하는 주택

○ 4호 : 여기서 말하는 '준주택'이라고 함은 기숙사, 고시원, 일반숙박시설, 생활숙박시설, 관광숙박시설, 다중생활시설(제2종근린생활시설 제외), 노인복지주택 등을 말한다.

나. 빈집정비사업

○ "빈집정비사업"이란 빈집을 개량 또는 철거하거나 효율적으로 관리 또는 활용하기 위한 사업을 말함

○ 이러한 빈집정비사업의 시행방법은 아래와 같이 4가지 방법이

있음

> **빈집 및 소규모주택 정비에 관한 특례법**
>
> **제9조(빈집정비사업의 시행방법)** 빈집정비사업은 다음 각 호의 어느 하나에 해당하는 방법으로 한다.
> 1. 빈집의 내부 공간을 칸막이로 구획하거나 벽지·천장재·바닥재 등을 설치하는 방법
> 2. 빈집을 철거하지 아니하고 개축·증축·대수선하거나 용도변경하는 방법
> 3. 빈집을 철거하는 방법
> 4. 빈집을 철거한 후 주택 등 건축물을 건축하거나 정비기반시설 및 공동이용시설 등을 설치하는 방법

○ 위 내용중 3호는 철거를 한 후에 그냥 두는 것이고, 4호는 철거 후 신축하거나 정비기반시설등을 설치하는 것을 말함

다. 소규모주택정비사업의 종류

○ "**소규모주택정비사업**"이란 노후·불량건축물의 밀집 등 시행령이 정하는 일정한 요건에 해당하는 지역 또는 가로구역(街路區域)에서 시행하는 다음 각 목의 사업을 말함.

- **가. 자율주택정비사업**: 단독주택 및 다세대주택, 연립주택을 스스로 개량 또는 건설하기 위한 사업

- **나. 가로주택정비사업**: 가로구역에서 종전의 가로를 유지하면서 소규모로 주거환경을 개선하기 위한 사업

- **다. 소규모재건축사업**: 정비기반시설이 양호한 지역에서 소규모로 공동주택을 재건축하기 위한 사업

○ 각 사업별로 사업을 할 수 있는 구역의 요건이 시행령에 별도로 정해져 있음. 따라서 사업시행자가 사업의 종류를 마음대로 정할

수 있는 것이 아니라, 그 구역의 요건에 따라 사업의 종류가 정해진다고 생각하면 됨

○ 위 '**가. 자율주택정비사업**'은 기존에는 단독주택과 다세대주택만 해당되었는데, 연립주택이 추가되는 것으로 개정되어 2019. 10.24.부터 시행되었음. 그리고 조문 문구에서 보다시피 아파트는 여기에 해당되지 않음. 따라서 아파트단지는 본 법률에 의한 사업을 할 수가 없고 「도시 및 주거환경정비법」에 의한 재건축사업을 시행할 수 있다고 생각하면 됨

○ **단독주택, 다세대주택, 연립주택의 개념 차이**를 법령해설집을 참조하기 바람.

라. 소규모주택정비사업 대상지역 ▶ 3:39

○ 위와 같은 소규모주택정비사업은 아래에서 보시는 바와 같이 각 사업종류별로 그 대상지역의 요건이 달리 규정되어 있기 때문에, 각 사업별 요건에 맞는 지역이 어떤 곳인지 아래 법조문을 잘 보아야 함

(1) 자율주택정비사업

빈집 및 소규모주택 정비에 관한 특례법 시행령	빈집 및 소규모주택 정비에 관한 특례법 시행규칙
제3조(소규모주택정비사업 대상 지역) ① 법 제2조제1항제3호 각 목 외의 부분에서 "노후·불량건축물의 밀집 등 대통령령으로 정하는 요건에 해당하는 지역 또는 가로구역(街路區域)"이란 다음 각 호의 구분에 따른 지역을 말한다. 〈개정 2018. 6. 12.〉 1. **자율주택정비사업**: 「국가균형발전 특별법」에 따른 도시활력증진지역 개발사업의 시행구역, 「국토의 계획 및 이용에 관한 법률」 제51조에 따른 지구단위계획구역, 「도시 및 주거환경정비법」 제20조·제21조에 따라 정비예정구역·정비구역이 해제된 지역 또는 같은 법 제23조제1항제1호에 따른 방법으로 시행하는 주거환경개선사업의 정비구역, 「도시재생 활성화 및 지원에 관한 특별법」 제2조제1항제5호의 도시재생활성화지역 또는 그 밖에 특별시·광역시·특별자치시·도·특별자치도 또는 「지방자치법」 제175조에 따른 서울특별시·광역시 및 특별자치시를 제외한 인구 50만 이상 대도시의 조례(이하 "시·도조례"라 한다)로 정하는 지역으로서 다음 각 목의 요건을 **모두** 충족한 지역 가. 노후·불량건축물의 수가 해당 사업시행구역의 전체 건축물 수의 3분의 2 이상일 것 나. 해당 사업시행구역 내 기존 주택(이하 "기존주택"이라 한다)의 호수(戶數) 또는 세대수가 다음의 구분에 따른 기준 **미만**일 것. 다만, 지역 여건 등을 고려하여 해당 기준의 1.8배 이하의 범위에서 시·도조례로 그 기준을 달리 정할 수 있다.	◀【해설】 • 나호를 보면, 기존 주택이 **모두** 단독주택이나 다세대 주택이어야 하기 때문에 기존 주택에 연립주택이 섞여 있으면 자율주택정비사업은 할 수가 없다. 다만 다가구주택은 단독주택이기 때문에 상관없다.

빈집 및 소규모주택 정비에 관한 특례법 시행령	빈집 및 소규모주택 정비에 관한 특례법 시행규칙

1) 기존주택이 **모두** 「주택법」 제2조제2호의 **단독주택**(이하 "단독주택"이라 한다)인 경우: **10호**
 	
 2) 기존주택이 「건축법 시행령」 별표 1 제2호나목에 따른 **연립주택**(이하 "연립주택"이라 한다) 또는 같은 호 다목에 따른 **다세대주택**(이하 "다세대주택"이라 한다)으로 구성된 경우: **20세대**(연립주택과 다세대주택의 세대수를 합한 수를 말한다)
 	
 3) 기존주택의 구성이 다음의 어느 하나에 해당하는 경우: **20채**(단독주택의 호수와 연립주택·다세대주택의 세대수를 합한 수를 말한다)
 	
    가) 단독주택과 연립주택으로 구성
 	
    나) 단독주택과 다세대주택으로 구성
 	
    다) 단독주택, 연립주택 및 다세대주택으로 구성
 	
 다. 해당 사업시행구역에 나대지(裸垈地)를 포함하려는 경우에는 다음의 어느 하나에 해당하는 나대지로서 그 면적은 사업시행구역 전체 토지 면적의 2분의 1 이내일 것
 	
 1) 진입도로 등 정비기반시설의 설치에 필요한 나대지
 	
 2) 노후·불량건축물의 철거로 발생한 나대지
 	
 3) 법 제9조제3호에 따른 빈집의 철거로 발생한 나대지
 	
 4) 그 밖에 지형여건·주변환경을 고려할 때 사업 시행상 불가피하게 포함되는 나대지로서 **시·도조례**로 정하는 기준을 충족하는 나대지
	◀【해설】
	• 1.나2),3)은 법 제2조3호나목에서 자율주택정비사업에 연립주택이 추가됨에 따라 개정된 내용들이다.

(2) 가로주택정비사업

빈집 및 소규모주택 정비에 관한 특례법 시행령	빈집 및 소규모주택 정비에 관한 특례법 시행규칙

2. **가로주택정비사업**: 가로구역의 전부 또는 일부로서 다음 각 목의 요건을 **모두** 충족한 지역
 	
가. 해당 사업시행구역의 면적이 1만제곱미터 미만일 것
 	
나. 노후·불량건축물의 수가 해당 사업시행구역 전체 건축물 수의 3분의 2 이상일 것
 	
다. 기존주택의 호수 또는 세대수가 다음의 구분에 따른 기준 이상일 것
 	
  1) 기존주택이 모두 단독주택인 경우: 10호
 	
  2) 기존주택이 모두 「주택법」 제2조제3호의 공동주택(이하 "공동주택"이라 한다)인 경우: 20세대
 	
  3) 기존주택이 단독주택과 공동주택으로 구성된 경우: 20채(단독주택의 호수와 공동주택의 세대수를 합한 수를 말한다. 이하 이 목에서 같다). 다만, 기존주택 중 단독주택이 10호 이상인 경우에는 기존주택의 총합이 20채 미만인 경우에도 20채로 본다.
	◀ 【해설】
	• 가로주택정비사업은 일단 시행규칙이 정하는 가로구역에 해당되어야 한다. 도로나 공원등으로 둘러싸여 있어야 하며, 면적이 10,000㎡(약 3,000여평) 미만 이면서 또 아래의 요건도 충족해야 한다.
	
	  ① 단독주택만 있는 경우 : 10호 이상
	  ② 공동주택만 있는 경우 : 20세대 이상
	  ③ 단독주택 + 공동주택이 있는 경우 : 20채 이상 (단독주택이 10호 이상인 경우에는 총 합이 20채가 안되어도 됨)

(3) 소규모재건축사업

빈집 및 소규모주택 정비에 관한 특례법 시행령	빈집 및 소규모주택 정비에 관한 특례법 시행규칙
3. **소규모재건축사업**: 「도시 및 주거환경정비법」 제2조제7호의 주택단지로서 다음 각 목의 요건을 모두 충족한 지역 가. 해당 사업시행구역의 면적이 1만제곱미터 미만일 것 나. 노후·불량건축물의 수가 해당 사업시행구역 전체 건축물 수의 3분의 2 이상일 것 다. 기존주택의 세대수가 200세대 미만일 것 ▲【해설】 • 소규모재건축사업은 일단 주택법상 주택단지여야 한다. 그리고 10,000㎡(약 3,000여평)미만 + 기존 주택수가 200세대 미만이어야 한다. • 사업성이 있고, 사업시행자나 건설회사등이 관심을 가지는 사업이 바로 이 소규모재건축사업이다.	

○ 위 법령은 법령해설집에 있는 내용이니 참조하면서 동영상 강의를 들으시기 바랍니다.

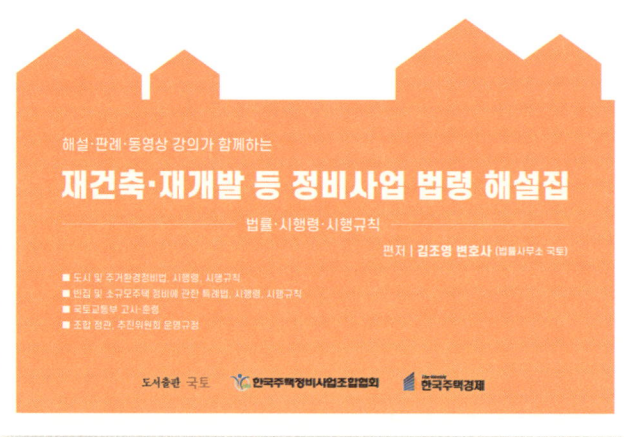

10. 재정비촉진사업의 개념 및 사업진행방식

> 재정비촉진사업이란 무엇이며,
> 어떤 방식으로 진행되는가요?

Key Point

최 부장은 정비사업의 종류와 그 차이점을 개략적이나마 알게 되었다.

그런데 서울특별시나 경기도의 경우에는 정비사업 이외에 재정비촉진사업이라는 것이 있던데 이것은 또 무슨 사업일까?

법률사무소 국토

김조영 대표변호사의 **동영상 강의**

1. 재정비촉진사업이 필요하게 된 이유

○ 「도시 및 주거환경정비법」등에 의한 정비사업을 시행하게 되면 **사업면적이 좁게 지정되어, 별로 크지 않은 면적에 여러 개의 사업이 각각 진행되는** 등 도시계획적인 측면에서 볼 때에 균형적인 도시계획이 어렵게 진행될 가능성이 있음

○ 그래서 **조금 더 넓은 면적을 1개의 사업면적으로 지정하여, 통일적이고 계획적인 도시계획을 하기 위하여** 제정된 것이 「도시재정비 촉진을 위한 특별법」(2006.7.1.시행) 임

○ 대전광역시의 경우에 정비기본계획의 구역도를 보면 아래와 같이 되어 있음.

〈정비예정구역도〉

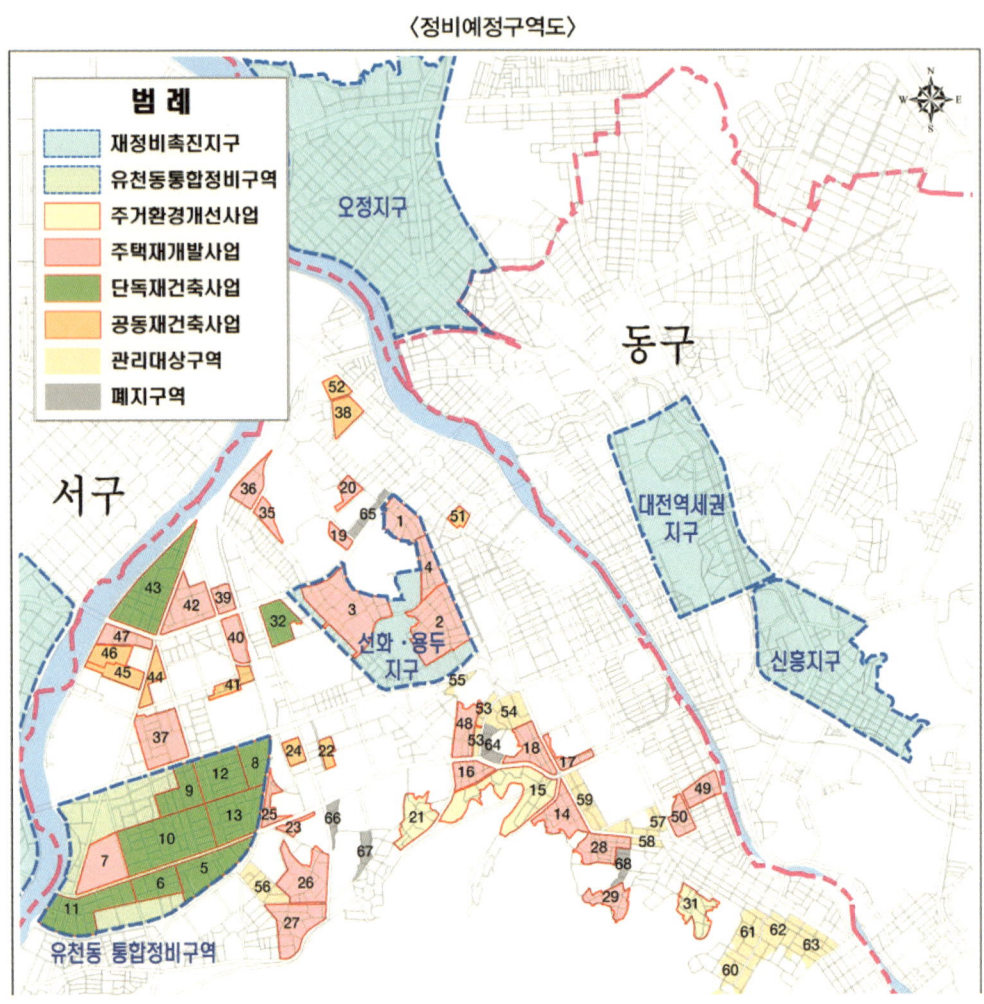

[대전광역시의 정비구역 및 재정비촉진지구 구역도]

○ 위 도면을 보면, 각 정비사업별로 정비구역이 그려져 있고 색깔이 다르게 구분되어 있는데, 그 구역들이 조그마하여 **소규모의 사업이 혼재**하게 되어 일관된 도시계획을 수립하는데 부족한 점이 많이 있음

○ 그래서 광역적인 사업계획을 수립하고 일관된 도시계획을 수립하기 위하여 구역 범위를 넓게 하는 사업이 필요하였고, 이에 따라 탄생한 것이 바로 **재정비촉진사업**인 것임

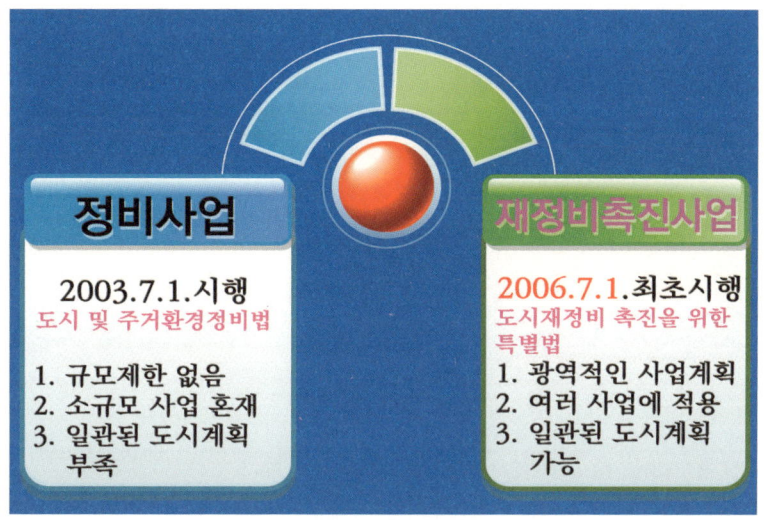

[정비사업과 재정비촉진사업의 태동]

○ 재정비촉진사업이 규정된 법률이 「도시재정비 촉진을 위한 특별법」인데, 이 법 **제1조(목적)**를 보면 '이 법은 도시의 낙후된 지역에 대한 주거환경의 개선, 기반시설의 확충 및 도시기능의 회복을 위한 사업을 **광역적으로 계획**하고 체계적·효율적으로 추진하기 위하여 필요한 사항을 정함으로써 도시의 균형 있는 발전을 도모하고 국민의 삶의 질 향상에 기여함을 목적으로 한다.'라고 규정하여, 광역적으로 계획을 하는데 목적을 두고 있음

2. 재정비촉진사업의 개념   ▶ 4:08

○ '재정비촉진사업'은 재정비촉진지구에서 시행되는 다음 각 목의 사업을 말함

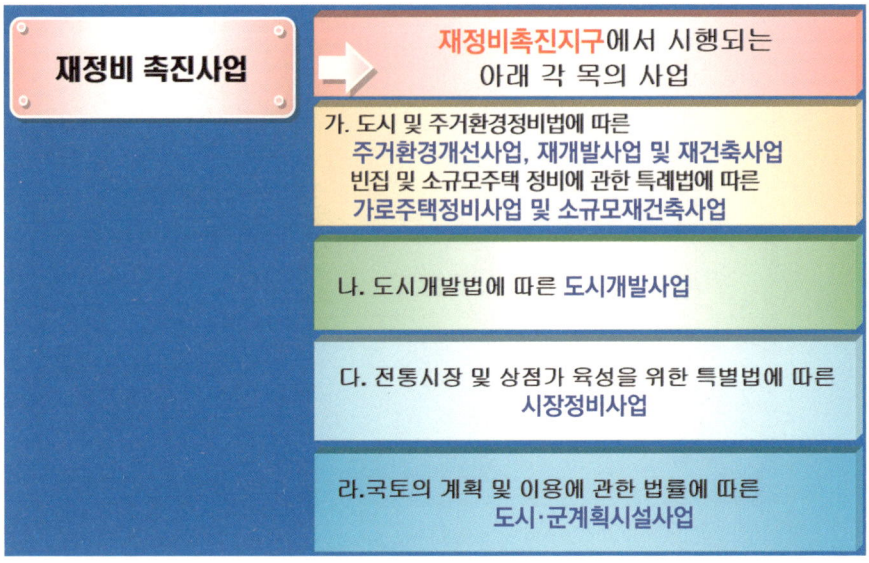

[재정비촉진사업의 내용]

○ **재정비촉진지구**'란 도시의 낙후된 지역에 대한 주거환경의 개선, 기반시설의 확충 및 도시기능의 회복을 광역적으로 계획하고 체계적·효율적으로 추진하기 위하여 지정하는 지구(地區)를 말하는데, 지구의 특성에 따라 다음 각 목의 유형으로 구분됨

가. **주거지형**: 노후·불량 주택과 건축물이 밀집한 지역으로서 주로 주거환경의 개선과 기반시설의 정비가 필요한 지구

나. **중심지형**: 상업지역, 공업지역 등으로서 토지의 효율적 이용과 도심 또는 부도심 등의 도시기능의 회복이 필요한 지구

다. **고밀복합형**: 주요 역세권, 간선도로의 교차지 등 양호한 기반시설을 갖추고 있어 대중교통 이용이 용이한 지역으로서 도

심 내 소형주택의 공급 확대, 토지의 고도이용과 건축물의 복합개발이 필요한 지구

그리고 그 면적은 주거지형의 경우 50만제곱미터 이상, 중심지형의 경우 20만제곱미터 이상, 고밀복합형의 경우 10만제곱미터 이상으로 하여 대규모의 도시계획이 가능하도록 되어 있음. 그래서 아래 사진에서 보시는 바와 같이 도시계획을 광범위하고 일관성있게 수립할 수가 있는 것임

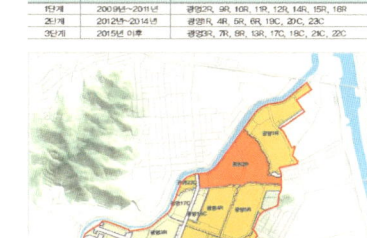

3. 제정비촉진사업의 사업진행방식 ▶ 6:40

○ 재정비촉진사업은 「도시재정비 촉진을 위한 특별법」이 정하는 바에 따라 **재정비촉진지구지정과 구역지정만 하고**, **사업진행방식은** 「도시 및 주거환경정비법」, 「빈집 및 소규모주택 정비에 관한 특례법」, 「도시개발법」, 「전통시장 및 상점가 육성을 위한 특별법」, 「국토의 계획 및 이용에 관한 법률」 등 **개별법에서 규정하는 사업방식에 따라서 진행**이 됨

○ 즉, 재정비촉진구역을 지정할 때에 사업방식을 정하는데 '재개발방식'으로 정하면 「도시 및 주거 환경정비법」에서 정하는 재개발사업 방식대로 진행하고, 만약에 사업방식을 '재건축방식'으로 정하면 위 법률상 재건축사업 방식에 따라 사업을 진행하게 됨

○ 따라서 재정비촉진사업은 지구지정과 구역지정만 「도시재정비 촉진을 위한 특별법」에 따라 하고, 나머지 사업진행방식은 「도시 및 주거환경정비법」등 개별법에서 규정하는 사업방식에 따라서 진행이 된다는 점을 기억하시기 바람

■ 재정비촉진구역결정도(기정)

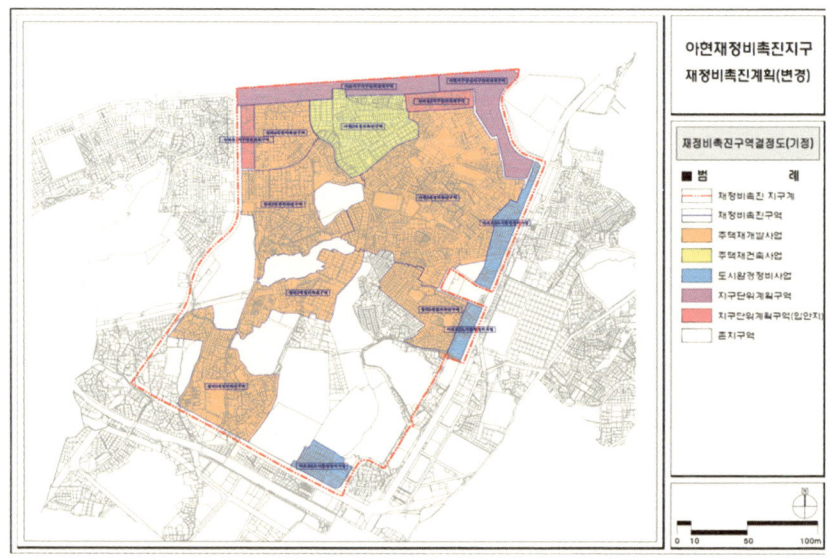

4. 재정비촉진사업을 할 경우의 특례   ▶ 8:09

○ 재정비촉진사업을 하면
　① 주택규모 및 건설비율의 특례
　② 취득세, 등록면허세 등 지방세 감면
　③ 과밀부담금 면제
　④ 건축물 건축제한 등의 예외
　⑤ 건폐율 최대한도의 예외
　⑥ 용적률 최대한도의 예외
　⑦ 주차장 설치기준의 완화
　⑧ 건축물의 높이제한 완화

　등을 해 주게 되어 사업이 활성화됨

☞ 홈페이지(www.r119.co.kr)의 동영상 강좌를 들으시면
　더 쉽고 더 자세하게 이해하실 수 있습니다.

부동산 온라인 강좌

1. 재건축, 재개발 등 정비사업

0. 도시정비법 개정(19.4.23) 강의
1. 꼭 알아야 하는 재건축재개발 기본지식
2. 정비계획 ~ 추진위원회 운영(1)
3. 추진위 ~ 조합설립인가
4. 추진위 운영규정, 조합정관, 자료공개
5. 조합 총회, 대의원회, 협력업체 선정
사업시행계획인가
6. 매도청구, 분양신청, 현금청산, 토지수용
7. 관리처분계획인가, 분양계약, 이주, 인도
소송

**2. 해설, 판례가 함께 하는
정비사업 법령해설집(3단)**

1. 도시 및 주거환경정비법(3단) 해설
2. 정비사업 계약업무 처리기준 해설
3. 빈집 및 소규모주택 정비에 관한 특례법
4. 재건축,재개발조합 표준 정관안
5. 추진위원회 운영규정
6. 기타 법령

3. 부동산 정책, 정보, 재테크

1. 김조영 변호사의 부동산 세상

11. 정비사업 종류 선택 가능여부

> 정비사업 종류를 소유자들이 선택해서 사업을 시행할 수 있는가요?

Key Point

 정비사업에는 주거환경개선사업, 재개발사업, 재건축사업 등 3종류가 있다는 것을 이제 알게 되었습니다.
 그런데 어느 사업을 하느냐에 따라 개발이익이 다르고 또 절차도 차이가 있는 것 같은데, 소유자들이 이 종류 중 한 가지를 임의로 선택하여 시행할 수가 있는가요?

법률사무소 국토
김조영 대표변호사의 **동영상 강의**

1. 각 사업별 대상지역이 법에 정해져 있습니다.

○ 고여사님께서 질의하신 것처럼 정비사업의 종류별로 건축할 수 있는 신축건축물의 종류도 다르고, 이에 따라 사업수익도 달라지게 되어, 소유자들은 가급적 자신들에게 유리한 사업을 하고 싶을 것입니다

○ 하지만 그 종류를 소유자들이 마음대로 선택할 수는 없습니다. 「도시 및 주거환경정비법 시행령」[별표 1] 정비계획의 입안대상지역 표에는 아래와 같이 규정되어 있습니다. 이해가 쉽도록 밑

줄을 쳐 두었으니, 각 사업별로 대상지역이 많이 차이가 있음을 알 수 있습니다.

[별표 1]

정비계획의 입안대상지역(제7조제1항 관련)

1. **주거환경개선사업**을 위한 정비계획은 다음 각 목의 어느 하나에 해당하는 지역에 대하여 입안한다.

   가. 1985년 6월 30일 이전에 건축된 건축물로서 법률 제3533호 특정건축물정리에관한특별조치법 제2조에 따른 무허가건축물 또는 위법시공건축물과 노후·불량건축물이 밀집되어 있어 주거지로서의 기능을 다하지 못하거나 도시미관을 현저히 훼손하고 있는 지역

   나. 「개발제한구역의 지정 및 관리에 관한 특별조치법」에 따른 개발제한구역으로서 그 구역지정 이전에 건축된 노후·불량건축물의 수가 해당 정비구역의 건축물 수의 50퍼센트 이상인 지역

   다. 재개발사업을 위한 정비구역의 토지면적의 50퍼센트 이상의 소유자와 토지 또는 건축물을 소유하고 있는 자의 50퍼센트 이상이 각각 재개발사업의 시행을 원하지 않는 지역

   라. 철거민이 50세대 이상 규모로 정착한 지역이거나 인구가 과도하게 밀집되어 있고 기반시설의 정비가 불량하여 주거환경이 열악하고 그 개선이 시급한 지역

   마. 정비기반시설이 현저히 부족하여 재해발생 시 피난 및 구조활동이 곤란한 지역

바. 건축대지로서 효용을 다할 수 없는 과소필지 등이 과다하게 분포된 지역으로서 건축행위 제한 등으로 주거환경이 열악하여 그 개선이 시급한 지역

사. 「국토의 계획 및 이용에 관한 법률」 제37조제1항제5호에 따른 방재지구로서 주거환경개선사업이 필요한 지역

아. 단독주택 및 다세대주택 등이 밀집한 지역으로서 주거환경의 보전·정비·개량이 필요한 지역

자. 법 제20조 및 제21조에 따라 해제된 정비구역 및 정비예정구역

차. 기존 단독주택 재건축사업 또는 재개발사업을 위한 정비구역 및 정비예정구역의 토지등소유자의 50퍼센트 이상이 주거환경개선사업으로의 전환에 동의하는 지역

카. 「도시재정비 촉진을 위한 특별법」 제2조제6호에 따른 존치지역 및 같은 법 제7조제2항에 따라 재정비촉진지구가 해제된 지역

2. **재개발사업**을 위한 정비계획은 노후·불량건축물의 수가 전체 건축물의 수의 3분의 2(시·도조례로 비율의 10퍼센트포인트 범위에서 증감할 수 있다) 이상인 지역으로서 다음 각 목의 어느 하나에 해당하는 지역에 대하여 입안한다. 이 경우 순환용주택을 건설하기 위하여 필요한 지역을 포함할 수 있다.

가. 정비기반시설의 정비에 따라 토지가 대지로서의 효용을 다할 수 없게 되거나 과소토지로 되어 도시의 환경이 현저히 불량하게 될 우려가 있는 지역

나. 노후·불량건축물의 연면적의 합계가 전체 건축물의 연면적의 합계의 3분의 2(시·도조례로 비율의 10퍼센트포인트 범위에서 증감할 수 있다) 이상이거나 건축물이 과도하게 밀집되어 있어 그 구역 안의 토지의 합리적인 이용과 가치의 증진을 도모하기 곤란한 지역

다. 인구·산업 등이 과도하게 집중되어 있어 도시기능의 회복을 위하여 토지의 합리적인 이용이 요청되는 지역

라. 해당 지역의 최저고도지구의 토지(정비기반시설용지를 제외한다)면적이 전체 토지면적의 50퍼센트를 초과하고, 그 최저고도에 미달하는 건축물이 해당 지역 건축물의 바닥면적합계의 3분의 2 이상인 지역

마. 공장의 매연·소음 등으로 인접지역에 보건위생상 위해를 초래할 우려가 있는 공업지역 또는 「산업집적활성화 및 공장설립에 관한 법률」에 따른 도시형공장이나 공해발생정도가 낮은 업종으로 전환하려는 공업지역

바. 역세권 등 양호한 기반시설을 갖추고 있어 대중교통 이용이 용이한 지역으로서 「주택법」 제20조에 따라 토지의 고도이용과 건축물의 복합개발을 통한 주택 건설·공급이 필요한 지역

사. 제1호라목 또는 마목에 해당하는 지역

3. **재건축사업**을 위한 정비계획은 제1호 및 제2호에 해당하지 않는 지역으로서 다음 각 목의 어느 하나에 해당하는 지역에 대하여 입안한다.

가. 건축물의 일부가 멸실되어 붕괴나 그 밖의 안전사고의 우려가 있는 지역

나. 재해 등이 발생할 경우 위해의 우려가 있어 신속히 정비사업을 추진할 필요가 있는 지역

다. 노후·불량건축물로서 기존 세대수가 200세대 이상이거나 그 부지면적이 1만 제곱미터 이상인 지역

라. 셋 이상의 「건축법 시행령」 별표 1 제2호가목에 따른 아파트 또는 같은 호 나목에 따른 연립주택이 밀집되어 있는 지역으로서 법 제12조에 따른 안전진단 실시 결과 전체 주택의 3분의 2 이상이 재건축이 필요하다는 판정을 받은 지역으로서 시·도조례로 정하는 면적 이상인 지역

4. 무허가건축물의 수, 노후·불량건축물의 수, 호수밀도, 토지의 형상 또는 주민의 소득 수준 등 정비계획의 입안대상지역 요건은 필요한 경우 제1호부터 제3호까지에서 규정한 범위에서 시·도조례로 이를 따로 정할 수 있으며, 부지의 정형화, 효율적인 기반시설의 확보 등을 위하여 필요하다고 인정되는 경우에는 지방도시계획위원회의 심의를 거쳐 제1호부터 제3호까지의 규정에 해당하는 정비구역의 입안대상지역 면적의 100분의 110 이하의 범위에서 시·도조례로 정하는 바에 따라 제1호부터 제3호까지의 규정에 해당하지 않는 지역을 포함하여 정비계획을 입안할 수 있다.

5. 건축물의 상당수가 붕괴나 그 밖의 안전사고의 우려가 있거나 상습 침수, 홍수, 산사태, 해일, 토사 또는 제방 붕괴 등으로 재해가 생길 우려가 있는 지역에 대해서는 정비계획을 입안할 수 있다.

○ 위에서 보시는 바와 같이 각 사업별 정비구역을 지정할 수 있는 요건이 정해져 있기 때문에 소유자들이 임의로 선택을 할 수는 없음. 위에서 보면 일정수의 소유자들이 동의하면 사업종류를 변환할 수 있도록 되어 있는 규정이 있긴 하지만 그것도 역시 정비구역지정권자가 결정하는 것이지 소유자들이 무조건 원한다고 다 되는 것은 아님

○ 이렇게 하여 정비구역지정권자가 정한 사업의 종류가 정비기본계획의 정비예정구역도를 보면 그려져 있고, 사업종류도 정해져 표시가 되는 것임

[정비예정구역도]

☞ 홈페이지(www.r119.co.kr)의 동영상 강좌를 들으시면 더 쉽고 더 자세하게 이해하실 수 있습니다.

3. 정비사업 진행절차

재건축·재개발 등 정비사업이 어떻게 진행되는지
그 절차에 관하여 알아보도록 하겠습니다.

각 절차별 자세한 내용은 따로 발간되는 제2권 이하에서 설명드릴
예정이고
본 제1권에서는 진행절차에 관하여
개략적으로 설명해 드리도록 하겠습니다.

12. 상식으로 본 정비사업 진행절차

> 상식적으로 일반 건축허가를 받을 때를
> 예상하여 알아보도록 합시다.

Key Point
재건축 재개발등 정비사업의 진행절차가 어렵고 생소하다는 분들이 많이 있습니다.

하지만 우리가 소유하고 있는 기존 주택이 낡았을 때에 그 집을 철거하고 새로 집을 지을 때를 가정하여 상식적으로 생각을 하면 그렇게 어려운 절차가 아닙니다.

그래서 가장 먼저 상식적으로 생각해 볼 때의 정비사업 진행절차에 관하여 설명해 드리도록 하겠습니다.

법률사무소 국토
김조영 대표변호사의 **동영상 강의**

♣ 법은 상식이다.

○ 정비사업진행절차를 설명드리는 첫 번째 시간임. 저는 법률가 생활을 하면서 많은 사람들에게 강조하는 내용이 있음

○ "법은 상식이다."라는 내용인데, 법은 상식에 맞아야 함

○ 법은 상식으로 해석이 가능하여야 하며, 상식에 맞지 않는 법은 잘못된 것이고 개정되어야 함

○ 따라서 정비사업절차도 상식선에서 해설을 해보도록 하겠음

법률사무소 국토 김조영 대표변호사 www.r119.co.kr

法은 상식이다

♣ **여러 채의 주택을 허물고 새 집을 지을 때의 순서**

○ 우리가 몇 채의 집을 소유자들이 모여서 부수고 그 곳에 신축아파트 1채를 짓는다고 가정할 때에, 이 도표에 있는 순서대로 상식에 맞추어 사업진행과정을 설명을 드리면 아래와 같음

① 일단 철거할 정도로 **노후화**가 되어야 한다.

⇒ 정비구역 지정

② 부수려고 하는 주택 소유자들이 너무 많으니, **대표자 및 대표모임**을 만들자~.

⇒ 추진위원회 구성, 조합설립

③ 공사를 할 시공사, 설계사, 컨설팅회사를 뽑자.

⇒ 시공자등 협력업체 선정

④ 설계한 것으로 건축심의 후 건축허가를 받아야 함.

⇒ 건축심의, 사업시행계획

⑤ 설계도면이 나왔으니, 기존 소유자중 신축아파트를 분양 받고
  싶은 사람은 신청해~

⇒ **조합원 분양신청**

⑥ 신축아파트 중 조합원에게 분양하고 남은 것을 일반분양하되,
  예상 수익을 계산해서 납부금을 정하자.

⇒ **관리처분계획**

⑦ 신축아파트가 많은데 기존 소유자들에게 1채만 줄까, 아니면
  더 많이 줘버릴까? 그리고 동호수 추첨도 해야 하지 않나?

⇒ **관리처분계획, 동호수 추첨**

⑧ 분양받은 사람은 모두 계약을 체결해 !!!

⇒ **분양계약 체결**

⑨ 자~ 이제 기존 건축물 철거하고 공사 시작 해야 하니 살고
  있는 사람은 모두 이사 갓 !

⇒ **이주기간**

⑩ 살고 있던 사람이 모두 이사 갔으니 철거 시작 ~~

⇒ **철거 및 착공**

⑪ 오메~ 공사를 시작한 것이 엊그제 같은데 벌써 공사를 다
  했구먼~

⇒ **준공인가, 입주**

⑫ 새 집 들어왔더니 좋구먼, 그동안 모두 고생했어, 이제 그만
  바이 바이~

⇒ **해산 및 청산**

13. 정비사업 진행절차(1)

정비기본계획수립

Key Point

 재건축·재개발등 정비사업 진행절차가 여러 단계가 있는데, 그중 제일 먼저 시작되는 단계가 정비기본계획수립 단계입니다.
 이 정비기본계획수립단계에 대하여 대부분 관심을 갖지 않고 있으나, 이 기본계획에서 향후 시행될 재건축·재개발등 정비사업의 중요한 부분이 결정이 됩니다.
 따라서 이 부분에 특히 관심을 가지시기 바랍니다.

법률사무소 국토
김조영 대표변호사의 **동영상 강의**

1. 재정비촉진지구, 도시·주거환경정비기본계획

가. 개념

○ '**재정비촉진지구**', '**도시·주거환경정비 기본계획**'이라고 함은 정비할 지역이나 구역이 여러 곳일 경우에,각 지역이나 구역별로 연관성 없이 정비사업을 하면 무질서하고 실패한 도시계획이 될 수 있음

○ 그래서 도시기능의 보존·회복·정비 차원에서법에 따른 **정비구역별 정비사업의 방향과 지침**을 정하여 무질서한 정비사업을 방지하고, **적정한 밀도로 주변지역과 조화되는 개발을 유도**하여 합리적인 토지이용과 쾌적한 도시환경의 조성 및 도시기능의 효율화를 도모하기 위한 **지구지정 및 계획을 수립**하는 것임

○ 정비할 지역이나 구역이 여러 곳일 경우에, 각 지역이나 구역별로 연관성 없이 정비사업을 하면 무질서하고 실패한 도시계획이 될 수 있음

○ 그래서 도시기능의 보존·회복·정비 차원에서 법에 따른 정비구역별 정비사업의 방향과 지침을 정하여 무질서한 정비사업을 방지하고, 적정한 밀도로 주변지역과 조화되는 개발을 유도하여 합리적인 토지이용과 쾌적한 도시환경의 조성 및 도시기능의 효율화를 도모하기 위한 지구지정 및 계획을 수립하기 위하여 재정비촉진사업의 경우에는 '**재정비촉진지구**'를, 재건축·재개발등 정비사업의 경우에는 '**도시·주거환경정비 기본계획**' 수립을 하게 됨

나. 지구지정 및 기본계획 수립

· 재정비촉진지구 지정 : 특별시장·광역시장·도지사가 지정

· 정비기본계획 수립 : 특별시장·광역시장·특별자치시장· 특별자치도지사 또는 시장이 관할구역에 대하여 10년 단위로 도시·주거환경정비기본계획을 수립하게 됨. 다만 도지사가 대도시가

아닌 시로서 기본계획을 수립할 필요가 없다고 인정하는 시에 대하여는 기본계획을 수립하지 아니할 수 있음

다. 정비기본계획의 내용

○ 각종 계획의 성격을 보면 정비**기본**계획은 정비계획의 상위 계획으로, 유형별 정비구역 지정대상과 정비방향을 설정하고, 정비기반시설 기준, 개발밀도 기준, 정비방법 등 정비사업의 기본원칙 및 개발지침을 제기하는 계획임

○ 그리고 정비기본계획안에는 다음 각 호의 사항이 포함되어야 함
  1. 정비사업의 기본방향
  2. 정비사업의 계획기간
  3. 인구·건축물·토지이용·정비기반시설·지형 및 환경 등의 현황
  4. 주거지 관리계획
  5. **토지이용계획**·정비기반시설계획·공동이용시설설치계획 및 교통계획
  6. 녹지·조경·에너지공급·폐기물처리 등에 관한 환경계획
  7. 사회복지시설 및 주민문화시설 등의 설치계획
  8. 도시의 광역적 재정비를 위한 기본방향
  9. 정비구역으로 지정할 예정인 구역(이하 "**정비예정구역**"이라 한다)의 개략적 범위
  10. **단계별 정비사업추진계획**(정비예정구역별 정비계획의 수립시기를 포함하여야 한다)
  11. **건폐율·용적률** 등에 관한 건축물의 밀도계획
  12. 세입자에 대한 주거안정대책
  13. 그 밖에 주거환경 등을 개선하기 위하여 필요한 사항으로서 대통령령이 정하는 사항

○ 이러한 정비기본계획은 아래와 같은 절차에 의하여 수립됨

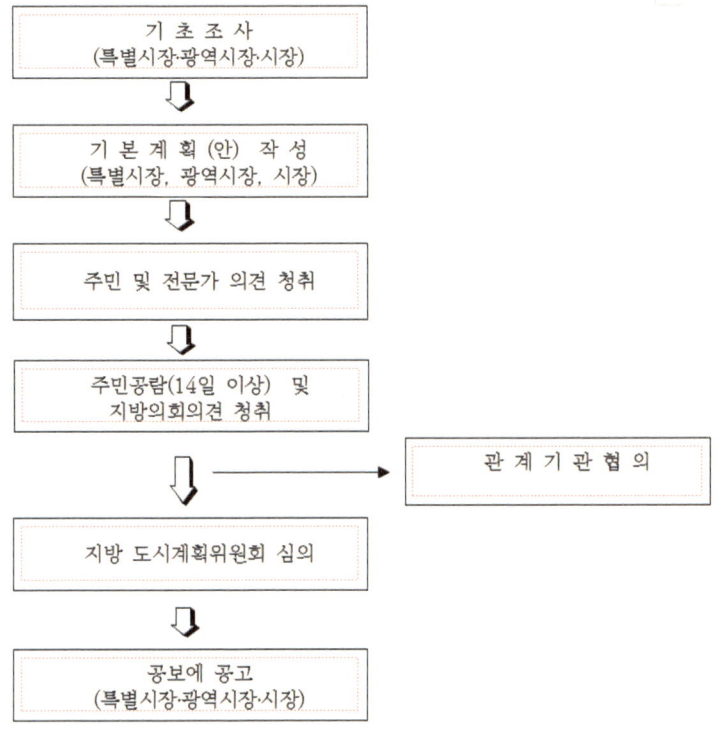

[정비기본계획 수립절차]

○ 서울특별시는 2004년도에 '2010 도시·주거환경정비기본계획'을 고시하였으며, 2010.3.에 도시환경정비사업부분에 관한 '2020 도시·주거환경정비기본계획'을 변경하여 고시한 바가 있음

2. 재정비촉진지구 지정 및 기본계획 수립 사례

○ 정비기본계획이 생각보다 내용이 복잡하고 그 개념이 쉽게 와 닿지를 않지요?

○ 그러면 '백번 듣는 것보다 한번 보는 것이 더 낫다'라는 말처럼

실제로 정비기본계획이 어떻게 되어 있는지를 눈으로 보도록 하겠습니다.

○ 아래에서 설명할 정비기본계획은 대전광역시에서 수립한 "2020 대전광역시 도시 및 주거환경정비기본계획"입니다. 먼저 개략적인 제목 이미지를 보여드리면 아래와 같습니다.

[대전광역시 도시 및 주거환경정비기본계획의 표지]

Contents

I. 계획의 개요 ························· 1
1. 배경 및 목적 ························· 1
   - 가. 배 경 ························· 1
   - 나. 목 적 ························· 1
2. 계획의 성격 ························· 2
   - 가. 법적 지위 및 구속력 ························· 2
   - 나. 타당성 검토 ························· 2
3. 계획의 범위 ························· 3
   - 가. 공간적 범위 ························· 3
   - 나. 시간적 범위 ························· 4
   - 다. 내용적 범위 ························· 4
4. 계획의 추진과정 ························· 5
   - 가. 계획수립 절차 ························· 5
   - 나. 계획수립 경위 ························· 6

II. 현황 및 여건분석 ························· 9
1. 상위계획 및 관련계획 ························· 9
   - 가. 제4차 국토종합계획 수정계획 ························· 9
   - 나. 2020 대전권 광역도시계획 ························· 11
   - 다. 2020 대전 도시기본계획 일부변경 ························· 15
   - 라. 원도심 활성화 계획 ························· 24
   - 마. 2010 대전광역시 도시 및 주거환경정비 기본계획 ························· 26
   - 바. 도시균형발전기본계획 ························· 28
   - 사. 대전 비전 2020 ························· 30
   - 아. 그린시티 대전 추진전략 ························· 32
2. 관련법규 ························· 35
   - 가. 국토의 계획 및 이용에 관한 법률 ························· 35
   - 나. 도시재정비 촉진을 위한 특별법 ························· 36
   - 다. 도시 및 주거환경정비법 ························· 37
   - 라. 대전시 도시 및 주거환경정비 조례 ························· 38
3. 대전시 현황분석 ························· 41
   - 가. 인문환경 ························· 41
   - 나. 토지이용현황 ························· 61
   - 다. 대전시 공간체계의 변화 ························· 65
4. 현황종합분석 ························· 76
   - 가. 구별 여건분석 ························· 76
   - 나. 정비사업의 문제점 ························· 78
   - 다. 현황종합분석 및 과제도출 ························· 80

III. 계획의 기본방향 ························· 85
1. 관련법제 및 정비여건 변화 ························· 85
   - 가. 관련법제 변화 ························· 85
   - 나. 정비여건 변화 ························· 86
2. 기정 기본계획의 평가 ························· 88
   - 가. 도시환경정비부문 ························· 88
   - 나. 주거환경정비부문 ························· 89
3. 기본구상 ························· 90
   - 가. 도시의 패러다임 변화 ························· 90
   - 나. 여건 및 법제 변화 ························· 90
   - 다. 미래상 설정 ························· 90

[기본계획 목차]

Contents

4. 정책목표 및 실천방향 ·············· 91
   가. 정책목표 ·························· 91
   나. 실천방향 ·························· 92
   다. 부문별 세부 정비방향 ··········· 93

IV. 정비예정구역 선정 ·············· 97
1. 기본방향 ···························· 97
   가. 기본방향 ·························· 97
   나. 정비예정구역 선정 절차 ········ 97
2. 정비사업 추이 변화 ·············· 98
   가. 정비사업 패러다임 변화 ········ 98
   나. 도시 및 주거환경정비기본계획 재정비 추이 ··· 101
   다. 대전시 정비사업 추이 ········· 102
   라. 주택 수요·공급 적정성 검토 ··· 109
3. 정비예정구역 조정 검토 ········ 111
   가. 기본방향 ························ 111
   나. 정비예정구역 축소 조정 검토 ··· 111
   다. 정비구역 선정기준 조정 ······ 112
4. 관리대상구역 제도 마련 ········ 113
5. 정비예정구역 선정 ·············· 119
   가. 기본방향 ························ 119
   나. 정비예정구역 선정원칙 ······· 119
   다. 정비예정구역 선정 절차 ······ 121
   라. 정비예정구역 선정 ············ 122
   마. 정비예정구역 선정 총괄 ······ 129

6. 주택 공급 적정성 검토 ·········· 131
   가. 기본방향 ························ 131
   나. 정비사업 소요기간 기준 설정 ··· 131
   다. 연도별 입주물량 추정 ········· 132
   라. 정비예정구역 주택공급 적정성 검토 ··· 133

V. 부문별 계획 ···················· 137
1. 도시환경부문 ······················ 137
   가. 기본방향 ························ 137
   나. 정비수법 ························ 139
   다. 토지이용계획 ···················· 143
   라. 건축물 밀도에 관한 계획 ····· 146
   마. 정비기반시설 계획 ············ 155
   바. 경관계획 ························ 159
   사. 교통계획 ························ 163
   아. 공원·녹지계획 ·················· 170
   자. 도심기능 활성화 및 도심공동화방지 방안 ··· 174
   차. 기타 사항에 관한 계획 ········ 176
   카. 정비예정구역별 조서 ·········· 179
2. 주거환경부문 ······················ 193
   가. 생활권 계획 ···················· 193
   나. 주거지관리계획 ················ 197
   다. 토지이용계획 ···················· 205
   라. 밀도계획 ························ 207
   마. 경관계획 ························ 218
   바. 교통계획 ························ 223
   사. 정비기반시설 계획 ············ 228

[기본계획 목차]

Contents

　　아. 환경계획 ·· 240
　　자. 거주민 주거안정 대책 ···················· 243
　　차. 역사적 유물 및 전통건축물 보존계획 ··· 248
　　카. 공공 및 민간부문 역할 제시 ············ 252

VI. 집행계획 ·· 257
1. 단계별 추진계획 ································ 257
　　가. 기본방향 ·· 257
　　나. 관련법규 검토 ································ 257
　　다. 단계별 배분계획 ···························· 258
　　라. 사업추진단계의 조정 ···················· 261
　　마. 장기 미추진 구역 관리방안 ············ 262
2. 재원조달에 관한 계획 ························ 265
　　가. 기본방향 ·· 265
　　나. 도시·주거환경정비기금 ·················· 265
　　다. 부족재원의 조달방안 ···················· 267

VII. 관리운영 계획 ································ 273
1. 정비예정구역 변경 ···························· 273
　　가. 정비예정구역 변경 ························ 273
　　나. 정비사업 유형 변경 ······················ 274
　　다. 정비예정구역 경계 조정 ·················· 275
　　라. 정비예정구역의 관리대상구역 전환 ··· 275
2. 정비계획의 입안 및 결정 ···················· 276
　　가. 정비계획 수립 경과조치 ················ 276
　　나. 정비계획 입안 주민제안 ················ 277

3. 기본계획 운영·관리지침 제정 ············ 277

VIII. 정비예정구역별 계획 ···················· 281
1. 정비예정구역 총괄 ···························· 281
2. 도시환경부문 ···································· 282
　　가. 도심지역 ·· 282
　　나. 부도심 및 지구중심 ························ 285
3. 주거환경부문 ···································· 291
　　가. 동구 ·· 291
　　나. 중구 ·· 297
　　다. 서구 ·· 303
　　라. 유성구 ·· 307
　　마. 대덕구 ·· 309

IX. 부록 ·· 315
1. 공람의견 및 관계기관 협의결과 ············ 315
2. 시의회 의견청취 ································ 333
3. 도시계획위원회 심의 ························ 333

[기본계획 목차]

Ⅷ. 정비예정구역별 계획

1. 정비예정구역 총괄

행정구역	사업유형		구역 수		면적	
			개소수	비율(%)	면적(천㎡)	비율(%)
총 괄	정비예정구역	소 계	166	100.0	11,589	100.0
		도시환경정비사업	31	18.7	1,792	15.4
		주거환경정비사업	10	6.0	1,332	11.5
		주택재개발	81	48.8	5,817	50.2
		단독재건축사업	20	12.0	1,899	16.4
		공동재건축사업	24	14.5	749	6.5
	관리대상구역		47	100.0	2,145	100.0
동 구	정비예정구역	소 계	58	35.0	4,161	35.8
		도시환경정비사업	14	8.5	931	8.0
		주거환경정비사업	5	3.0	872	7.5
		주택재개발	25	15.1	1,546	13.3
		단독재건축사업	7	4.2	553	4.8
		공동재건축사업	7	4.2	259	2.2
	관리대상구역		18	38.3	734	34.2
중 구	정비예정구역	소 계	60	36.2	3,698	31.9
		도시환경정비사업	8	4.8	537	4.6
		주거환경정비사업	3	1.8	267	2.3
		주택재개발	28	16.9	1,610	13.9
		단독재건축사업	10	6.0	1,035	8.9
		공동재건축사업	11	6.7	249	2.2
	관리대상구역		17	36.2	899	41.9
서 구	정비예정구역	소 계	24	14.4	2,517	21.8
		도시환경정비사업	-	-	-	-
		주거환경정비사업	-	-	-	-
		주택재개발	20	12.0	2,165	18.7
		단독재건축사업	3	1.8	311	2.7
		공동재건축사업	1	0.6	41	0.4
	관리대상구역		9	19.1	330	15.4
유성구	정비예정구역	소 계	6	3.6	295	2.6
		도시환경정비사업	3	1.8	181	1.6
		주거환경정비사업	-	-	-	-
		주택재개발	1	0.6	59	0.5
		단독재건축사업	-	-	-	-
		공동재건축사업	2	1.2	55	0.5
	관리대상구역		-	-	-	-
대덕구	정비예정구역	소 계	18	10.8	918	7.9
		도시환경정비사업	6	3.6	142	1.2
		주거환경정비사업	2	1.2	193	1.7
		주택재개발	7	4.2	438	3.8
		단독재건축사업	-	-	-	-
		공동재건축사업	3	1.8	145	1.2
	관리대상구역		3	6.4	182	8.5

[정비예정구역을 총괄적으로 정리해 놓은 표]

				소계	58	35.0	4,161	35.8
동 구	정비 예정 구역		도시환경정비사업	14	8.5	931	8.0
			주거환경정비사업	5	3.0	872	7.5
			주택재개발	25	15.1	1,546	13.3
			단독재건축사업	7	4.2	553	4.8
			공동재건축사업	7	4.2	259	2.2
	관리대상구역			18	38.3	734	34.2
중 구	정비 예정 구역		소계	60	36.2	3,698	31.9
			도시환경정비사업	8	4.8	537	4.6
			주거환경정비사업	3	1.8	267	2.3
			주택재개발	28	16.9	1,610	13.9
			단독재건축사업	10	6.0	1,035	8.9
			공동재건축사업	11	6.7	249	2.2
	관리대상구역			17	36.2	899	41.9

동구	4	기정	신흥동2	주택재개발사업	신흥동 169-17	73,472	-	-	-	-	주거환경정비구역	동구 신흥
		변경	3구역	주택재개발사업	신흥 161-33	103,347	촉진계획에 따름	기수립	촉진계획에 따름	촉진계획에 따름	주거환경정비구역	동구 신흥
동구	5	기정	신흥동3	단독재건축사업	신흥동 19-11	49,498	-	-	-	-	주거기능개선구역	동구 신흥
		기정	판암동5	단독재건축사업	판암동 552-8	38,957	-	-	-	-	주거기능개선구역	동구 신흥
		변경	5구역	주택재개발사업	신흥23-1	91,649	촉진계획에 따름	기수립	촉진계획에 따름	촉진계획에 따름	특별관리필요구역	동구 신흥
동구	6	신설	4구역	주택재개발사업	신흥3-6	23,578	촉진계획에 따름	기수립	촉진계획에 따름	촉진계획에 따름	주거환경정비구역	동구 신흥
동구	7	기정	가양동1	단독재건축사업	가양동 176-14	99,664	-	-	176%	221%	주거기능개선구역	
		변경	가양동1	단독재건축사업	가양동 176-14	99,664	2단계	2014	172%	221%	주거환경정비구역	
동구	8	기정	가양동2	공동재건축사업	가양동 25-1	17,348	-	-	200%	240%	주거기능개선구역	
		변경	가양동2	공동재건축사업	가양동 25-1	17,348	1단계	2011	200%	240%	특별관리필요구역	

〈정비예정구역도〉

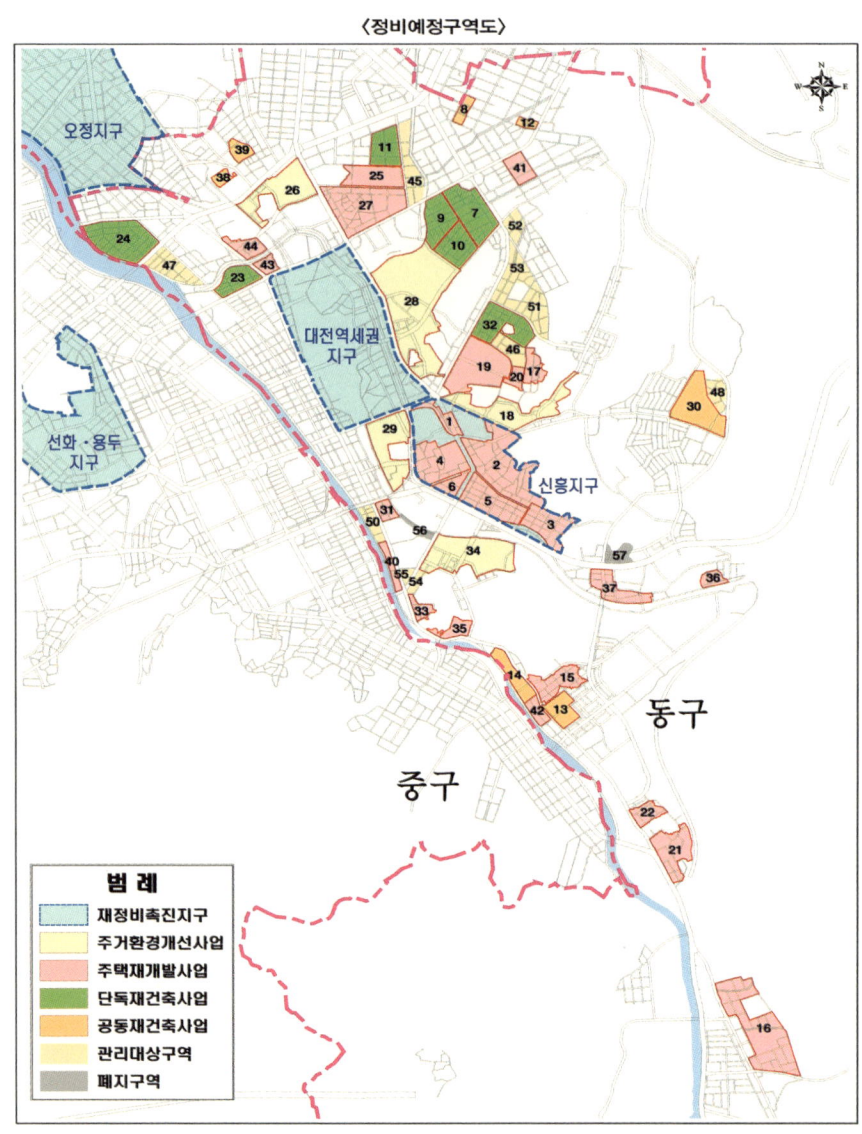

3. 체크 사항

○ 정비기본계획에서 가장 눈 여겨 볼 곳은 **정비예정구역**, **용적률** 임

○ 어느 지역이 언제 정비사업을 시행할 수 있는지, 어느 정도의 용

적률로 건축할 수 있는지를 체크하여 그 곳의 소유자나 관련사업자들이 정비사업진행시기를 예측할 수 있음

☞ 홈페이지(www.r119.co.kr)의 동영상 강좌를 들으시면
더 쉽고 더 자세하게 이해하실 수 있습니다.

14. 정비사업 진행절차(2)

정비계획 수립 및 정비구역 지정

Key Point

　재건축 재개발을 하려면 먼저 정비계획이 수립되고 정비구역이 지정되어야만 합니다.
　따라서 정비사업의 가장 기본적인 절차가 정비기본계획을 수립 한 뒤 정비계획수립 및 정비구역지정인데, 정비계획은 어떻게 수립되고 정비구역은 어떻게 지정되는 것인지를 알아보도록 하겠습니다.

법률사무소 국토
김조영 대표변호사의 동영상 강의

2. 정비계획의 수립 및 정비구역의 지정

가. 정비계획 및 정비구역의 개념

○ 도시·주거환경정비**기본계획**이라는 것이 수립되면, 그 이후에는 각 구역별로 구체적인 정비계획을 수립하고 정비구역을 지정하게 됨

○ 예를 들어 여름에 비가 많이 와서 **건물의 한 부분이 빗물이 새어 벽지가 손상되고 폭풍우에 한 귀퉁이가 떨어져 나가는 일이 발생**하였다고 가정

○ 여러분들이 만약에 그 건물의 주인이라면 이 손상된 부분을 보수하기 위하여 수리전문가를 부르게 될 것임. 그래서 수리전문가가 집으로 오면 여러분들은 제일 먼저 무슨 말을 하지요?

○ "이 부분이 젖어서 망가졌으니 이 부분을 좀 고쳐주세요."라고 말하지 않을까요?

○ 바로 이때 "**이 부분을 고쳐주세요**"라고 말하는"<u>이 부분</u>"이 바로 보수를 하여야 할 부분이고, 보수하여야 할 그 부분이 도시계획적인 측면에서 보면 바로 정비하여야 할 구역인 것으로서 이를 "**정비구역**"이라고 말함

○ 어떤 지역을 정비할 것인지 구역을 정하고 정비는 어떻게 할 것인가 하는 점을 계획하는 것이 바로 "**정비계획수립**"인 것입니다.

○ 그런데 비에 젖어 망가진 벽을 수선하면서, 주인인 여러분은 얼룩진 벽지의 자국 선을 따라가면서 새로 수리할 부분을 비뚤비뚤하게 지정을 하겠는가, 아니면 가급적 크게 직선을 그어서 수선할 부분을 네모나게 정할 것인가?

○ 당연히 가급적이면 수선할 부분을 크게 네모나게 정할 것 같지 않은가? 그리고 이왕이면 수리하는 김에 그 옆 부분도 함께 수리

하여 전체가 깨끗하게 수리되게끔 하는 것을 원할 것임

○ 이렇게 정비할 계획을 수립하고 정비구역을 결정하는 것이 바로 정비계획수립 및 정비구역지정인 것임

나. 정비계획의 내용

○ 정비계획에는 다음의 내용이 포함되어 있어야 함
 1. 정비사업의 명칭
 2. **정비구역 및 그 면적**
 3. 도시·군계획시설의 설치에 관한 계획
 4. 공동이용시설 설치계획
 5. 건축물의 주용도·**건폐율·용적률·높이**에 관한 계획
 6. 환경보전 및 재난방지에 관한 계획
 7. 정비구역 주변의 교육환경 보호에 관한 계획
 8. 세입자 주거대책
 9. **정비사업시행 예정시기**
 10. 정비사업을 통하여「민간임대주택에 관한 특별법」제2조제4호에 따른 공공지원민간임대주택(이하 "공공지원민간임대주택"이라 한다)을 공급하거나 같은 조 제11호에 따른 주택임대관리업자(이하 "주택임대관리업자"라 한다)에게 임대할 목적으로 주택을 위탁하려는 경우에 법령이 정하는 사항
 11. 「국토의 계획 및 이용에 관한 법률」제52조제1항 각 호의 사항에 관한 계획(필요한 경우에 한한다)
 12. 그 밖에 정비사업의 시행을 위하여 필요한 사항으로서 대통령령이 정하는 사항

다. 고시 내용

○ 각 구역별로 정비계획을 수립하고 정비구역을 지정하면 공보에 정비구역지정을 게재하여 고시하는데, 서울특별시의 경우를 보면

아래와 같음.

◆ 고 시

제2011-169호 도시계획시설사업(도시철도 및 부대시설)실시계획 변경인가 ············· 4
제2011-170호 도시관리계획「신설 제1종지구단위계획」변경(재정비) 결정 및 지형도면 고시 ··· 6
제2011-171호 개봉5 주택재건축 정비구역지정 및 지형도면 고시 ················· 46
제2011-172호 오류제1주택재건축정비구역 지정 및 지형도면 고시 ················ 53
제2011-173호 도시관리계획[관악사당 제1종지구단위계획] 결정(변경) 및 지형도면 고시 ······ 59
제2011-174호 도시관리계획(봉천지구중심 제1종지구단위계획) 결정(변경) 및 지형도면 고시 ··· 64
제2011-175호 양평동 신동아아파트 주택재건축 정비구역지정 및 지형도면 고시 ········· 67
제2011-176호 공덕1 주택재건축 정비구역 지정 및 지형도면 고시 ················ 72
제2011-177호 서울 상암택지개발지구 개발계획 및 실시계획 변경승인 고시 ·········· 79
제2011-178호 주택재개발사업의 임대주택 및 주택규모별 건설비율 기준 ············ 81
제2011-179호 수송1-5 도시환경정비구역 변경지정 및 지형도면 고시 ············· 82

○ 서울시보를 보면 아래와 같이 각 구역별로 장비구역지정이 고시됨

○ 그 중 어느 구역의 주택재건축의 내용을 보면 아래와 같음

◆ 서울특별시고시 제2011-171호

개봉5 주택재건축 정비구역지정 및 지형도면 고시

서울특별시 구로구 개봉동 68-64번지 일대를「도시 및 주거환경정비법」제4조제4항의 규정에 따라 개봉5 주택재건축정비구역으로 지정하고, 같은 법 제4조제5항 및「토지이용규제 기본법」제8조의 규정에 따라 주택재건축 정비구역지정 및 지형도면을 고시합니다.

2011년 6월 30일
서 울 특 별 시 장

1. 정비구역의 지정
   가. 정비사업의 명칭 : 개봉5 주택재건축 정비구역
   나. 정비구역의 위치 및 면적

지정구분	구역의 명칭	위 치	면적(㎡)	비 고
신 규	개봉5 주택재건축 정비구역	서울시 구로구 개봉동 68-64번지 일대	13,099	

결정구분	구역구분		가구 또는 획지 구분		위치	주된용도	건폐율(%)	용적률(%)		높이(m)(층수)
	명칭	면적(㎡)	명칭	면적(㎡)				정비계획	법적상한	
신규	개봉5 주택재건축 정비구역	13,099	획지1	10,168	개봉동 68-64번지 일대	공동주택	25 이하	250 이하	300 이하	80m이하 (25층이하)
주택의 규모 및 규모별 건설비율	○ 주택공급계획(세대수) | 구 분 | 세 대 수(세대) | 비율(%) | |---|---|---| | 합 계 | 270 | 100.0 | | 60㎡ 이하 | 92 | 34.1 | | 85㎡ 이하 | 93 | 34.4 | | 85㎡ 초과 | 85 | 31.5 | ○ 전용면적 85㎡이하 규모의 주택이 전체 연면적에 차지하는 비율 : 68.5%									
건축물 높이 완화에 관한 계획	○ 해당사항 없음									
건축물의 건축선에 관한 계획	○ 남부순환로(광로2-19)변 : 건축한계선 3m									
기 타	○ 주변 지하차도와의 연계성을 고려하여 보차혼용통로(8m) 확보									

5) 재건축 용적률 완화 및 소형주택 건설 계획
   - 용적률 완화 : 정비계획용적률(250%) → 법적상한용적률(300%)

법적상한용적률	정비계획용적률	소형주택용적률 (50% 적용)	소형주택 공급면적	소형주택 세대수	비고
300%	250%	25%이상	2,633.45㎡ (2,542㎡이상)	31세대	-

※ 소형주택 공급면적 산정

구 분	분양면적(㎡)			세대수	연면적(㎡)
	전용면적	주거공용면적	계		
계	-			31	2,633.45
60㎡이하	59.95	25.00	84.95	31	2,633.45

6) 정비사업 시행계획

시행방법	시행예정시기	사업시행 예정자	정비사업 시행으로 증가예상 세대수	홍수 등 취약요인에 대한 검토결과	비고
주택재건축 정비사업	구역지정고시 일부터 4년 이내	개봉5 주택재건축 정비사업조합	- 기존 : 245세대 - 계획 : 270세대 - 증가 : 25세대	해당사항 없음	

□ 정비구역 및 정비계획 결정도

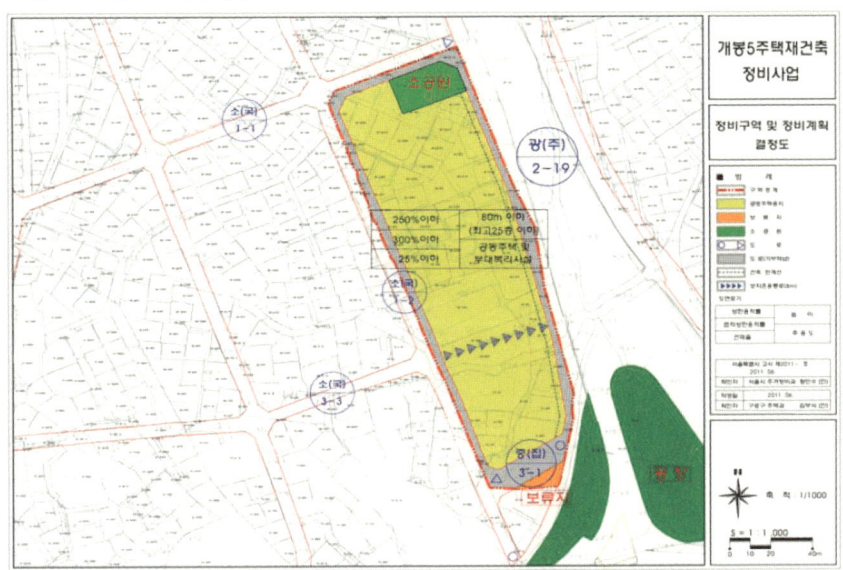

□ 건축계획(안)

○ 이렇게 정비계획수립 및 정비구역을 지정하게 되면 정비할 범위가 구체적으로 지정이 된 것이기 때문에, 바야흐로 다음에서 설

명하는 추진위원회구성승인, 조합설립인가 등의 절차를 거쳐서 정비사업을 본격화할 수 있는 것임

3. 체크 사항

○ 가장 눈 여겨 보아야 할 것이 **용적률**과 **주택공급 규모 및 계획**임

○ 계획상 용적률로 사업을 하였을 경우 과연 사업성이 있는지 여부를 체크하여야 함

○ 용적률을 최대한 올릴 수 있도록 계획 수립 및 변경을 해야 함

☞ 홈페이지(www.r119.co.kr)의 동영상 강좌를 들으시면
더 쉽고 더 자세하게 이해하실 수 있습니다.

부동산 온라인 강좌

1. 재건축, 재개발 등 정비사업

0. 도시정비법 개정(19.4.23) 강의
1. 꼭 알아야 하는 재건축재개발 기본지식
2. 정비계획 ~ 추진위원회 운영(1)
3. 추진위 ~ 조합설립인가
4. 추진위 운영규정, 조합정관, 자료공개
5. 조합 총회, 대의원회, 협력업체 선정 사업시행계획인가
6. 매도청구, 분양신청, 현금청산, 토지수용
7. 관리처분계획인가, 분양계약, 이주, 인도소송

2. 해설, 판례가 함께 하는 정비사업 법령해설집(3단)

1. 도시 및 주거환경정비법(3단) 해설
2. 정비사업 계약업무 처리기준 해설
3. 빈집 및 소규모주택 정비에 관한 특례법
4. 재건축,재개발조합 표준 정관안
5. 추진위원회 운영규정
6. 기타 법령

3. 부동산 정책, 정보, 재테크

1. 김조영 변호사의 부동산 세상

15. 정비사업 진행절차(3)

추진위원회 구성·승인

Key Point
정비계획이 수립되고 정비구역이 지정되면, 이제 그 구역의 재건축 재개발을 할 수 있는 여건이 되었습니다. 그래서 토지등소유자들이 조합을 결성하여 정비사업을 하려고 할 때에 조합결성을 위한 전단계인 추진위원회를 구성하여 관할관청의 승인을 받아야만 합니다.

법률사무소 국토
김조영 대표변호사의 **동영상 강의**

3. 정비사업조합설립추진위원회 구성·승인

○ 위와 같이 도시 및 주거환경정비기본계획, 정비계획수립 및 정비구역지정이 고시되면, 해당 정비구역내의 토지등소유자들이 정비사업을 시작할 수가 있게 되는데, 이때에 소유자들이 알아서 정비사업을 주관하여 진행할 대표기구를 만들어야 함

가. 추진위원회의 개념

○ 사업을 진행할 사업주체인 조합을 설립하기 위해서는 먼저 추진위원회라는 것을 만들어야 함

○ 자, 그러면 추진위원회가 뭐하는 곳인지 개념부터 살펴보겠음

○ 추진위원회를 만들기 위해서는 토지등소유자의 과반수의 동의를 받아야 함

○ 예를 들어, 토지등소유자가 500명이면 과반수는 251명, 1/2은

250명이 됨

○ 추진위원회 설립에 동의한 사람들이 아래 그림의 노란색이고, 찬성하지 않은 사람들이 파란색이라면, 추진위원회라는 것은 아래 그림중 어느 부분을 말하는 것일까?

○ ①노란색 부분? ②파란색 부분? ③위 피라미드 전체? ④답 없다?

○ 위 3가지 전부 정답이 아님. 아래의 빨간 색 부분이 추진위원회 임

○ 법령에 토지등소유자 1/10이상의 **"추진위원"**을 뽑도록 되어 있음.

○ 아파트에 동대표를 뽑으면 동대표회의를 하는데, 이 동대표회의는 동대표들이 하는 회의임

○ 따라서 추진위원회도 "추진위원"들만이 모여서 하는 회의임

○ 결국 추진위원회는 다음의 성격을 띠고 있음

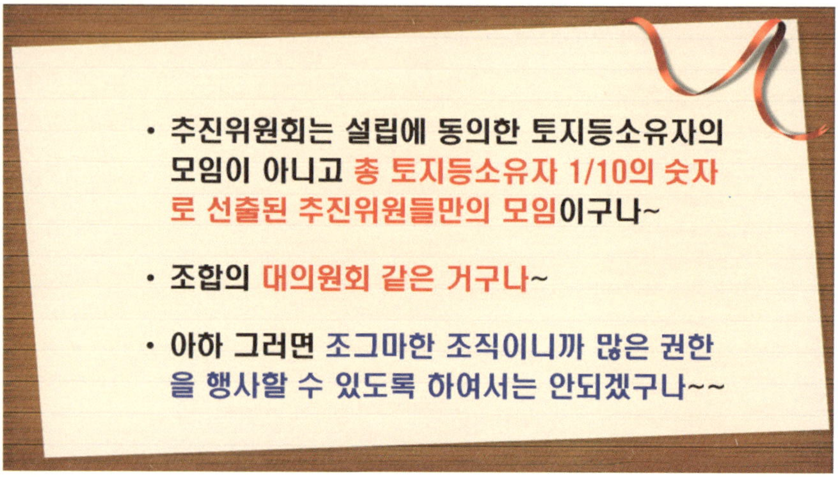

- 추진위원회는 설립에 동의한 토지등소유자의 모임이 아니고 총 토지등소유자 1/10의 숫자로 선출된 추진위원들만의 모임이구나~

- 조합의 대의원회 같은 거구나~

- 아하 그러면 조그마한 조직이니까 많은 권한을 행사할 수 있도록 하여서는 안되겠구나~~

나. 추진위원회 운영규정

○ 추진위원회에 적용되는 추진위원회 운영규정이 있는데, 국토교통부에서 「정비사업조합설립추진위원회 운영규정」이라는 법규명령을 만들어서 공포하여 시행하고 있음

○ 추진위원회 운영규정을 추진위원회가 자치적으로 만들 수 있도록 하지 않고 국토교통부에서 법규명령으로 만들어서 공포한 이유는 다음과 같음

- 사업 초창기이기 때문에 추진위원회를 운영하는 규정을 만들어 주어야 겠구나~

- 잘 몰라서 마음대로 운영할 수도 있으니까, 운영규정을 만들어주고 그것을 마음대로 변경하지 못하도록 하여야 겠구나~

- 국토교통부에서 추진위원회 운영규정을 만들어서 공포를 하였음

○ 그래서 국토교통부의 전신인 건설교통부에서 「도시 및 주거환경정비법」이 최초 시행된 2003.7.1. 하루전인 2003.6.30.에 건설교통부고시 제165호로 "정비사업조합설립추진위원회 운영규정"을 공포하였음

○ 그 뒤 개정을 거쳐 최종으로 개정된 것이 2018.2.9. 개정된 국토교통부 고시 제2018-102호 임

○ 이 추진위원회 운영규정은 2개 부분으로 되어 있음

제1조(목적)에서 제7조(재검토기한)까지 되어 있는 부분과 그 뒤에 첨부 [별표] ○○정비사업설립추진위원회 운영규정 이라고 되어 있으면서 제1조(명칭)부터 제37조(민법의 준용 등)으로 되어 있는 부분이 있음

이 중 앞 부분의 제3조(운영규정의 작성)에 보면 아래와 같이 별표의 운영규정안중 일부만 수정을 할 수 있고, 대부분의 조항은 수정을 할 수 없도록 되어 있음

제3조(운영규정의 작성) ① 정비사업조합을 설립하고자 하는 경우 추진위원회를 시장·군수등에게 승인 신청하기 전에 운영규정을 작성하여 토지등소유자의 과반수의 동의를 얻어야 한다.

② 제1항의 운영규정은 별표의 운영규정안을 기본으로 하여 다음 각 호의 방법에 따라 작성한다.

1. 제1조·제3조·제4조·제15조제1항을 확정할 것
2. 제17조제7항·제19조제2항·제29조·제33조·제35조제2항 및 제3항의 규정은 사업특성·지역상황을 고려하여 법에 위배되지 아니하는 범위 안에서 수정 및 보완할 수 있음
3. 사업추진상 필요한 경우 운영규정안에 조·항·호·목 등을 추가할 수 있음

③ 제2항 각 호에 따라 확정·수정·보완 또는 추가하는 사항이 법·관계법령, 이 운영규정 및 관련행정기관의 처분에 위배되는 경우에는 효력을 갖지 아니한다.

④ 운영규정안은 재건축사업을 기본으로 한 것이므로 재개발사업 등을 추진하는 경우에는 일부 표현을 수정할 수 있다.

라. 추진위원회 구성 동의서

○ 추진위원회를 구성하기 위한 동의서 양식은 「도시 및 주거환경정비법」 제31조, 동 시행령 제25조, 동 시행규칙 제7조에서 정하는 **"정비사업조합설립추진위원회 구성동의서"**라는 양식을 사용하여야 함. 즉, 정비사업조합을 설립하기 위한 추진위원회를 구성하는데 동의하는 서식임

○ 추진위원회구성동의서 양식을 보면 다음과 같음. 설명은 동영상 강의를 필수로 참조하시기 바람

▶ 6:55 부분

■ 도시 및 주거환경정비법 시행규칙[별지 제4호서식]

정비사업 조합설립추진위원회 구성동의서

※ 색상이 어두운 란은 동의자가 적지 않습니다.   (앞 쪽)

행정기관에서 부여한 연번범위		연 번	/

Ⅰ. 소유자 인적사항

인적 사항	성 명		생년월일	
	주민등록상 주 소		전화번호	

소유권 현황	※ 재건축사업의 경우				
	소유권 위치(주소)				
	등기상 건축물지분(면적)		㎡	등기상 대지지분(면적)	㎡
	※ 재개발사업의 경우				
	권리 내역	토지	소재지 (공유여부)		면적(㎡)
			(계 필지)		
			(	)	
			(	)	
		건축물	소재지 (허가유무)		동 수
			(	)	
			(	)	
		지상권 (건축물 외 수목 또는 공작물의 소유목적)	설정 토지		지상권의 내용

Ⅱ. 동의사항

1. 추진위원회 명칭					
2. 추진위원회 구성 ※ 공란으로 두고 동의를 얻을 수 없습니다.	직 책	성 명	생년월일	주 소	
	위원장				
	감 사				
	부위원장				
	추진위원				

210mm×297mm[백상지(80g/㎡) 또는 중질지(80g/㎡)]

(뒤 쪽)

3. 추진위원회 업무	(1) 정비사업전문관리업자, 설계자 선정(필요시) (2) 개략적인 사업시행계획서의 작성 (3) 조합설립 인가를 받기 위한 준비업무 (4) 조합정관 초안 작성 (5) 조합설립을 위한 토지등소유자의 동의서 받기 (6) 조합설립을 위한 창립총회의 개최
4. 운영규정	※ 별첨

Ⅲ. 동의내용

가. 본인은 동의서에 자필서명 및 지장날인하기 전에 동의서를 얻으려는 자로부터 다음 각 호의 사항을 사전에 충분히 설명·고지받았습니다.

(1) 본 동의서의 제출 시 「도시 및 주거환경정비법」 제31조제2항에 따라 조합설립에 동의한 것으로 의제된다는 사항

(2) 본 동의서를 제출한 경우에도 조합설립에 반대하고자 할 경우 「도시 및 주거환경 정비법 시행령」 제33조제2항에 따라 조합설립인가 신청 전에 반대의 의사표시를 함으로써 조합설립에 동의한 것으로 의제되지 않도록 할 수 있음과 반대의 의사표시의 절차에 관한 사항

나. 본인은 Ⅱ. 동의 사항(추진위원회 명칭, 구성, 업무, 운영규정)이 빠짐없이 기재되어 있음을 확인하고 충분히 숙지하였으며, 기재된 바와 같이 추진위원장, (부위원장), 감사 및 추진위원으로 하여 000 재건축/재개발사업 조합설립추진위원회를 구성하고 같은 추진위원회가 Ⅱ. 동의 사항 중 3. 추진위원회 업무를 추진하는데 동의합니다.

년   월   일

위 동의자 :　(자필로 이름을 써넣음) 지장날인

(   )사업 조합설립추진위원회 귀중

신청인 제출서류	1. 토지등소유자 신분증명서 사본 1부.	수수료 없음

210㎜×297㎜[백상지(80g/㎡) 또는 중질지(80g/㎡)]

○ 이 동의서는 양식 제1면 상단에서 보시는 바와 같이 관할행정관청에서 연번을 부여하도록 되어 있음. 즉, 나누어 주는 동의서 양식의 숫자를 기재하도록 되어 있는데, 1/500, 2/500 와 같은 방식으로 연번을 기재하도록 되어 있음

○ 위와 같이 정비사업조합설립추진위원회 구성동의서를 해당 정비구역 토지등소유자의 과반수로부터 거두어 관할관청에 정비사업조합설립추진위원회 구성·승인신청을 하게 되는데 그 신청서 역시 「도시 및 주거환경정비법 시행규칙」에 정해져 있음

바. 공공지원제도 적용 도시의 추진위원회 구성절차

○ 서울특별시처럼 공공지원제도(예전에 '공공관리' 라고 칭하였다가 2015.9.1. 법이 개정되어 지금은 '공공지원'이라고 칭한다)가 적용되는 경우에는 아래와 같이 진행됨

> **공공지원 제도(서울특별시) 추진위원회 설립절차**
> - 서울특별시처럼 공공지원제도(예전에 '공공관리' 라고 칭하였다가 2015.9.1. 법이 개정되어 지금은 '공공지원'이라고 칭한다) 가 적용되는 경우
> - 관할구청장이 추진위원회의 (예비추진위원장) 및 (예비 감사)선거를 먼저 실시하여 대표자를 선출
> - 이 (예비추진위원장)이 (예비추진위원)들을 추천하여 추진위원회 구성동의서에 기재
> - 토지등소유자들의 추진위원회 구성동의서를 징구

○ 공공지원제도 적용되는 도시 이외의 경우에는 그냥 추진위원회구성동의서에 추진위원장, 추진위원등의 이름을 기재한 뒤에 동의

서만 과반수 징구하여 관할관청에 접수하면 됨

사. 체크사항

○ 추진위원회 구성 승인 시 동의율 충족에 특히 신경을 쓰시기 바람. 동의율부족으로 소송제기에 의하여 취소되는 경우도 더러 있기 때문임

○ 추진위 구성 승인 후 조합 창립총회 개최 및 조합설립인가를 받기 위하여 신속한 업무 추진이 필요함

☞ 홈페이지(www.r119.co.kr)의 동영상 강좌를 들으시면
더 쉽고 더 자세하게 이해하실 수 있습니다.

16. 정비사업 진행절차(4)

창립총회, 조합설립인가, 조합의 개념

Key Point
추진위원회가 구성된 뒤에 정비사업전문관리업자를 선정하여 조합을 설립하기 위한 창립총회를 개최하고 조합설립인가를 받아야만 합니다.
이 단계가 어떻게 진행되는지, 그리고 조합이란 무엇인지 살펴보도록 하겠습니다.

법률사무소 국토
김조영 대표변호사의 **동영상 강의**

4. 창립총회 개최

가. 조합설립을 위한 절차 및 요건

○ 위와 같이 추진위원회가 관할관청으로부터 구성·승인을 받은 뒤에 하여야 할 가장 중요한 업무가 바로 '**조합**'을 **설립**하는 것임

○ 추진위원회는 조합을 설립하기 위한 조직에 불과한 것이지 본격적인 정비사업을 시행해 나가는 사업시행자는 조합이기 때문에 다음과 같은 절차와 요건을 갖추어야 함

① 조합설립동의서를 징구하여 법이 정한 각 사업별 **동의율을 충**

족하여야 한다.

② 창립총회를 개최하여 조합정관, 임·대의원 선출 등을 하여야 한다.

③ 조합설립인가신청을 하여 조합설립인가를 관할관청으로부터 받아야 한다.

④ 조합설립인가 후 법인등기를 하여야 한다.

나. 법령의 내용

○ 도시 및 주거환경정비법 제35조(조합설립인가 등)과 시행령 제30조(조합설립인가신청의 방법등) 에는 아래와 같이 규정되어 있음

▶ 2:45 부분 동영상 강의 참조하시기 바람

도시 및 주거환경정비법	도시 및 주거환경정비법 시행령
② **재개발사업**의 추진위원회(제31조제4항에 따라 추진위원회를 구성하지 아니하는 경우에는 토지등소유자를 말한다)가 조합을 설립하려면 토지등소유자의 4분의 3 이상 및 토지면적의 2분의 1 이상의 토지소유자의 동의를 받아 다음 각 호의 사항을 첨부하여 시장·군수 등의 인가를 받아야 한다. 1. 정관 2. 정비사업비와 관련된 자료 등 **국토교통부령**으로 정하는 서류 3. 그 밖에 **시·도조례**로 정하는 서류	**제30조(조합설립인가신청의 방법 등)** ① 법 제35조 제2항부터 제4항까지의 규정에 따른 토지등소유자의 동의는 **국토교통부령**으로 정하는 동의서에 동의를 받는 방법에 따른다.
▲【해설】 • 재개발사업과 재건축사업의 조합설립동의율 계산방법이 다르다. • 재개발사업의 경우에 '토지등소유자'의 개념이 '정비구역에 위치한 토지 또는 건축물의 소유자 또는 그 지상권자'인데, ① 건축물 없이 토지만을 소유하거나 ② 토지 소유없이 건축물만을 소유하거나 ③ 토지나 건축물 소유없이 지상권만을 가지거나, ④ 그리고 토지 및 건축물을 모두 소유하는 경우 모두가 '토지등소유자'의 범위에 포함되기 때문에, 동의율 계산시 이 사람들 숫자 전부를 합하여 계산하여야 한다. • 따라서 조합설립동의율은 토지등소유자(정비구역에 위치한 토지 또는 건축물의 소유자 또는 그 지상권자)의 4분의 3 이상 + 토지면적(토지만 소유하거나 건축물과 토지 모두를 소유하거나)의 2분의 1 이상의 토지소유자의 동의를 받아야 한다	▲【해설】 • 조합설립 동의서 양식이 정해져 있다. 따라서 시행규칙 별지 제6호 서식을 사용하여 조합설립동의를 받아야 한다.
♣【판례】 조합정관 미첨부한 조합설립동의서의 효력 • 주택재개발사업 조합설립추진위원회가 조합의 정관 또는 정관 초안을 첨부하지 않은 채 구 도시 및 주거환경정비법 시행규칙 제7조 제3항 [별지 제4호의2 서식]에 따른 동의서에 의하여 조합 설립에 관한 동의를 받은 것이 적법한지 여부(적극) 및 동의서에 비용분담의 기준이나 소유권의 귀속에 관한 사항이 더 구체적이지 않다는 이유로 무효라고 할 수 있는지 여부(소극) / 동의서를	② 제1항에 따른 동의서에는 다음 각 호의 사항이 포함되어야 한다. 1. 건설되는 건축물의 설계의 개요 2. 공사비 등 정비사업비용에 드는 비용(이하 "정비사업비"라 한다) 3. 정비사업비의 분담기준 4. 사업 완료 후 소유권의 귀속에 관한 사항 5. 조합 정관 ▲【해설】 • 위 내용들이 전부 포함되도록 만든 동의서가 시행규칙 제6호 서식 조합설립 동의서이다. 시행규칙 제8조제3항에는 이 양식을 사용하여 조합설립동의서를 받도록 되어 있다. ③ 조합은 조합설립인가를 받은 때에는 정관으로 정하는 바에 따라 토지등소유자에게 그 내용을 통지하고, 이해관계인이 열람할 수 있도록 하여야 한다.

○ 여기에는 토지등소유자들로부터 거두는 **조합설립동의서** 양식도 「도시 및 주거환경정비법 시행규칙」에 정해진 양식을 사용하여 동의서를 받도록 규정되어 있음

○ 재개발사업, 재건축사업에 사용하는 조합설립동의서를 보면 다음과 같음

■ 도시 및 주거환경정비법 시행규칙[별지 제6호서식]

조합설립 동의서

[□재개발사업, □재건축사업]

※ 색상이 어두운 란은 동의자가 적지 않습니다. (3쪽 중 제1쪽)

행정기관에서 부여한 연번범위			연 번	/

Ⅰ. 동의자 현황

인 적 사 항	성 명			생년월일	
	주민등록상 주 소			전화번호	

소유권 현 황 ※ 재개발사업 인 경우	토 지 (총 필지)	소 재 지 (공유 여부)		면적(㎡)
		(	)	
		(	)	
		(	)	
	건 축 물	소 재 지 (허가 유무)		동 수
		(	)	
		(	)	
		(	)	
	지 상 권 (건축물 외의 수목 또는 공작물의 소유 목적으로 설정한 권리를 말합니다)	설 정 토 지		지상권의 내용

소유권 현 황 ※ 재건축사업 인 경우	소유권 위치 (주소)	(단독주택)			
		(아파트·연립주택)			
		(상가)			
	등기상 건축물지분 (면적, ㎡)		등기상 대지지분 (면적, ㎡)		

210㎜×297㎜[백상지(80g/㎡) 또는 중질지(80g/㎡)]

II. 동의 내용

1. 조합설립 및 정비사업 내용

가. 신축건축물의 설계개요	대지 면적 (공부상 면적)	건축 연면적	규 모	비 고
	m²	m²		

나. 공사비 등 정비사업에 드는 비용	철거비	신축비	그 밖의 비용	합 계

다. 나목에 따른 비용의 분담

1) 조합정관에 따라 경비를 부과·징수하고, 관리처분 시 임시청산 하며, 조합청산 시 청산금을 최종 확정합니다.

2) 조합원 소유 자산의 가치를 조합정관이 정하는 바에 따라 산정하여 그 비율에 따라 비용을 부담합니다.

3) 분양대상자별 분담금 추산방법(예시)

   분양대상자별 분담금 추산액 = 분양예정인 대지 및 건축물의 추산액 - (분양대상자별 종전의 토지 및 건축물의 가격 × 비례율')

   * 비례율 = (사업완료 후의 대지 및 건축물의 총 수입 - 총사업비) / 종전의 토지 및 건축물의 총 가액

라. 신축건축물 구분소유권의 귀속에 관한 사항

※ 개별 정비사업의 특성에 맞게 정합니다. 다만, 신축 건축물의 배정은 토지소유자의 의사가 최대한 반영되도록 하되, 같은 면적의 주택 분양에 경합이 있는 경우에는 종전 토지 및 건축물의 가격 등을 고려하여 우선 순위를 정하거나 추첨에 따르는 등 구체적인 배정 방법을 정하여 향후 관리처분계획을 수립할 때 분양면적별 배분의 기준이 되도록 합니다.

(예시)

1) 사업시행 후 분양받을 주택 등의 면적은 분양면적(전용면적+공용면적)을 기준으로 하고, 대지는 분양받은 주택 등의 면적 비례에 따라 공유지분으로 분양합니다.

2) 조합정관에서 정하는 관리처분계획에 관한 기준에 따라 주택을 소유한 조합원의 신축 건축물에 대한 분양면적 결정은 조합원의 신청규모를 우선적으로 고려하되, 같은 규모에서 경합이 있는 경우에는 종전 토지 및 건축물의 가격이 높은 순서에 따르고, 동·호수는 전산추첨으로 결정합니다.

3) 조합원에게 우선분양하고 남는 잔여주택 및 상가 등 복리시설은 관계법령과 조합정관이 정하는 바에 따라 일반분양합니다.

4) 토지는 사업완료 후 지분등기하며 건축물은 입주조합원 각자 보존등기합니다.

2. 조합장 선정동의

조합의 대표자(조합장)는 조합원총회에서 조합정관에 따라 선출된 자로 합니다.

3. 조합정관 승인

「도시 및 주거환경정비법」 제35조에 따라 정비사업 조합을 설립할 때 그 조합정관을 신의성실의 원칙에 따라 준수하며, 조합정관이 정하는 바에 따라 조합정관이 변경되는 경우 이의 없이 따릅니다.

* 조합정관 간인은 임원 및 감사 날인으로 대체합니다.

4. 정비사업 시행계획서

(   )재개발사업·재건축사업 조합설립추진위원회에서 작성한 정비사업 시행계획서와 같이 재개발사업·재건축사업을 합니다.

※ 본 동의서를 제출한 경우에도 조합설립에 반대하고자 할 경우 「도시 및 주거환경정비법 시행령」 제33조제2항에 따라 조합설립인가를 신청하기 전까지 동의를 철회할 수 있습니다. 다만, 동의 후 「도시 및 주거환경정비법 시행령」 제30조제2항 각 호의 사항이 변경되지 아니한 경우에는 최초로 동의한 날부터 30일까지만 철회할 수 있으며, 30일이 지나지 아니한 경우에도 조합설립을 위한 창립총회 후에는 철회할 수 없습니다.

위와 같이 본인은 (   )재개발사업·재건축사업 시행구역의 토지등소유자로서 위의 동의 내용을 숙지하고 동의하며, 「도시 및 주거환경정비법」 제35조에 따른 조합의 설립에 동의합니다. 또한, 위의 조합 설립 및 정비사업 내용은 사업시행계획인가내용, 시공자 등과의 계약내용 및 제반 사업비의 지출내용에 따라 변경될 수 있으며, 그 내용이 변경됨에 따라 조합원 청산금 등의 조정이 필요할 경우 「도시 및 주거환경정비법」 및 같은 법 시행령에서 정하는 변경절차를 거쳐 사업을 계속 추진하는 것에 동의합니다.

년   월   일

위 동의자 : (자필로 이름을 써넣음) 지장날인

(   ) 재개발사업
(   ) 재건축사업   조합설립추진위원회 귀중

| 신청인 제출서류 | 1. 토지등소유자 신분증명서 사본 1부. | 수수료 없음 |

다. 각 사업별 조합설립동의율 ▶ 7:35

○ **재개발사업**의 조합설립동의율은 아래와 같이 규정되어 있음

> ② **재개발사업**의 추진위원회(제31조제4항에 따라 추진위원회를 구성하지 아니하는 경우에는 토지등소유자를 말한다)가 조합을 설립하려면 토지등소유자의 4분의 3 이상 및 토지면적의 2분의 1 이상의 토지소유자의 동의를 받아 다음 각 호의 사항을 첨부하여 시장·군수등의 인가를 받아야 한다.

○ **재건축사업**의 조합설립동의율은 아래와 같이 규정되어 있음

도시 및 주거환경정비법	도시 및 주거환경정비법 시행령
③ **재건축사업**의 추진위원회(제31조제4항에 따라 추진위원회를 구성하지 아니하는 경우에는 토지등소유자를 말한다)가 조합을 설립하려는 때에는 주택단지의 공동주택의 각 동(복리시설의 경우에는 주택단지의 복리시설 전체를 하나의 동으로 본다)별 구분소유자의 과반수 동의(공동주택의 각 동별 구분소유자가 5 이하인 경우는 제외한다)와 주택단지의 전체 구분소유자의 4분의 3 이상 및 토지면적의 4분의 3 이상의 토지소유자의 동의를 받아 제2항 각 호의 사항을 첨부하여 시장·군수등의 인가를 받아야 한다. ▲【해설】 • 위 동의율을 요약하면, **"주택단지 안의 각 동별 구분소유자의 과반수 동의 + 주택단지 안의 전체 구분소유자의 3/4 이상 및 토지면적의 3/4 이상의 토지소유자의 동의"**를 받아야 한다. ④ 제3항에도 불구하고 주택단지가 아닌 지역이 정비구역에 포함된 때에는 주택단지가 아닌 지역의 토지 또는 건축물 소유자의 4분의 3 이상 및 토지면적의 3분의 2 이상의 토지소유자의 동의를 받아야 한다. 〈개정 2019.4.23. 후단 삭제, 시행 2019.4.23.〉	◀【해설】 • **'복리시설'**이란 '주택단지의 입주자 등의 생활복리를 위한 어린이놀이터, 근린생활시설, 유치원, 주민운동시설 및 경로당, 종교시설, 판매시설 중 소매시장 및 상점, 교육연구시설, 노유자시설, 수련시설, 업무시설 중 금융업소, 지식산업센터, 사회복지관. 주민공동시설등 주택법, 동 시행령에 규정된 공동시설'을 말한다. • **[복리시설의 동의율]** 아파트단지의 예를 들 경우 각 동별(건물별)로 구분소유자 과반수 동의를 얻어야 하는데, 상가 등은 1개의 상가건물에 구분소유자가 5명이 있는 경우도 있고, 또 1명이 있는 경우도 있다. 이럴 경우에 각 상가건물별로 구분소유자 과반수 동의를 얻어야 한다면 상가건물 1~2개 동이 동의하지 않으면 주택단지 전체가 재건축사업을 하지 못하기 때문에 무리하게 요구를 할 수도 있다. 따라서 주택단지내의 복리시설 전체를 1개동으로 산정하여 그 복리시설 전체 동의 과반수 동의만 받으면 되도록 하였다. • **[동별 구분소유자가 5 이하인 경우]** 아파트는 별로 그렇지 않은데 연립주택이나 다세대주택의 경우에는 1개 동의 구분소유자가 5 이하인 경우도 있음. 이럴 경우에 그 동을 1개동으로 계산하여 동별 동의요건을 갖추라고 하면 이 또한 복리시설과 같은 단점이 발생할 수 있다. 그래서 구분소유자가 5 이하인 동은 각 동별 동의율을 계산할 때에 제외시켜 버리는 것으로 하였다. 단 그 동의 경우에도 주택단지 전체 동의율을 계산할 때에는 토지등소유자 숫자나 동의자 숫자에 포함시켜야 한다. ◀【해설】 • 제④항은 재건축사업에만 적용되는 조문이다. • 주택단지 인근이나 진입로 부분 또는 단독주택들이 주택단지와 함께 정비구역 안에 포함될 경우에, 주택단지 지역은 제③항에 의하여 동의율을 충족하여야 하고, 주택단지가 아닌 지역은 별도로 제④항에 의하여 동의율을 충족

■ 정비사업 조합의 개념 ▶ 10:39

○ 위와 같이 인가를 받은 정비사업조합은 재건축조합과 재개발조합이 그 개념이 약간 다름

○ 정비사업조합 설립동의율은 위에서 보신 바와 같으나, 대략적으로 토지등소유자 3/4 동의를 받아야 함. 그러면 아래에서 보시는 바와 같이 조합설립 동의자와 조합설립 미동의자로 구분됨. 이 중에서 어느 부분이 조합일까?

○ **재개발조합**의 경우에는 미동의자도 강제적으로 조합원으로 되는 반면에 **재건축조합**의 경우에는 동의한 자만 조합원으로 가입됨

○ **주거환경개선사업**의 경우에는 조합을 설립하지 않기 때문에 조합의 개념이 없음

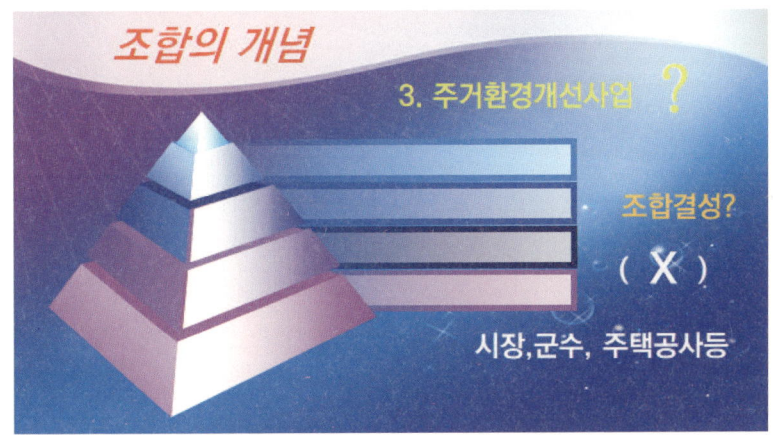

■ **조합설립인가신청**

○ 조합창립총회를 개최하여 조합장 및 임원·대의원을 선출하고 조합정관을 확정하고 나면, 조합창립총회를 개최하려면 조합설립동의율을 충족한 뒤 창립총회를 개최하도록 규정되어 있기 때문에 조합창립총회를 개최하였다는 것은 이미 조합설립동의율을 충족한 상태임. 따라서 조합창립총회 이후에 바로 관할관청에 조합설립인가신청을 하면 됨

조합설립(변경) 인가신청서
[□재개발사업, □재건축사업]

※ 색상이 어두운 란은 신청인이 적지 않습니다. (앞 쪽)

접수번호			접수일		처리기간	30일	
신청인	조합 명칭						
	대표자	성명			생년월일		
		주소			전화번호		
조합설립내역	주된 사무소 소재지				전화번호		
	사업시행예정구역	구역 명칭			구역면적		m²
		위치					
	조합원 수		명	사업시행인가 신청예정시기	구역지정 고시일(년 월 일)부터 ( ) 이내		
동의사항	토지등소유자 수	(토지소유자: 명)			동의율	% (동의자 수 / 토지등소유자수)	
		(건축물소유자: 명)					
		(지상권자: 명)					
		(주택 및 토지소유자: 명)					
		(부대시설·복리시설 및 토지소유자: 명)					
정비사업전문관리업자	명 칭				대표자		
	주된 사무소 소재지				전화번호		

「도시 및 주거환경정비법」제35조, 같은 법 시행령 제30조 및 같은 법 시행규칙 제8조에 따라 위와 같이 조합설립(변경)인가를 신청합니다.

년 월 일

신청인 대표 (서명 또는 인)

특별자치시장·특별자치도지사
시장·군수·구청장 귀하

210㎜×297㎜[백상지(80g/㎡) 또는 중질지(80g/㎡)]

17. 정비사업 진행절차(5)

시공자 및 협력업체 선정

Key Point
 조합설립인가를 받고 난 뒤에 가장 중요하고 시급한 일이 조합의 시공자를 선정하는 일입니다. 조합에서는 시공자, 정비사업전문관리업자, 설계자, 변호사, 법무사, 감정평가사, 세무사 등 여러 종류의 협력업체들을 선정하여야 합니다. 그 중에 가장 중요한 부분이 시공자선정입니다.

법률사무소 국토
김조영 대표변호사의 **동영상 강의**

5. 시공자등 협력업체 선정

가. 2018.2.9.이전 협력업체 선정기준

○ 조합이 재건축, 재개발사업을 시행하기 위해서는 많은 협력업체들이 필요

○ 공사를 하기 위해서 시공자가 필요하고, 전문가가 아닌 조합집행부가 사업시행을 하기 위해서는 전문가인 정비사업전문관리업자 또한 매우 필요함

○ 그리고 설계자, 감정평가업자, 변호사, 법무사, 세무사 등등 일반

적으로 약 25개~30개 정도의 협력업체가 필요하다고 함

○ 그런데 2018.2.9.이전에는 이러한 협력업체를 선정하는 기준에 관하여, 법에는 정비사업전문관리업자(추진위원회 단계)와 시공자만 경쟁입찰을 하여야 한다고 규정하면서 아래와 같이 시공자, 정비사업전문관리업자. 설계자 선정기준만 공포한 뒤에 나머지 사항은 전부 조합정관에서 규정하고 있었음

2018.2.9.이전
- 국토교통부 고시 '정비사업의 시공자 선정기준'
- 국토교통부 고시 '정비사업전문관리업자 선정기준'
- 서울특별시 고시 '공공관리 시공자 선정기준'
- 서울특별시 고시 '공공관리 정비사업전문관리업자 선정기준'
- 서울특별시 고시 '공공관리 설계자 선정기준'
- 조합 정관

나. 2018.2.9.부터 협력업체 선정관련 법령

○ 그런데 위와 같이 법령에는 별다른 내용이 없이 몇 개의 기준만 공포하고 있던 상황에서는 여러 가지 부조리가 발생하여 2018. 2.9. 전부 개정 시행된 개정법에서는 구체적으로 규정하고, 기준까지 공포하였음. 그러면서 기존에 공포한 기준은 폐기함

○ 아래에서는 도시 및 주거환경정비법 해당 조문과 국토교통부가 공포한 정비사업 계약업무처리기준을 게재하니 책의 방향을 가로로 보시기 바람

도시 및 주거환경정비법	도시 및 주거환경정비법 시행령	도시 및 주거환경정비법 시행규칙

도시 및 주거환경정비법	도시 및 주거환경정비법 시행령	도시 및 주거환경정비법 시행규칙
제29조(계약의 방법 및 시공자 선정 등) ① 추진위원장 또는 사업시행자(청산인을 포함한다)는 이 법 또는 다른 법령에 특별한 규정이 있는 경우를 제외하고는 계약(공사, 용역, 물품구매 및 제조 등을 포함한다. 이하 같다)을 체결하려면 일반경쟁에 부쳐야 한다. 다만, 계약규모, 재난의 발생 등 대통령령으로 정하는 경우에는 입찰참가자를 지명(指名)하여 경쟁에 부치거나 수의계약(隨意契約)으로 할 수 있다. 〈신설 2017.8.9.〉

★ 제136조(벌칙) 다음 각 호의 어느 하나에 해당하는 자는 3년 이하의 징역 또는 3천만원 이하의 벌금에 처한다.
1. 제29조제1항에 따른 계약의 방법을 위반하여 계약을 체결한 추진위원장, 전문조합관리인 또는 조합임원(조합임원의 직무를 대행하는 자를 포함한다) 및 토지등소유자가 시행하는 경우에는 그 대표자, 지정개발자가 사업시행자인 경우 그 대표자를 말한다)

◆ [판례] 경쟁입찰방법을 위반한 경우 효력
• "구 도시 및 주거환경정비법 제11조 제1항 본문의 법적 성격(= 강행규정) 및 위 조항에 따라 경쟁입찰 방법이 아닌 다른 방법으로 이루어진 입찰이나 시공자 선정행위의 효력(무효) / 형식적으로 경쟁입찰의 방법에 따라 조합총회에서 시공자가 선정되었다 하여도 실질적으로는 조합이나 입찰참가자가 입찰에 관한 조항에서 부정하게 규정된 행위를 하여 충돌됨이 입찰 결과에 영향을 미치는 등 조합에서 경쟁입찰에 의하여 시공자를 정하도록 한 취지를 몰각시키는 경우, 위 조항을 위반한 것인지 여부(적극), 대법원 2017. 5. 30. 선고 2014다61340 판결 | 제24조(계약의 방법 및 시공자의 선정) ① 법 제29조제1항 단서에서 "계약규모, 재난의 발생 등 대통령령으로 정하는 경우"란 다음 각 호의 어느 하나에 해당하는 경우를 말한다.
1. 일반경쟁자를 지명(指名)하여 경쟁에 부치려는 경우: 다음 각 목의 어느 하나에 해당하여야 한다.
가. 계약의 성질 또는 목적에 비추어 특수한 설비·기술·자재·물품 또는 실적이 있는 자가 아니면 계약의 목적을 달성하기 곤란한 경우로서 입찰대상자가 10인 이내인 경우
나. 「건설산업기본법」에 따른 건설공사(전문공사를 제외한다. 이하 이 조에서 같다)로서 추정가격이 3억원 이하인 공사인 경우
다. 「건설산업기본법」에 따른 전문공사로서 추정가격이 1억원 이하인 공사인 경우
라. 공사관련 법령(「건설산업기본법」은 제외한다)에 따른 공사로서 추정가격이 1억원 이하인 공사인 경우
마. 추정가격 1억원 이하의 물품 제조·구매, 용역, 그 밖의 계약인 경우
2. 수의계약을 하려는 경우: 다음 각 목의 어느 하나에 해당하여야 한다.
가. 「건설산업기본법」에 따른 건설공사로서 추정가격이 2억원 이하인 공사인 경우
나. 「건설산업기본법」에 따른 전문공사로서 추정가격이 1억원 이하인 공사인 경우
다. 공사관련 법령(「건설산업기본법」은 제외한 | ▼【해설】
1호
• 가목: 어떤 경우가 여기에 해당하는지 판명하기가 쉽지 않다. 특히 "입찰대상자가 10인 이내"인지를 어떻게 객관적으로 판명할 수 있을지가 문제. 특히 등 특정기술을 가진 업체를 거의 수의계약하는 방법으로 이용될 소지가 있다.
• 나목: **건설공사**란 토목공사, 건축공사, 산업설비공사, 조경공사, 환경시설공사, 그 밖에 명칭에 관계없이 시설물을 설치·유지·보수하는 공사(시설물을 설치하기 위한 부지조성공사를 포함한다) 및 기계설비나 그 밖의 구조물의 설치 및 해체공사 등을 말한다. 다만, 다음 각 목의 어느 하나에 해당하는 공사는 포함하지 아니한다.
가. 「전기공사업법」에 따른 전기공사
나. 「정보통신공사업법」에 따른 정보통신공사
다. 「소방시설공사업법」에 따른 소방시설공사
라. 문화재 수리 등에 관한 법률에 따른 문화재 수리공사
• 나목: **추정가격**이라고 함은 발주자가 예상하는 개략적인 용역금액이라고 해석하면 될 것 같다.
• 다목: **전문공사**란 시설물의 일부 또는 전문분야에 관한 건설공사를 말한다.
2호
• 1호와 2호의 금액이 겹치는 부분이 있다. 예를 들어, "건설공사로서 추정가격이 2억원 이하인 공사"는 지명경쟁도 가능하고 수의계약도 가능하다. 이러한 경우에 어떤 것으로 할지에 관하여는 발주자가 재량이라고 할 수 있다. |

도시 및 주거환경정비법	도시 및 주거환경정비법 시행령	도시 및 주거환경정비법 시행규칙
② 제1항 본문에 따라 일반경쟁의 방법으로 계약을 체결하는 경우로서 **대통령령**으로 정하는 규모를 초과하는 계약은 「전자조달의 이용 및 촉진에 관한 법률」 제2조 제4호의 국가종합전자조달시스템(이하 "전자조달시스템"이라 한다)을 이용하여야 한다. 〈신설 2017.8.9.〉 ★ **제140조(과태료)** ② 다음 각 호의 어느 하나에 해당하는 자에게는 500만원 이하의 과태료를 부과한다. 1. 제29조제2항을 위반하여 전자조달시스템을 이용하지 아니하고 계약을 체결한 자	다에 따른 공사로서 추정가격이 8천만원 이하인 공사인 경우 라. 추정가격 5천만원 이하인 물품의 제조·구매, 용역, 그 밖의 계약인 경우 마. 소송, 재난복구 등 예측하지 못한 긴급한 상황에 대응하기 위하여 경쟁에 부칠 여유가 없는 경우 바. 일반경쟁입찰이 입찰자가 없거나 단독 응찰의 사유로 2회 이상 유찰된 경우 ② 법 제29조제2항에서 "대통령령으로 정하는 규모를 초과하는 계약"이란 다음 각 호의 어느 하나에 해당하는 계약을 말한다. 1. 「건설산업기본법」에 따른 건설공사로서 추정가격의 6억원을 초과하는 공사의 계약 2. 「건설산업기본법」에 따른 전문공사로서 추정가격의 2억원을 초과하는 공사의 계약 3. 공사관련 법령(「건설산업기본법」은 제외한다)에 따른 공사로서 추정가격의 2억원을 초과하는 공사의 계약 4. 추정가격 2억원을 초과하는 물품 제조·구매, 용역, 그 밖의 계약	부득 : 일반경쟁입찰이 아니라 지명경쟁입찰이 2회 이상 유찰되면 수의계약대상이 아닌가? 조문 내용이 조금 애매하게 되어 있으니 향후 시행령 개정대상이라고 할 것이다. **[해설]** ▶ 시행령 제1호는 일반경쟁 대상인지 지명경쟁 또는 수의계약대상인지를 구분하는 조문인 반면, 시행령 제2항은 일반경쟁 중에서 전자조달시스템을 이용하여야 할지 말지를 구분하는 조문이다. 이를 혼동하지 말아야 한다. • 일반경쟁 입찰중 큰 금액이 큰 경우는 전자조달시스템을 이용하여야 하고, 지명경쟁이나 수의계약은 전자조달시스템 이용 대상이 아니다. 이 점을 혼동하지 말아야 한다. • 시공자가 하는 공사금액은 거의 100%가 6억원을 초과하기 때문에 시공자선정은 '일반경쟁입찰 + 전자조달시스템'으로 하여야 한다. • 정비사업전문관리업자, 설계자 등 용역업체의 계약은 이 경우 그 용역금액이 대부분 2억원을 초과하기 때문에 이 또한 일반경쟁입찰 + 전자조달시스템 이라고 생각하면 된다.

도시 및 주거환경정비법	도시 및 주거환경정비법 시행령	도시 및 주거환경정비법 시행규칙
③ 제1항 및 제2항에 따라 계약을 체결하는 경우 계약의 방법 및 절차 등에 필요한 사항은 **국토교통부장관**이 정하여 고시한다. <신설 2017.8.9.>

④ 조합은 조합설립인가를 받은 후 조합총회에서 제11항에 따라 경쟁입찰 또는 수의계약(2회 이상 경쟁입찰이 유찰된 경우로 한정한다)의 방법으로 건설업자 또는 등록사업자를 시공자로 선정하여야 한다. 다만, **대통령령**으로 정하는 규모 이하의 정비사업은 조합총회에서 정관으로 정하는 바에 따라 선정할 수 있다. <개정 2017.8.9.>

[해설]
- 조합의 시공자선정은 추정가격이 2억원 이하에서 시행령 제24조2항2호에 해당한다고 하더라도 얼은 법 제4항에 의하여 반드시 2회 이상 경쟁입찰이 유찰된 경우에만 수의계약이 가능하다. 시행령보다 법이 상위규정이기 때문에 법이 우선한다.
- 시공자 선정시기는 "조합설립인가를 받은 후"로, 선정은 "조합총회"에서, 그리고 공사금액에 크기 조합원 100인 이상의 조합은 전자조달시스템에 의한다.
- 단 조합총회에서 선정하도록 되어 있기 때문에 전자조달시스템에서 바로 선정을 할 수가 없는 구조이기 때문에 이에 대하여 어떻게 전자조달시스템을 운용할지 궁금하다.

★ 제136조(벌칙) 다음 각 호의 어느 하나에 해당하는 자는 3년 이하의 징역 또는 3천만원 이하의 벌금에 처한다.

2. 제29조제4항부터 제8항까지의 규정을 위반하여 시공자를 선정한 자 및 시공자로 선정된 자 | **[해설]**
- "정비사업 계약업무 처리기준"(국토교통부 고시 제2018-101호, 2018.2.9.제정)이 여기에 해당한다.

③ 법 제29조제4항 단서에서 "대통령령으로 정하는 규모 이하의 정비사업"이란 조합원이 100인 이하인 정비사업을 말한다.

[해설]
- 조합원 100인 미만의 경우에는 조합정관이 정하는 바에 따라 시공자를 선정하면, 이 경우에도 총회에서 선정하여야 한다.
- 조합원 수가 100인인지 여부에 대하여는 시공자선정시 점을 기준으로 하여 숫자를 계산하여야 한다.
- 그리고 조합정관에 "시공자선정방법은 도시 및 주거환경정비법 및 국토교통부 고시 정비사업 계약업무 처리기준에 의한다."라고 규정하면, 결국 조합원 100인 이상의 조합과 동일하게 지기 때문에, 법에 규정한 것과 달리 선정절차를 행하려면 정관 내용을 잘 규정하여야 한다. | **[판례]** 법에서 정한 경쟁입찰 방법에 위반되거나 이를 참탈하여 시공자 선정을 한 경우

◆ 구 도시 및 주거환경정비법(2013. 3. 23. 법률 제11690호로 개정되기 전의 것, 이하 '구 도시정비법'이라 한다) 제11조 제1항은 본문의 내용만으로 입법 취지, 이 규정을 위반한 행위를 무효로 한다면 조합원 간의 분쟁을 유발하고 그 선정 과정에서 조합원 공정성이 침해됨으로써 조합원들의 이익을 심각하게 침해할 것으로 보이는 점, 구 도시정비법 제84조의3 제1호에서 위 규정을 위반한 경우에 행사처벌을 하고 있는 점 등을 종합하면, 구 도시정비법 제11조 제1항을 단순한 단속규정으로서 이를 위반하여 경쟁입찰이 아닌 방법으로 이루어진 경쟁이라도 사법적으로는 당연히 무효라고 보여져야 한다. 나아가 형식적으로는 경쟁입찰의 방법에 따라 조합총회에서 시공자 선정결의를 하였다고 하더라도 실질적으로 구 도시정비법 제11조 제1항을 참탈하는 경우에까지 그 효력을 인정할 것은 아니므로, 가령 조합이나 그 구성원이 시공자 선정과정에서 입찰참가자에게 특혜를 주기로 하거나 금품을 제공받기로 하는 등 시공자 선정 결과에 영향을 미쳤다고 볼 수 있는 경우에는 부정한 행위를 하였고, 이러한 부정행위가 시공자 선정에 관한 총회결의 결과에 영향을 미쳤다고 볼 수 있는 경우에는 구 도시정비법 제11조 제1항을 참탈한 것으로서 시공자 선정 결의는 무효라고 볼 수 있다.(대법원 2017. 5. 30. 선고 2014다61340 판결 [조합총회결의무효확인]) |

도시 및 주거환경정비법	도시 및 주거환경정비법 시행령	도시 및 주거환경정비법 시행규칙
⑤ 토지등소유자가 제25조제1항제2호에 따라 재개발사업을 시행하는 경우에는 제1항에도 불구하고 사업시행계획인가를 받은 후 제2조제11호나목에 따른 규약에 따라 건설업자 또는 등록사업자를 시공자로 선정하여야 한다. 〈개정 2017.8.9.〉	【해설】 • 토지등소유자를 토지등소유자방식으로 시행하는 경우에 해당하며, 선정시기는 조합설립인가 후가 아니라 사업시행계획인가 후이다. • 조합의 정관에 해당하는 '규약'을 제정하여 그 규약에서 공사선정방법은 도시 및 주거환경정비법 시공자선정방법 및 국토교통부 고시 정비사업 계약업무 처리기준에 의한다, 라고 규정하면 결국 조합원 100인 이상이 조합의 경우 동의률에 의거 때문에, 별의 규정할 것이 없이 규약에 그 내용을 규정하여야 한다.	※ 【판례】 시공자와의 계약변경시 의결정족수, 계약체결이 강행규정에 위반될 경우 • [1] 도시 및 주거환경정비법(이하 '도시정비법'이라 한다)에 의한 재건축조합은 정관은 도시정비법의 관련 법령과 구속력을 가지는 자치법규로서 조합과 조합원에 대하여 구속력을 가지는 자치법규로서 조합과 조합원에 대하여 구속력을 가지는 자치법규에 이에 위반하는 활동은 원칙적으로 허용되지 않는다. 그런데 구 도시 및 주거환경정비법(2005. 3. 18. 법률 제7392호로 개정되기 전의 것, 이하 '구 도시정비법'이라 한다)은 시공자 계약에서 포함되는 정관 내용이 구체적이지 있고(제20조 제1항 제15호, 제20조 제3항), 정관 기재사항의 변경을 위해서는 조합원의 3분의 2 이상의 동의를 받도록 규정하고 있다(제20조 제3항). 그러므로 시공자와의 계약에 포함될 내용에 관한 인건을 종회의 결의에 의결하는 경우 내용이 당초의 재건축결의 시 채택한 조합원의 비용분담 조건을 변경하는 것이 아니라도 실질적으로는 정관을 변경하는 것이므로 어결 정족수는 정관변경에 관한 규정인 구 도시정비법 제20조 제3항, 제1항 제15호의 규정을 유추적용하여 조합원의 3분의 2 이상의 동의를 요한다. • 나아가 조합원의 비용분담 조건을 변경하는 안건에 대하여 특별다수의 동의요건을 요구함으로써 조합원의 이익을 보호하고 권리관계의 안정과 재건축사업의 원활한 진행을 도모하고자 하는 도시정비법 관련 규정의 취지에 비추어 보면, 재건축 조합이 구 도시정비법이 유추적용에 따라 조합원 3분의 2 이상의 동의를 가지지 아니하는 도시정비법 및 재건축결의 시 채택한 비용

도시 및 주거환경정비법	도시 및 주거환경정비법 시행령	도시 및 주거환경정비법 시행규칙
⑥ 시장·군수등이 제26조제1항 및 제27조제1항에 따라 직접 정비사업을 시행하거나 토지주택공사등 또는 지정개발자를 사업시행자로 지정한 경우 사업시행자는 제26조제2항 및 제27조제2항에 따른 사업시행자 지정·고시 후 제1항에 따른 경쟁입찰 또는 수의계약의 방법으로 건설업자 또는 등록사업자를 시공자로 선정하여야 한다. 〈개정 2017.8.9.〉 ⑦ 제6항에 따라 시공자를 선정하거나 제23조제1항제4호의 방법으로 시행하는 주거환경개선사업의 사업시행자가 시공자를 선정하는 경우 제47조에 따른 주민대표	▶ [해설] • 선정시기는 '사업시행자 지정 고시후'이기 때문에 조합 방식에 대비하면 조합설립인가 시점과 비슷하다고 생각하면 된다. • 시공자와의 계약금액은 일반적으로 고액이기 때문에 일반경쟁입찰 + 전자조달시스템으로 하게 될 것이다. ④ 법 제29조제7항에서 "대통령령으로 정하는 경쟁입찰"이란 다음 각 호의 요건을 모두 갖춘 일 반경쟁입찰을 말한다.	본담 조건을 변경하는 취지로 시공자와 계약을 체결한 경우 계약은 효력이 없다. • [2] 계약체결의 요건을 규정하고 있는 강행법규에 위반한 계약은 무효이므로 그 경우에 계약상 대방이 선의·무과실이더라도 민법 제107조의 비진의표시의 법리 또는 표현대리 법리가 적용될 여지는 없다. 따라서 도시 및 주거환경정비법에 의한 주택재건축조합의 대표자가 그 법에 정한 강행규정에 위반하여 적법한 결의 없이 계약을 체결한 경우에는 상대방이 그러한 법적 제한이 있다는 사실을 몰랐다거나 그러한 결의가 유효하기 위한 정족수 또는 유효한 총회결의가 있었는지에 관하여 잘못 알았더라도 계약이 무효임에는 변함이 없다. 또한 총회결의의 정족수에 관하여 강행규정에서 직접 규정하고 있지 않지만 그 강행규정이 유추적용되어 과반수보다 가중된 정족수에 의한 결의가 필요하다고 인정되는 경우에도 그 결의 없이 체결된 계약의 효력에 대하여는 마찬가지로 법리가 유추적용될 수 있는 것은 표현대리 법리가 유추적용될 수 없는 것은 마찬가지이다.(대법원 2016. 5. 12. 선고 2013다49381 판결 [약정금등])

도시 및 주거환경정비법	도시 및 주거환경정비법 시행령	도시 및 주거환경정비법 시행규칙
회의 또는 제48조에 따른 토지등소유자 전체회의는 **대통령령**으로 정하는 경영이나 또는 수의계약(2회 이상 경쟁입찰이 유찰된 경우로 한정한다)의 방법으로 시공자를 추천할 수 있다. 〈개정 2017.8.9.〉 ▶ **[해설]** • 시장·군수등이 제26조제1항 및 제27조제1항에 따라 직접 정비사업을 시행하거나 토지주택공사등 또는 지정개발자를 사업시행자로 지정한 경우, 그리고 주거환경개선사업의 경우에만 해당된다. • 조합과 공동시행자, 사업대행자 방식은 이에 해당하지 않으며, 조합이 선정할 경우와 동일하게 진행하면 된다. ⑧ 제7항에 따라 주민대표회의 또는 토지등소유자 전체회의가 시공자를 추천한 경우 사업시행자는 추천받은 자를 시공자로 선정하여야 한다. 이 경우 시공자와의 계약에 관하여서는 「지방자치단체를 당사자로 하는 계약에 관한 법률」 제9조 또는 「공공기관의 운영에 관한 법률」 제39조를 적용하지 아니한다. 〈개정 2017.8.9.〉 ⑨ 사업시행자(사업대행자를 포함한다)는 제4항부터 제8항까지의 규정에 따라 선정된 시공자와 공사에 관한 계약을 체결할 때에는 기존 건축물의 철거 공사(「석면안전관리법」에 따른 석면 조사·해체·제거를 포함한다)에 관한 사항을 포함시켜야 한다. 〈개정 2017. 8. 9.〉 [제목개정 2017. 8. 9.] **부칙** 〈법률 제14857호, 2017.8.9.〉 **제2조(시공자 등 계약 등에 관한 적용례)** 제29조 및 제32조의 개정규정은 이 법 시행 후 (*2018.2.9*) 최초로 **계약을 체결**하는 경우부터 적용한다. 다만, 시공자나 정비사업전문관리업자	1. 일반경쟁입찰·제한경쟁입찰 또는 지명경쟁입찰 중 하나일 것 2. 해당 지역에서 발간되는 일간신문에 1회 이상 제1호의 입찰을 위한 공고를 하고, 입찰 참가자를 위한 현장 설명회를 개최할 것 3. 해당 지역 주민을 대상으로 합동홍보설명회를 개최할 것 4. 토지등소유자를 대상으로 제출된 입찰서에 대한 투표를 실시하고 그 결과를 반영할 것 ▶ **[부칙 해설]** • 정비사업전문관리업자와 시공자의 경우에는 이 법 시행 후 최초로 선정하는 경우부터 적용하도록 되어 있는데, 위 업체들의 선정은 조합의 경우에는 조합 총회에서 선	

www.r119.co.kr ☎ 02) 592-9600

도시 및 주거환경정비법	도시 및 주거환경정비법 시행령	도시 및 주거환경정비법 시행규칙
이 경우에는 이 법 시행 후 최초로 시공자나 정비사업전문관리업자를 **선정**하는 경우부터 적용한다.	정하기 때문에 '선정'이라는 말은 조합총회에서 업체를 선정하는 것을 말하는 것이다. 따라서 조합 총회에서 선정한 날, 즉 선정총회일을 기준으로 하여 적용여부를 판단하여야 한다. • 일부에서 입찰공고를 낸 날을 기준으로 하여야 한다고 해석하는 경우가 있으나, 입찰공고일을 기준으로 하려면 규율 '최초로 입찰공고를 한 경우부터 적용한다.'로 규정하여야 하며, 실제 국토교통부 정비사업전문관리업자 선정기준을 보면 부칙에서 '입찰공고를 한 경우부터 적용한다.'는 문구를 사용한 바가 있어, 입찰공고일이 아닌 선정 총회일을 기준으로 하여 판단을 하여야 할 것이다. • 그리고 기존에 정비사업전문관리업자나 시공자를 선정한 적이 있었다가 그 뒤에 이를 계약해제 하고 다시 선정하려고 하는 경우에도 적용이 되느냐 하는 문제가 해석상 논란이 있는데, '최초'로 선정하는 경우부터 적용되도록 되어 있어 기존 업체에 대하여 계약해제하고 다시 선정하는 경우는 '최초'가 아니기 때문에 적용을 받지 않는다고 판단된다.	

188 법률사무소 국토 김조영 대표변호사

정비사업 계약업무 처리 기준

국토교통부고시 제2018-101호(제정 2018.2.9.)

제1장 총 칙

제1조(목적) 이 기준은 「도시 및 주거환경정비법」 제29조에 따라 추진위원회 또는 사업시행자 등이 계약을 체결하는 경우 계약의 방법 및 절차 등에 필요한 사항을 정함으로써 정비사업의 투명성을 개선하고자 하는데 목적이 있다.

▲ [해설]
- 이 기준은 추진위원회 단계부터 적용되며, 투명성을 개선하고자 하는 것이 목적이다.

제2조(용어의 정의) 이 기준에서 정하는 용어의 정의는 다음과 같다.

1. "사업시행자등"이란 추진위원회 또는 사업시행자(청산인을 포함한다)를 말한다.
2. "건설업자등"이란 「건설산업기본법」 제9조에 따른 건설업자 또는 「주택법」 제7조제1항에 따라 건설업자로 보는 등록사업자를 말한다.
3. "전자조달시스템"이란 「전자조달의 이용 및 촉진에 관한 법률」 제2조제4호에 따른 국가종합전자조달시스템 중 "나라장터"를 말한다.

제3조(다른 법률과의 관계) ① 사업시행자등이 계약을 체결하는 경우 관계 법령 및 「도시 및 주거환경정비법」(이하 "법"이라 한다) 제118조제6항에 따른 시·도조례로 정한 기준 등에 별도로 정하여진 경우를 제외하고는 이 기준이 정하는 바에 따른다.

▲ [해설]
- 제118조제6항에 의한 '공공지원'의 경우에는 시·도 조례로 정한 기준에 별도로 정한 여진 경우가 있으면 국토교통부 기준보다 그 나용이 우선 적용된다.

② 관계 법령 등과 이 기준에서 정하지 않은 사항은 정관등(추진위원회의 운영규정을 포함한다. 이하 같다)이 정하는 바에 따르며(법 제46조에 따른 대의원회, 정관등으로 정하지 않은 구체적인 방법 및 절차는 토지등소유자 전체회의, 「정비사업 조합설립추진위원회 운영규정」에 따른 추진위원회 및 사업시행자인 토지등소유자가 자치적으로 정한 규약으로 정한다. 이하 같다)에 따른다.

- **공공지원이 아닌 경우 : 관계 법령**(도시 및 주거환경정비법) 〉 **조합 정관등**(운영규정 포함) 〉 **조합 대의원회, 신탁업자, 사업시행자인 토지등소유자 전체회의** 〉 **시·도 조례** 〉 **국토교통부 기준**
- **공공지원인 경우 : 관계 법령**(도시 및 주거환경정비법) 〉 **정관등** (추진위원회 운영규정 포함) 〉 **조합 대의원회, 신탁업자, 사업시행자인 토지등소유자 전체회의, 사업시행자로 지정된 경우 토지등소유자 규약** 〉 **국토교통부 기준** 〉 **시·도 조례** 〉 **추진위원회, 사업시행자 등에 따른 대의원회 등 의결**

제4조(공정성 유지 의무 등) ① 사업시행자등 및 입찰에 관계된 자는 입찰에 관한 업무를 수행함에 있어 자신이 이해와 관련되어 공정성을 잃지 않도록 이해 충돌의 방지에 노력하여야 한다.

② 입찰 및 대의원 등 입찰에 관한 업무를 수행하는 자는 직무의 적정성을 확보하여 조합원 또는 토지등소유자의 이익을 우선으로 성실히 직무를 수행하여야 한다.

18. 정비사업 진행절차(6)

사업시행계획인가

Key Point
 조합설립인가를 받고 시공자등 협력업체를 선정한 뒤 사업시행계획을 수립하여 사업시행계획인가라는 것을 받게 됩니다(서울특별시등 공공관리의 경우에는 사업시행계획인가 후 시공자 선정함)
 이 사업시행계획이라는 것은 일종의 건축허가와 비슷한 것이라고 이해하시면 되는데 어떤 내용이 있는지 살펴보도록 하겠습니다.

법률사무소 국토
김조영 대표변호사의 **동영상 강의**

6. 사업시행계획인가

가. 여러 채의 주택을 허물고 신축공사를 할 때의 순서

○ 설계한 것으로 건축심의 후 건축허가를 받아야 함

⇒ 건축심의, 사업시행계획

나. 사업시행계획의 의미

○ 우리가 주택을 지을 때에 우리 마음대로 짓는 것이 아니라 각종

법규에 맞게끔 지어야 하기 때문에 설계도면 및 각종 자료를 제출하여 관할관청으로부터 건축허가를 받아야만 집을 지을 수 있음

○ 만약에 건축주 마음대로 짓게 되면 건축주에게만 이익이 되고 주위 사람들에게 피해가 가는 방향으로 지을 가능성이 있기 때문에 관할관청에서 관련 자료를 검토하여 건축허가를 해 주어야 공사를 진행할 수가 있는 것임

○ 정비사업의 경우에도 그 공사규모가 대규모이고, 또 많은 소유자들이 조합원이 되어 시행하는 사업이기 때문에 당연히 신축공사에 대하여 관할관청으로부터 인가받는 절차를 거쳐야 함

○ 따라서 정비계획에서 주어진 용적률, 건축규모 등을 고려하여 신축아파트와 부대복리시설의 규모(예를 들면 60㎡평형 100세대, 75㎡형 250세대, 110㎡형 80세대, 상가 100수 등) 를 정한 뒤 이에 따라 설계도면을 작성하여 사전에 건축심의를 거쳐 최종적으로 설계까지 완료한 뒤 관할관청에 인가를 받게 되는데, 이 때 정비사업에서 야기되는 많은 문제점들(주민이주대책, 세입자 이주대책 등)에 대한 대책도 수립하여 사업시행계획인가를 신청하게 되는 것임

다. 법령에 규정된 사업시행계획서의 내용

○ 도시 및 주거환경정비법 제52조와 시행령 제47조에는 사업시행계획서를 작성할 때에 포함하여야 하는 사항에 관하여 규정하고 있음

○ 아래 면에서 법령 내용을 살펴보도록 하겠음. 설명은 동영상 강의를 참조

도시 및 주거환경정비법	도시 및 주거환경정비법 시행령
제52조(사업시행계획서의 작성) ① 사업시행자는 정비계획에 따라 다음 각 호의 사항을 포함하는 사업시행계획서를 작성하여야 한다. 1. 토지이용계획(건축물배치계획을 포함한다) 2. 정비기반시설 및 공동이용시설의 설치계획 3. 임시거주시설을 포함한 주민이주대책 4. 세입자의 주거 및 이주 대책 5. 사업시행기간 동안 정비구역 내 가로등 설치, 폐쇄회로 텔레비전 설치 등 범죄예방대책 6. 제10조에 따른 임대주택의 건설계획(재건축사업의 경우는 제외한다) 7. 제54조제4항에 따른 소형주택의 건설계획(주거환경개선사업의 경우는 제외한다) 8. 공공지원민간임대주택 또는 임대관리 위탁주택의 건설계획(필요한 경우로 한정한다) 9. 건축물의 높이 및 용적률 등에 관한 건축계획 10. 정비사업의 시행과정에서 발생하는 폐기물의 처리계획 11. 교육시설의 교육환경 보호에 관한 계획(정비구역부터 200미터 이내에 교육시설이 설치되어 있는 경우로 한정한다) 12. 정비사업비 13. 그 밖에 사업시행을 위한 사항으로서 **대통령령**으로 정하는 바에 따라 **시·도조례**로 정하는 사항	**제47조(사업시행계획서의 작성)** ① 법 제52조제1항제11호에 따른 교육시설의 교육환경 보호에 관한 계획에 포함될 사항에 관하여는 「교육환경 보호에 관한 법률 시행령」 제16조제1항을 준용한다. ② 법 제52조제1항제13호에서 "대통령령으로 정하는 바에 따라 시·도조례로 정하는 사항"이란

도시 및 주거환경정비법	도시 및 주거환경정비법 시행령
▶조례: 서울 제27조, 제28조, 규칙 제15조, 인천 제25조, 규칙 제13조 ♣ 【판례】 사업시행기간이 도과된 경우 • 도시 및 주거환경정비법에 따라 설립된 정비사업조합에 의하여 수립된 사업시행계획에서 정한 사업시행기간이 도과하였더라도, 유효하게 수립된 사업시행계획 및 그에 기초하여 사업시행기간 내에 이루어진 토지의 매수·수용을 비롯한 사업시행의 법적 효과가 소급하여 효력을 상실하여 무효로 된다고 할 수 없다.〈대법원 2016. 12. 1. 선고 2016두34905 판결 [사업시행계획무효확인] 〉	다음 각 호의 사항 중 **시·도조례**로 정하는 사항을 말한다. 1. 정비사업의 종류·명칭 및 시행기간 2. 정비구역의 위치 및 면적 3. 사업시행자의 성명 및 주소 4. 설계도서 5. 자금계획 6. 철거할 필요는 없으나 개·보수할 필요가 있다고 인정되는 건축물의 명세 및 개·보수계획 7. 정비사업의 시행에 지장이 있다고 인정되는 정비구역의 건축물 또는 공작물 등의 명세 8. 토지 또는 건축물 등에 관한 권리자 및 그 권리의 명세 9. 공동구의 설치에 관한 사항 10. 정비사업의 시행으로 법 제97조제1항에 따라 용도가 폐지되는 정비기반시설의 조서·도면과 새로 설치할 정비기반시설의 조서·도면 (토지주택공사등이 사업시행자인 경우만 해당한다) 11. 정비사업의 시행으로 법 제97조제2항에 따라 용도가 폐지되는 정비기반시설의 조서·도면 및 그 정비기반시설에 대한 둘 이상의 감정평가업자의 감정평가서와 새로 설치할 정비기반시설의 조서·도면 및 그 설치비용 계산서 12. 사업시행자에게 무상으로 양여되는 국·공유지의 조서

도시 및 주거환경정비법	도시 및 주거환경정비법 시행령
	13. 「물의 재이용 촉진 및 지원에 관한 법률」에 따른 빗물처리계획 14. 기존주택의 철거계획서(석면을 함유한 건축자재가 사용된 경우에는 그 현황과 해당 자재의 철거 및 처리계획을 포함한다) 15. 정비사업 완료 후 상가세입자에 대한 우선 분양 등에 관한 사항 ③ 제2항제9호에 따른 공동구의 설치에 관한 사항은 「국토의 계획 및 이용에 관한 법률 시행령」 제36조 및 제37조를 준용한다. ▶조례: 서울 제26조, 규칙 제11조~제13조, 경기 제20조, 인천 제24조, 규칙 제7조~제9조
② 사업시행자가 제1항에 따른 사업시행계획서에 「공공주택 특별법」 제2조제1호에 따른 공공주택(이하 "공공주택"이라 한다) 건설계획을 포함하는 경우에는 공공주택의 구조·기능 및 설비에 관한 기준과 부대시설·복리시설의 범위, 설치기준 등에 필요한 사항은 같은 법 제37조에 따른다. **부칙 〈법률 제14567호, 2017.2.8.〉** **제12조(「공공주택 특별법」 준용규정에 관한 적용례)** 제52조제2항의 개정규정은 이 법 시행 *(2018.2.9.)* 후 사업시행계획인가(변경인가를 포함한다)를 신청하는 경우부터 적용한다.	

다. 사업시행계획서의 내용

○ 그러면 실제 사업시행계획인가서를 보면서 어떤 내용이 중요한지 살펴보도록 하겠음 (사업시행인가서 1면만 게재함)

사업시행인가서

인가번호: -06-제1호

사업구분	☐ 주택재건축사업 ☒ 주택재개발사업 ☐ 도시환경정비사업 ☐ 주거환경개선사업				
시행자	사업시행자 명칭	구역주택재개발조합 건설(주)	사업시행자지정 근거 및 일자	2005.03.02	
	대표자	성명	조합장 대표이〇	주민등록번호	185171-0 110111
		주소			(전화) (전화)
	주된 사무소 소재지				(전화) (전화)

시행구역	구역명칭	주택재개발사업	위치		
	시행면적	46,494 (m²)	건축물	363 동 (무허가 206 동)	
	거주가구 및 인구	576 가구 (1747 인)	도시계획	제3종일반주거지역 학교시설보호지구 제1종지구단위계획구역	
	지목별	지목	구거	대	도	임	전	종	학	국공유지 관리청별	관리청	건설부	법무부		재무부
		면적(m²) (필지수)	1,051 (1)	33,678 (381)	6,059 (91)	3,109 (32)	2,332 (32)	116 (1)	149 (3)		면적(m²) (필지수)	1,051 (1)	1,860 (10)	7 (63)	1,860	7,254.28 (148)

동의내역	토지면적		토지소유자수		건축물소유자수	
	대상면적	46,494 m²	대상소유자수	372 인	대상소유자수	345 인
	동의면적 (동의율)	39,887.15 m² (85.79 %)	동의자수 (동의율)	309 인 (84.06 %)	동의자수 (동의율)	300 인 (80.9 %)

정비사업전문관리업자	명칭	(주)	대표자	
	주된 사무소의 소재지			

사업시행계획	시행기간	사업시행인가일 ~ 4년 1개월		사업비	146,248,273 천원					
	건축시설	부지의 명칭		대지면적 (m²)	34,376	주용도	공동주택 (아파트)			
		건축면적 (m²)	6,190.2320	건축연면적 (m²)	120,080.2753	지하면적 (m²)	34,641.7038			
		건폐율 (%)	18.01	용적율 (%)	248.54	최고높이	67.2			
		층수 (지상·지하)	지상22층, 지하4층	주차장 (대, m²)	888대 (33,827.7601)					
	주택	공급구분	주택의 형태	동수	세대수	주택규모별 세대수(전용면적기준)				
						129.2966	102.7865	102.8025	84.9609	84.8664	84.8808	59.9582	59.9098	33.1537
		계		10	753	79	41	41	191	99	98	76	102	26
		분양	아파트	9	684	79	41	41	191	99	98	63	72	
		임대	아파트	1	69							13	30	26

○ 위 내용중 중요부분을 확대하면 아래와 같음

	시행기간	사업시행인가일 ~ 4년 1개월		사업비	146,248,273 천원
사업시행계획	건축시설	부지의명칭		대지면적 (m²) 34,376	주용도	공동주택 (아파트)
		건축면적 (m²) 6,190.2320		건축연면적 (m²) 120,080.2753	지하면적 (m²)	34,641.7038
		건폐율 (%) 18.01		용적율 (%) 248.54	최고높이	67.2
		층수 (지상·지하) 지상22층, 지하4층		주차장 (대, m²) 888대 (33,827.7601)		

공급구분	주택의 형태	동수	세대수	주택규모별 세대수(전용면적기준)								
				129.2966	102.7865	102.8025	84.9609	84.8664	84.8808	59.9582	59.9098	33.1537
계		10	753	79	41	41	191	99	98	76	102	26
분양	아파트	9	684	79	41	41	191	99	98	63	72	
임대	아파트	1	69							13	30	26

○ 위와 같이 사업시행계획인가를 신청하기 위해서는 조합 자체 내에서 먼저 사업시행계획을 수립하여야 하는데, 수립한 사업시행계획으로 바로 관할관청에 인가신청할 수 있는 것이 아니라 반드시 조합 총회를 개최하여 사업시행계획안에 대하여 조합원 과반수 또는 조합원 2/3이상의 동의를 얻어야만 함

○ 간혹 보면 사업시행계획인가를 받은 뒤에 사업시행계획이 잘못되었다고 뒤늦게 후회하거나 항의하는 경우가 많음

○ 사업시행계획인가를 받은 뒤에 조합원들이 분양신청을 하게 되는데 분양신청을 할 때에는 조합원들이 자신들이 분양받을 평형을 신청하게 됨. 즉, 예를 들면 '1순위로 60㎡형, 2순위로 75㎡형, 3순위 110㎡형'등의 방법으로 분양신청을 하게 되는데, 조합원들의 희망면적을 고려하지 않고 일방적으로 신축공사 면적으로 정하여 사업시행계획을 작성하고, 조합원들은 사업시행계획총회에서 아무런 생각도 없이 그냥 찬성을 하게 되면, 나중에 분양신청

을 할 때에 자신이 희망하는 평형에 배정이 되지 않을 수가 있음

○ 즉, 75㎡형이 250세대밖에 안되는데 75㎡형으로 분양신청을 한 조합원이 350명이나 되면 결국에는 100명이 다른 평형대로 강제적으로 배정이 되게 되어, 조합원간에 분쟁이 발생하는 경우가 많이 있음

○ 따라서 사업시행계획안에 대하여 그냥 '조합이 하니까 알아서 잘 하겠지' 하고 찬성을 하지 말고 조합 총회에 상정된 안에 대하여 꼼꼼히 생각하고 필요하면 사업시행계획안에 미리 희망면적대가 포함될 수 있도록 사전에 정비계획변경 등을 한 뒤에 사업시행계획안을 수립하시기 바람

☞ **홈페이지(www.r119.co.kr)의 동영상 강좌를 들으시면
더 쉽고 더 자세하게 이해하실 수 있습니다.**

19. 정비사업 진행절차(7)

조합원 분양신청

Key Point

사업시행계획인가를 받게 되면 사업시행계획인가고시가 있은 날로부터 120일 이내에 조합원들을 대상으로 하여 분양신청을 받게 됩니다.
이때 분양신청은 어떻게 하는 것인지를 알아보도록 하겠습니다.

법률사무소 국토
김조영 대표변호사의 동영상 강의

7. 조합원 분양신청

가. 분양신청시기

○ 사업시행계획인가를 받게 되면 사업시행계획인가고시가 있은 날로부터 120일 이내에 30일 이상 60일 이내의 기간(1회에 한하여 20일 이내로 연장가능)을 조합에서 정해서 조합원들을 대상으로 하여 분양신청을 받게 됨

○ 이 조합원분양신청은 자신이 분양받기를 원하는 면적유형을 신청하는 것으로서, 통상적으로 사업시행계획에 따라 건축하는 신축건축물에 따라 예를 들면 '1순위 60㎡형, 2순위 75㎡형, 3순위

110형'등으로 신청을 하게 됨

나. 조합원들에게 좋은 층수, 면적유형을 분양할 수 있을까?

○ 재건축·재개발사업을 하여 아래와 조감도와 같이 아파트를 신축한다고 가정

○ 위 조감도상 아래쪽을 남쪽이라고 할 경우에, 신축세대가 서향이나 북향도 있음. 그래서 '조합원들이 지금까지 고생해 왔는데, 북향이나 저층, 고층, 사이드 호수 등은 제외하고 배정하는 것이 어떨까?'라고 생각할 수가 있음. 가능할까?

○ 총회결의를 거치면 당연히 가능함. 단, 지분제 사업의 경우에는 시공자와의 공사계약에 따라야 하고 이를 변경하려면 시공자의 동의가 있어서 함

○ 아래 그림이 좋지 않은 향과 저층을 배제하고 조합원들에게 분양하기로 결정한 관리처분계획상의 그림임

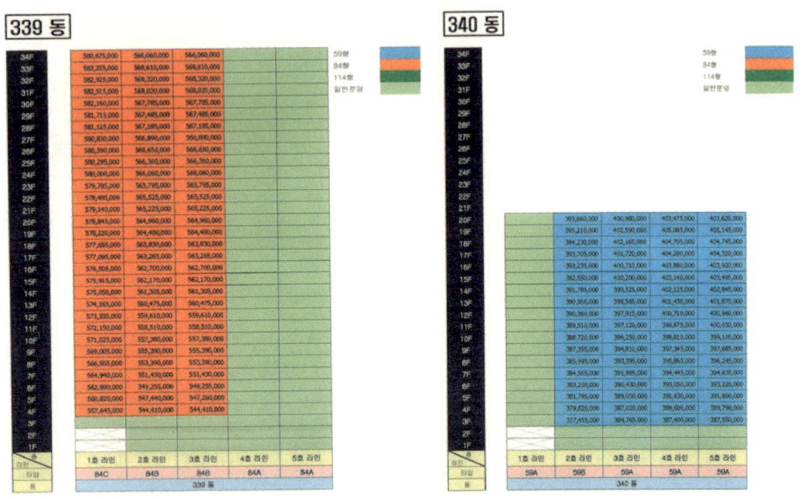

○ 위 그림상 주황색과 파란색부분의 세대가 조합원들에게 분양하는 호수이며, 각 층별로 가격이 약간씩 달리 책정되어 있음

○ 위와 같이 조합원들에게 안 좋은 호수를 배정하지 않는 것으로 결정할 수가 있으나, 무엇이 문제일까?

일반분양하는 호수가 안 좋은 호수만 분양을 하기 때문에, 당연히 일반분양가가 낮게 책정될 것이고, 그렇게 되면 일반분양수입이 적어 질 수 밖에 없어 조합원들이 부담하는 분담금이 약간 증가하게 됨

그리고 신축아파트의 시세는 일반분양가에 의하여 좌우되기 때문에 조합원 분양분 아파트의 시세도 일반분양가에 따라 약간 저평

가될 수가 있음. 결국 조합원들이 이러한 부담을 할 각오로 위와 같은 결정을 하여야 함

다. 조합원분양가를 낮추고 일반분양가를 높이자는 주장

○ 일부 조합의 경우에는 또 무조건 조합원분양가를 낮추고 일반분양가를 높이자고 주장하는 조합원들도 있음. 당연히 조합집행부도 그렇게 하여 조합원들의 부담을 줄이고 싶어 함

하지만 일반분양가가 심사를 받도록 되어 있는 경우에는 조합에서 마음대로 올릴 수도 없을뿐더러, 일반분양가가 자율화되어 있다고 하더라도 일반분양가를 터무니없이 높일 경우에는 미분양이 발생 ⇒ 미분양이 발생하면 미분양아파트라는 인식이 생겨 조합원 분양 아파트의 시세도 하락 ⇒ 오히려 더 손해를 발생

○ 따라서 이러한 주장은 분양계약을 체결한 뒤에 입주를 하지 않고 매도해 버리려는 일부 조합원들의 생각일 수 있으니, 조심하여 접근하셔야 함

라. 분양신청안내문, 분양신청서 작성요령

○ 조합에서 분양신청기간을 정하면 통상적으로 분양신청안내책자와 분양신청서를 보냄

○ 여기에 함께 보내온 분양신청서에 기재를 하여 분양신청을 하게 되는데, 서울특별시 도시 및 주거환경정비조례 시행규칙 별지 제24호 서식인 분양신청서 양식을 보면 아래와 같음

[별지 제24호서식] (제1쪽)

분 양 신 청 서

신청인	성 명		생년월일		접수번호	※ 시행자가 기재
	주 소	(전화)		조합원번호		
	수인이 1인의 분양대상자로 신청하는 경우 함께 신청하는 자의 성명			(총 인)		

권리내역	토지	소유토지	소재지	지목	면 적(㎡) 공부상 / 편입 / 소유	공유여부	이용상황	취득일자	시행구역 외 주택소유여부
			(계 필지)						
		점유국공유지	소재지	지목	면 적(㎡) 공부상 / 점유인정	관리청	점유상황		비 고 〈불하희망여부〉
			(계 필지)						
	건축물		소재지	연면적(㎡)	용도	취득일	공유여부	허가유무	무허가건물번호
			(계 동)						

분양희망의견	주택규모		상가용도 등 및 규모	

「도시 및 주거환경정비법」제72조제3항, 같은 법 시행령 제59조제2항제2호 및 「서울특별시 도시 및 주거환경정비 조례」제32조제3항에 따라 위와 같이 분양을 신청합니다.

년 월 일

신청인 (서명 또는 인)

구역 정비사업 사업시행자 귀하

제출서류	1. 토지 및 건축물에 관한 등기부등본 또는 환지예정지증명원 각 1부. 2. 토지대장 및 건축물대장 각 1부. 3. 무허가 건축물인 경우에는 무허가건물확인원 및 소유를 입증하는 서류 1부. 4. 주민등록표등본(신청인과 동일한 세대별주민등록표상에 등재되어 있지 아니하는 신청인 배우자의 주민등록표 등본 포함) 1부. 5. 수인이 1인의 분양대상자로 신청하는 경우에는 함께 신청하는 자의 분양신청서 각 1부. 6. 사업자등록증 기타 자격요건을 증빙하는 서류 1부.

(뒤 쪽)

※ 분양신청안내

1. 사업시행자가 통지하고 신문에 공고한 분양신청 기간 내에 분양신청을 하여야 합니다.
2. 분양신청을 우편으로 하고자 하는 때에는 분양신청서가 분양신청 기간 내에 발송된 것임을 증명할 수 있는 우편으로 하여야 합니다.
3. 분양신청을 하지 아니한 자, 분양신청기간 종료 이전에 분양신청을 철회한 자 또는 관리처분계획기준에 따라 분양대상에서 제외된 자는 현금으로 청산하게 됩니다.
4. 종전권리의 인정면적과 소유권의 기준, 종전재산의 평가방법, 대지 및 건축시설의 분양대상자 기준, 수인의 분양신청자를 1인의 분양대상자로 보는 경우, 권리취득일 기준, 분양대상자에게 분양하는 방법 등에 관하여 규정된 「서울특별시 도시 및 주거환경정비 조례」 관련 규정을 다음과 같이 소개하오니 분양신청 시 참고하시기 바랍니다.

〈「서울특별시 도시 및 주거환경정비 조례」〉

○ 조례 제2조(정의)

   3. "관리처분계획기준일"이란 「도시 및 주거환경정비법」 제72조제1항제3호에 따른 분양신청기간의 종료일을 말한다.

○ 조례 제34조(관리처분계획의 수립 기준), 조례 제36조(재개발사업의 분양대상 등), 조례 제37조(단독주택재건축사업의 분양대상 등), 조례 제38조(주택 및 부대·복리시설 공급 기준 등)

  ※ 관련조례 내용은 서울시 인터넷 홈페이지(법령정보)에서 열람이 가능합니다.

210mm×297mm[백상지(80g/㎡) 또는 중질지(80g/㎡)]

○ 위 신청서 제1면의 분양희망의견란을 보면 아래와 같음

분양희 망의견	주 택 규 모		상가용도 등 및 규모	

○ 주택규모가 사업시행계획상으로 보면 면적대가 여러 가지가 있는데, 1가지만 기재할 수 있는 것처럼 되어 있고, 제2면에 가더라도 여러 가지 유형을 기재하라는 설명도 없음

○ 이렇게 되면 경쟁이 치열하여 신청한 면적형대에서 탈락되면 그 다음에는 어느 면적형대에 배정이 되는 것일까? 해결방법이 없음. 그래서 실무상으로 아래와 같이 1순위부터 몇 개 순위까지 신청할 수 있도록 신청서를 작성하고 있음

※ 아파트 분양신청서 작성요령(뒷면)

분양신청 희망평형

TYPE (평형)	59㎡ (23, 24평형)	84㎡ (33, 34평형)	114㎡ (45평형)	142㎡ (55, 56평형)	165㎡ (65평형)
세대수	543	1,423	1,121	180	54
1순위	동홍인길				
2순위		동홍인길			
3순위			동홍인길		
4순위				동홍인길	
5순위					동홍인길

마. 체크 사항

○ 분양신청기간내에 분양신청을 하지 않으면 분양신청기간 종료일 다음 날에 조합원의 지위를 상실하고 현금청산자가 됨

○ 따라서 분양신청을 할지 말지를 잘 판단하여 신중하게 선택을

하셔야 함

○ 이 현금청산은 조합과 현금청산자 간에 청산금액에 관하여 협의를 하다가 협의가 되지 않으면 강제적인 매수절차로 들어가는데, 재건축조합의 경우에는 매도청구소송(실질적으로는 현금청산소송인데 매매를 원인으로 한 소유권이전등기절차이행청구소송을 제기하게 되어 법률상 명칭을 매도청구소송이라고 칭하게 됨)을 법원에 제기하게 되고, 재개발사업, 주거환경개선사업의 경우에는 토지수용절차를 진행하여 감정평가금액을 받고 해당 부동산의 소유권을 조합이나 시행자에게 이전해 주게 됨

○ 만약에 분양미신청자가 많으면 결국 부동산경기가 좋지 않다는 것인데, 이렇게 되면 일반분양신청도 많지 않을 가능성이 높음. 그러면 현금청산금 지급에 따른 금융비용증가가 되어 수익성이 악화되게 됨. 따라서 조합원분양신청률을 높일 수 있도록 설계 디자인, 마감재, 분양신청시점 조정 등 최대한 노력을 하여야만 함

☞ 홈페이지(www.r119.co.kr)의 동영상 강좌를 들으시면 더 쉽고 더 자세하게 이해하실 수 있습니다.

20. 정비사업 진행절차(8)

관리처분계획인가

Key Point

사업시행인가 후 분양신청을 한 현황을 기초로 하여 조합원 분담금과 분양신청에 대한 면적배정. 동호수 추첨방법 등을 정하게 되는데 그것이 바로 관리처분계획입니다. 용어가 생소하여 어렵게 생각하시는 분들이 많은데 절대 어렵지 않습니다~

법률사무소 국토
김조영 대표변호사의 동영상 강의

8. 관리처분계획인가

♣ **여러채의 주택을 허물고 신축공사 할 때의 순서**

6) 신축아파트중 조합원에게 분양하고 남은 것을 일반분양하되, 예상수익을 계산해서 납부금을 정하자

　　⇒ 관리처분계획

7) 신축아파트가 많은데 기존 소유자들에게 1채만 줄까, 아니면 더 많이 줘 버릴까? 그리고 동호수 추첨도 해야 하지 않나?

　　⇒ 관리처분계획, 동호수 추첨

가. 관리처분계획 수립시기

○ 조합에서 조합원들을 대상으로 조합원분양신청을 받게 되면 신축 주택이나 상가 중 조합원분양분과 일반분양분이 구별되게 됨

○ 즉, 조합원 800명인 조합에서 1000세대를 신축하게 되는데, 조합원중 750명만 분양신청을 하였다면 250세대가 일반분양분이 되고 750세대가 조합원분양분이 됨

○ 이런 계산 하에 향후 일반분양 총수입을 예측하여 조합원 분담금을 계산하고, 조합원 분양분에 대하여 어떻게 공급면적형과 동호수를 배정할 것인가에 대한 계획을 세우는데, 첫번째로 **조합원분담금**, 두번째로 **신축아파트의 면적배정 및 동호수 배정방법**을 정한 것이 바로 관리처분계획인 것임

○ 위 관리처분계획 또한 조합총회에서 조합원과반수 또는 조합원 2/3이상의 동의를 얻어 관할관청에 인가신청을 하게 됨. 따라서 관리처분계획도 조합원들이 결정하는 것이지 조합집행부나 시공자가 결정하는 것이 아님

나. 관리처분계획의 내용

○ 어느 조합의 관리처분계획안중에서 관심있는 부분만 발췌하여 예시하면 다음과 같음

○ 각 항목별로 설명의 편의를 위하여 페이지를 달리하여 설명하겠음

(1) 정비구역 및 정비사업의 개요

○ 해당 조합이 시행한 정비구역의 면적 및 기존 현황을 기재

○ 그런데 이 내용은 조합이 마음대로 기재하는 것이 아니라, 이미 정비계획에서 정해진 내용 그대로를 기재하여야함

관리처분 계획[안]

_____ 주택재건축정비사업의 관리처분계획수립을 위하여 도시 및 주거환경정비법 (이하 "법"이라 한다). 동법시행령(이하 "시행령"이라 한다). 서울시 도시 및 주거환경정비조례 (이하 "조례"라 한다) 및 _____ 주택재건축정비사업 조합정관(이하 "정관"이라 한다)에 따라 수립하되, 세부적인 기준과 방법은 조합원 총회의 의결을 거쳐 다음과 같이 정하여 시행하기로 한다.

[제1조] 정비구역 및 정비사업의 개요

1. 개요
   ① 사 업 명 칭 : _____ 주택재건축정비사업
   ② 위   치 : 서울특별시 _____
   ③ 시 행 자 : _____ 아파트 주택재건축정비사업조합
   ④ 구 역 면 적 : 18,416.90㎡
   ⑤ 사무소의 주소 : _____

2. 구분소유권의 현황

기존소유평형	대지권 비율	세대별 건축물면적	세대수
19	34.70㎡ / 18,416.90㎡	61.29㎡	126세대
24	42.65㎡ / 18,416.90㎡	75.28㎡	112세대
31	55.16㎡ / 18,416.90㎡	96.09㎡	168세대

* 각 소유별 대지면적은 공부상의 대지면적으로 한다.

(2) 토지의 처분[기준]계획

○ 이 부분도 정비계획에 이미 정해져 있고, 신축건축물의 대지면적 비율등은 집합건물의 소유 및 관리에 관한 법률에 따라 대지소유권면적비율을 정하게 되어 있음

○ 그리고 정비기반시설의 무상양도도 도시 및 주거환경정비법에 의하여 이미 정해진 내용임

[제2조] 토지의 처분[기준]계획

1. 토지의 처분계획
   ① 사업시행면적 : 18,416.90㎡
   ② 분양대지면적 및 정비기반시설의 면적

총 계	분양대지(아파트)	정비기반시설(도로)
18,416.90㎡	17,264.40㎡	1,152.50㎡

• 상기 표는 사업시행변경인가(2010년 8월) 기준이며, 향후 인·허가 및 확정측량 등의 과정에서 변동될 수 있음.

2. 토지의 처분 기준
   ① 아파트의 토지는 조합원분양 및 일반분양한다.
   ② 건축시설별 대지면적은 추후 확정측량에 의하여 면적의 증감이 있을 수 있으며, 또한 향후 분양건축물에 대한 토지의 처분은 도시 및 주거환경정비법시행령 제52조(관리처분의 기준)에 의거 신축 건축물의 분양면적 비율에 의하여 대지소유권이 주어지도록 하고, 소유관계는 공유로 한다. 단, 확정측량에 의하여 토지면적 증감 시 조합원은 금액을 정산하지 아니한다.
   ③ 상기 ②항에 따라 대지소유권을 분양면적 비율에 따라 분할한 후 소수점 이하 단수조정 하여야 할 경우 임·대의원회에서 특정 세대를 지정하여 처리한다.
   ④ 정비기반시설 해당 토지는 도시 및 주거환경정비법 제65조(정비기반시설 및 토지 등의 귀속) 및 사업시행인가조건에 따라 해당관리청에 무상 귀속한다.

(3) 신축건축물의 설계 개요

○ 신축하는 건축물의 공급면적형 대에 따라 어느 정도의 세대수를 건축할지에 관하여 규정하고 있는 부분인데, 각 공급면적대의 신축세대수를 조합이 임의로 정할 수 있는 것이 아니라 이미 정비계획에서 정해져 있으며, 소형주택의 면적과 세대수까지 이미 정해져 있다는 사실은 정비계획의 내용 강의에서 이미 말씀드린 바와 같음

[제3조] 신축건축물의 설계개요

1. 설계개요
   ① 실 대지면적 : 17,264.40㎡
   ② 건축연면적 : 72,614.28㎡
   ③ 용 적 율 : 288.18%
   ④ 구   조 : 철근콘크리트
   ⑤ 건축규모 : 지하2층, 지상24층, 아파트5개동 476세대 및 부대복리시설
   ⑥ 아파트 건축개요

(단위:㎡)

주택형(공급면적기준)		세대수 (세대)	공급면적(㎡)			기타공용 (㎡)	계약면적 (㎡)
			전용면적	공용면적	계		
조합원 분양분	83.12㎡(25평형)	143	59.55	23.57	83.12	35.75	118.87
	108.39㎡(33평형)	124	84.88	23.51	108.39	50.96	159.35
	108.97㎡(33A평형)	86	84.92	24.05	108.97	50.98	159.95
	140.52㎡(43평형)	82	115.88	24.64	140.52	69.57	210.09
소형주택 (매각분)	83.12㎡(25평형)	41	59.55	23.57	83.12	35.75	118.87
계		476					

(4) 신축건축물의 분양기준

○ 신축 아파트나 상가 등을 어떻게 분양할 것인지를 규정한 부분인데, 대부분 「집합건물의 소유 및 관리에 관한 법률」 또는 「도시 및 주거환경정비법」에 규정된 내용에 따라 정해지게 됨

[제4조] 신축건축물의 분양기준

1. 분양면적
   ① 아파트의 세대별 공급면적은 전용면적과 주거공용면적을 합산한 면적으로 하며, 계약 면적은 공급면적에 기타 공용면적(관리사무소, 노인정, 경비실, 지하주차장)을 포함한 면적으로 한다.
   ② 아파트 분양면적 및 가격은 공급면적(전용면적+주거공용면적)을 기준으로 산정하며, 기타 공용면적 및 지하주차장은 이에 부속되는 것으로 한다.
   ③ 분양대상자가 공동으로 취득하게 되는 건축물의 공용부분은 각 권리자의 공유로 하되, 해당 세대 공용부분에 대한 각 권리자의 분배는 설계계획에 따라 정하며, 주택공급에 관한 규칙에 따라 분양한다.

2. 조합원 분양기준
   ① 신축건물을 분양 받고자 하는 조합원은 조합에서 통지한 분양신청 기간 내에 분양신청을 하여야 하며, 분양 신청을 하지 아니하는 조합원의 지분은 도시 및 주거환경정비법제48조(분양신청을 하지 아니한 자등에 대한 조치)와 조합정관 제44조(분양신청 등)에 의거하여 현금 청산함을 원칙으로 한다.
   ② 조합원 분양대상자는 분양신청서등 조합이 요구하는 서류를 분양신청기간 내에 제출한 자이어야 한다.
   ③ 조합원 희망 분양신청평형에 따라 새로이 건설되는 주택 등을 분양함을 원칙으로 하되 1조합원에 1주택을 공급한다. 단, 「수도권정비계획법」 제6조제1항 제1호에 따른 수도권 과밀억제권역에 위치하지 아니하는 주택재건축사업의 토지등소유자, 근로자(공무원인 근로자를 포함한다)숙소, 기숙사 용도로 주택을 소유하고 있는 토지등소유자, 국가 지방자치단체 및 주택공사 등에 대해서는 소유한 주택 수만큼 공급할 수 있다.

(5) 신축건축물의 평형배정 기준 및 추첨방법

○ 신축건축물에 대하여 각 면적대별로 분양신청을 접수한 결과 특정 면적대가 신축세대수 보다 더 많은 사람이 신청하여 경합이 발생하였을 경우에 어떻게 배정할지에 관하여 정하는 부분인데, 이는 조합설립동의서를 보면 '신축건축물의 소유권귀속에 관한 사항'에 그 기준이 어느 정도 기재가 되어 있기 때문에 그 동의서 내용대로 기재하는 경우가 많으며, 동의서나 정관에 기재가 없을 경우에는 관리처분계획에서 정하게 되는데, 공평하게 정하여야 함

[제5조] 신축건축물의 평형배정 기준 및 추첨방법

1. 조합원의 평형배정 및 동·호수 추첨방법
   ① 1순위 분양신청평형에 의한 평형배정을 우선으로 한다.
   ② 1순위 분양신청평형에 한하여 신청평형의 경합이 발생할 경우 조합가입동의서의 "신축건축물 구분소유권의 귀속에 관한 사항"에 따라 권리가액(권리지분) 다액순에 의하여 우선적으로 배정하되 기존의 동일한 소유평형간 권리가액(권리지분)의 차이는 없는 것으로 하고, 19평형·24평형·31평형의 3가지만 구분한다(평형 및 동·호수 배정시에만 적용)
   단, 동일한 소유평형간 경합(분양신청한 조합원 수가 신축아파트 수보다 많은 경우)이 있을 경우 경찰관 및 제3자의 입회하에 공정하게 수기추첨으로 배정한다.
   ③ 1순위 분양신청평형 결정에서 탈락한 조합원은 2순위, 3순위 신청순서로 배정한다. 이 경우 권리가액(권리지분) 다액순에 관계없이 경찰관 및 제3자의 입회하에 공정하게 수기추첨으로 배정한다.
   ④ 경합이 있는 평형의 평형배정을 위한 수기추첨의 순서는 경찰관 및 제3자의 입회하에 수기추첨하여 결정한다.
   ⑤ 동·호수의 결정은 조합정관 제48조의 규정에 의해 전산추첨에 의한다.
   ⑥ 33평형 중 "33평형A타입"과 "33평타입"의 결정은 33평형에 배정된 조합원끼리 전산추첨을 통해 타입을 결정한다.

2. 소형평형(SH공사 등에 매각분)의 동 호수 배정
   소형평형의 공급은 2010년 8월 2일자 사업시행 변경인가 조건에 따라 동·호수 추첨 전에 매수자와 협의하고 그 결과에 따른다.

(6) 조합원 분담금

○ 조합원 분양신청 현황을 기초로 하여 일반분양분 예상수입금, 각종 사업비지출 등을 예상하여 조합원들의 분담금을 정하는 부분

○ 조합원들에게 가장 중요한 부분이나, 대개의 경우에는 분양신청 당시에 계략적인 분담금 내역을 통지하였고, 이에 따라 분담금을 감정평가등을 근거로 작성하는 것이기 때문에 조합에서 임의로 수정할 수 있는 재량이 많지 않음

[제6조] 조합원 분담금

1. 조합원 평형별 평균 분담금의 산출

① 평형별 평균 분담금액의 산정

평형별 평균부담금액은 2009년도 시공사 선정 시 사업제안서를 기준으로 하되, 공급면적의 증감분은 종후 감정평가한 분양가를 기준으로 환산하여 산정한다.

② 평형별 조합원 평균 부담금

(금액단위: 천원)

구분	분양 희망 평형별 조합원의 평균 부담금			
종전평형 \ 신축평형	83.12㎡ (25평형)	108.39㎡ (33평형)	108.97㎡ (33A평형)	140.52㎡ (43평형)
19평형 조합원	137,372	372,666	376,070	653,736
24평형 조합원	45,314	280,620	283,996	561,830
31평형 조합원	-100,061	135,264	138,595	416,695

* 상기 부담금 내역은 2009. 9. 5일자 벽산건설(주)의 사업제안서 기준이며, 단, 2010. 8. 2일자 사업시행변경인가에 명기된 공급면적 기준으로 면적 증감에 따른 부담금을 환산하고, 향별 층별 차등에 따른 분양가의 변동은 동 호수 추첨 후 개별 통보합니다.

③ 조합원 개별부담금의 산출

　개별조합원 부담금

　　= [평형별 평균부담금

　　　+(기존 평형별 평균 종전감정평가액 - 기존 각1세대 종전감정평가액)

　　　+(신축 각1세대 종후감정평가액 - 신축 평형별 평균 종후감정평가액)]

가. 기존 평형별 평균 종전감정평가액　　　　　　　　　　　　　　　(금액단위: 천원)

종전 평형	토지면적 (㎡)	건물면적 (㎡)	종전감정평가액		
			하나글로벌 감정평가법인	미래새한 감정평가법인	산술평균 감정평가액
19평형	34.70	61.29	266,000	267,014	266,507
24평형	42.65	75.28	355,014	355,000	355,007
31평형	55.16	96.09	455,018	457,004	456,011

나. 신축평형별 평균 종후 감정평가액(분양예정대지 또는 건축물의 추산액)　　(금액단위: 천원)

평형	전용면적 (㎡)	공용면적 (㎡)	공급면적 (㎡)	종후감정평가액		
				하나글로벌 감정평가법인	미래새한 감정평가법인	산술평균 감정평가액
83.12㎡ (25평형)	59.55	23.57	83.12	484,511	481,316	482,914
108.39㎡ (33평형)	84.88	23.51	108.39	671,528	673,821	672,675
108.97㎡ (33A평형)	84.92	24.05	108.97	674,069	681,845	677,957
140.52㎡ (43평형)	115.88	24.64	140.52	931,965	947,768	939,866

(7) 현금청산 계획

○ 분양신청기간내에 분양신청을 하지 않은 조합원, 분양계약기간내에 분양계약을 체결하지 않은 조합원, 분양계약 후 분양대금을 납부하지 않는 조합원 등에 대한 현금청산방법을 기재한 부분, 「도시 및 주거환경정비법」에 상세한 내용이 규정되어 있기 때문에 그 내용을 그대로 기재하는 경우가 많음

○ 다만 분양신청을 안한 경우에는 위 법에 규정이 있지만 분양계약을 체결하지 않은 경우에는 관리처분계획에서 정하는 것이기 때문에 이 때 처음 등장하지만, 분양계약체결 안한 사람을 현금청산하지 않을 수가 없기 때문에 분양계약체결 안한 경우에도 당연히 현금청산대상자에 포함시켜 관리처분계획을 수립하게 됨

[제7조] 현금청산자의 청산 계획

1. 현금청산자
   법 제47조 및 조합정관 제44조(분양신청 등)등 관계법령에 의한다.
2. 현금청산의 방법
   ① 상기규정에 의하여 현금청산에 해당하는 경우 시행령 제48조 규정에 의거 그 청산금액은 조합과 현금청산대상자가 협의하여 처리하는 것을 원칙으로 하며, 이 경우, 「부동산가격공시 및 감정평가에 관한 법률」에 의한 감정평가업자 2인 이상이 평가한 금액을 산술평균하여 산정한 금액을 기준으로 협의할 수 있다. 다만, 협의가 성립되지 아니한 경우 조합은 소송 등 법적결정에 의하여 처리한다.
   ② 공탁 시 제3자권리(근저당 및 가압류)에 대해서는 관계법령에 근거하여 처리한다.

☞ 홈페이지(www.r119.co.kr)의 동영상 강좌를 들으시면
더 쉽고 더 자세하게 이해하실 수 있습니다.

21. 정비사업 진행절차(9)

동호수 추첨, 분양계약, 이주, 철거, 착공, 입주, 해산, 청산

Key Point

관리처분계획인가를 받고 나면 동호수 추첨, 분양계약등을 하고 이주, 철거, 착공, 입주, 해산, 청산을 하게 됩니다.

그런데 동호수 추첨, 분양계약보다 이주, 철거 등을 먼저 할 수도 있습니다. 이제 사업이 끝나가는 것입니다~

법률사무소 국토
김조영 대표변호사의 **동영상 강의**

9. 조합원 분양면적배정 및 동·호수 추첨

○ 관리처분계획이 인가받게 되면 인가된 관리처분계획내용에 분양면적배정 방법 및 동·호수 추첨방법이 기재되어 있기 때문에 그 기준에 따라 조합원 분양면적배정 및 동·호수 추첨을 하게 됨

○ 일반적으로 분양면적배정은 조합원이 개별적으로 신청한 분양면적을 가장 우선으로 하고, 같은 분양면적대에 경합이 발생하면 권리가액 다액순으로 먼저 결정하고, 같은 순위의 사람이 여럿이 있을 경우에는 추첨으로 하는 등 각 조합별로 약간씩 다르게 분양면적배정방법을 정하고 있음

10. 분양계약체결

○ 이와 같이 분양면적배정 및 동·호수 추첨까지 하여 내가 '1동 1001호'가 당첨이 되었다면 내가 납부하여야 할 분담금이 액수로 특정이 되게 됨. 주로 로얄 층에 배정된 경우가 다른 층보다는 약간 더 많은 분담금을 납부하게 됨

첨부 1.

조합원 동 호수 추첨결과 및 부담금 내역

1. 조합원

종전 동호수		조합원 성명		생년월일	

2. 추첨된 신축건축물의 동호수

신축아파트의 동호수			TYPE	114A

※ 배치도 및 타입에 따른 단위세대 평면도는 관리처분계획 변경(안)을 참조하시기 바랍니다.

3. 납부할 부담금액(신축아파트의 조합원분양가액 - 조합원 권리가액)

신축아파트의 조합원 분양가액 [관리처분(변경)인가 기준]	조합원 권리가액	부담금액(환급금액) (분양가액 - 권리가액)
786,535,000	489,359,000	297,176,000

※ 납부총액이 '-'인 경우에는 조합에서 조합원에게 해당금액을 환급하여야 하며, 환급금은 조합원 분양계약 기간 이후 정산하여 지급하게 됩니다.

4. 부담금 납입 일정

구분			부담금(환급금)	비고
계약금	20%	상기 3항 부담금의 20%	59,435,200	계약 시
중도금	60%	10%씩 / 약 4개월 × 6회	178,305,600	
잔 금	20%	입주시	59,435,200	실 입주일 또는 입주지정 만료일 중 선도래일
부담금 합계			297,176,000	

※ '-'인 경우에는 환급금이며, 환급대상자는 입금하지 않습니다.

5. 계약금 입금계좌

은행	계좌번호	예금주	계약금(입금액)
			59,435,200

※ 입금자명 : '신축아파트 동호수 + 조합원 성명' (예시 301-1001 홍길동) 기재

○ 동호수가 결정되면 조합에서는 분양계약기간을 정하여 분양계약을 체결하라고 통보를 하게 됨

○ 따라서 분양계약기간 내에 분양계약을 체결하여야 하는데, 이때 의외로 좋지 않은 동·호수에 배정되었거나 그 분양을 포기하고 싶은 사람이 발생

○ 이런 사람은 조합이 정하여 지정하는 분양계약체결기간 내에 분양계약을 체결하지 않으면 됨. 그러면 분양계약을 체결하지 않은 사람의 경우에도 관리처분계획에서 분양미신청자와 동일하게 취급하여 현금청산을 하도록 규정하기 때문에 감정평가금액을 받고 현금청산을 하게 됨

11. 이주 및 착공

○ 관리처분계획을 인가받으면 대부분의 경우에는 얼마 있지 않아 조합이 이주기간을 정하여 조합원들로 하여금 이주를 독려하게 됨. 거주자가 이주하고 집이 비워야 철거를 하고, 철거 후 착공을 할 수 있기 때문

○ 그런데 이 경우에 조합원들은 이주에 협조하고 싶어도 세입자가 이주하지 않으면 집이 비지를 않아 철거를 할 수가 없게 됨

○ 이럴 경우 조합은 할 수 없이 이주기간 내에 이주하지 않은 조합원 또는 세입자를 상대로 하여 법원에 부동산인도청구소송을 제기하게 되고, 그 판결에 따라 강제집행을 하여 인도를 받음

○ 그래서 모든 집이 비게 되면 철거를 하고 공사 착공을 하게 됨

12. 입주 및 해산, 청산

○ 신축아파트가 완공되면 조합원 및 일반분양자들이 신축아파트에 입주를 하고, 조합사업이 종료되었기 때문에 해산을 한 뒤 남은 잔여재산을 분배하는 청산을 하게 됨

○ 주로 도급제의 경우에는 잔여재산이 남는 경우가 많아 청산금이 지급되는 경우가 있는 반면, 지분제의 경우에는 거의 잔여재산이 없어 청산금이 별로 지급되지 않는 경우도 있음

○ 이렇게 하여 청산절차까지 종료하면 정비사업은 완전히 종료되고 청산단계의 조합은 소멸하게 됨

☞ 자, 여러분 제가 가급적 쉽게, 그리고 간략하게 정비사업의 진행절차를 설명 드리고자 하였는데, 이해가 잘 갔습니까? 이 과정을 글로 설명드리는 것보다 동영상강좌가 더 효율적이어서 동영상강좌도 함께 참고하여 주시기 바랍니다.

☞ 홈페이지(www.r119.co.kr)의 동영상 강좌를 들으시면
더 쉽고 더 자세하게 이해하실 수 있습니다.

4. 정비사업의 기본 이론

재건축·재개발 등 정비사업을 하려면 사업비 및 공사비,
이주비등 많은 돈이 필요합니다.

그런데 주변에서 재건축·재개발을 하는 것을 보면
소유자들은 사업초기에 돈 한푼 내지 않고 그 사업을
진행하고 있습니다.

도대체 그 많은 돈들을 어떻게 조달하기에
사업초기에 단 한푼도 내지 않고 사업을 진행할 수가
있을까요?

그리고 다 쓰러져 가는 건물인데
어떻게 그렇게 돈을 벌어다 주는
황금암탉이 되어버리는 것일까요?

그 기본적인 이론을 설명해 드리도록 하겠습니다.

22. 정비사업의 징후

> 어떤 징후가 나타나면 우리 동네도 재건축·재개발등 정비사업을 시작했다고 볼 수 있는가요?

Key Point

 고 여사는 재건축·재개발에 투자하여 재산을 늘리려는 생각으로 생애 첫 집을 사면서 25년이나 된 낡은 아파트를 사서 지금까지 고생을 해 왔습니다.
 아, 그런데 그렇게 기다리고 기다리던 재건축을 우리 동네도 시작을 하려는가 봅니다.

법률사무소 국토
김조영 대표변호사의 **동영상 강의**

♣ 상황 정리

 자, 고 여사님은 자신의 판단으로 건축된 지 25년이나 된 아파트를 고민 끝에 사서 그동안 5년이나 불편을 겪어가면서 살아왔습니다.

 수돗물을 틀면 녹물이 나오는 경우도 많았고, 곧 재건축을 할지도 모른다는 생각에 수리도 별로 하지 않고 그동안 5년이나 버티며 살아 온 것입니다. 이렇게 힘들게 살아 왔던 노력이 이제 결실을 맺기 시작한 것입니다.

그러면 과연 어떤 특징이 나타나면 '**이제야 드디어 재건축(재개발)을 시작 하는구나!**' 라고 할 수 있을까요? 이 내용에 대하여 살펴보도록 하겠습니다.

1. 재건축(재개발)의 움직임

일반적으로 오래된 주택(아파트, 단독주택, 연립주택 등)에 살다보면 주민들 사이에서 어느 시기에서부터인가 '**우리도 재건축(재개발) 합시다!**'라는 말들이 나오기 시작하게 됩니다.

그리고 재건축(재개발)을 한다고 하면서 몇 명 또는 수십 명의 사람들이 주축이 되어,

- 관할관청이 정비기본계획, 정비계획수립 및 정비구역지정을 위한 **준비(공람, 의견청취)**를 시작하고,· 만약에 관할관청이 위 준비를 하지 않으면 **주민들이** 해 달라고 **요청**을 하며,
- 살고 있는 공동주택에 대한 **안전진단**을 실시하거나(주택재건축사업에 대하여만 안전진단을 함),
- **정비계획 수립 및 정비구역이 지정**되었다고 하면서 구역지정에 대한 설명을 하고,
- 정비사업조합설립 **추진위원회를 결성하기 위한 준비모임을** 개최하고,
- 추진위원회를 설립하기 위한 **추진위원회 구성동의서**를 거두러 다니며,
- 조금 있으니까 **정비사업조합설립 추진위원회 구성승인**을 받고,
- **추진위원장**이라고 하면서 주민들에게 안내문을 보내고,
- **추진위원회 사무실도** 차리고 현판식을 하고,
- 더 나아가 **정비사업전문관리업자(정비업체), 설계자를 선정**하고

- 그런 뒤에 **조합창립총회**를 준비하거나 개최를 하고 있습니다.

이것이 바로 재건축(재개발)을 시작하는 움직임이며, 이러한 움직임이 나타나면 바로 '재건축(재개발)을 드디어 시작했구나!'라고 말할 수 있는 단계에 온 것입니다.

2. 재건축·재개발이 뭣이여?

재건축(재개발)이라고 함은 일반적으로 **오래되고 낡은 주택(상가)를 허물고 새로 짓는 것**을 의미합니다. 즉, 주택이나 상가 등 건물이 오래되어 무너질 지경에 이르면 그 건물을 허물고 새로 건물을 짓는 것을 의미하는 것입니다.

재건축과 재개발의 차이점이 무엇인지 궁금할 것이나 구체적인 차이점을 설명하자면 복잡하기 때문에 나중에 자세하게 설명 드리기로 하고, 우선 아파트나 연립주택과 같은 **공동주택**을 새로 짓는 것은 **재건축**, 단독주택을 새로 짓는 것은 **재개발**이라고 생각하고 지나가기로 하겠습니다.

[신축공사 중인 공사현장]

　이와 같이 지은 지 오래된 건물을 헐고 새로 짓는 것이 재건축(재개발)을 하게 되는 시초인데, 우리나라에서는 오래된 건물을 헐고 새로 짓는다는 의미에서 더 나아가, **기존 건물을 허물고 새로운 건물을 신축함으로 인하여 발생하는 경제적인 이익** 때문에 재건축(재개발)이라는 용어가 일종의 **부동산 재테크 방법**으로 이용되면서 한 때 부동산가격상승의 주요인이 되는 부작용도 있었습니다.

　즉, 허물고 당장 새로 지어야 할 정도로 건물이 낡지는 않았지만, 허물고 새로 지음으로서 돈을 벌수가 있기 때문에 재건축(재개발)을 하려고 하는 경우도 있었고, 실제로 재건축이나 재개발을 추진하게 되면 해당 아파트 단지나 단독주택단지의 부동산가격이 상당히 상승한 경우가 많이 있었습니다.

3. 재건축(재개발)이 거론되는 시기

　그러면 위와 같은 움직임은 보통 언제쯤 시작이 되는 것일까요? 그리고 왜 위와 같은 움직임이 일어나는 것일까요?

지금까지 관행상 대개 아파트나 연립주택이 건축된 지 약 20~25년 정도 되면 재건축을 하려는 움직임이 시작되었습니다.

☞ 정부의 정책에 따라서 지역별로 건축된 지 약 20년~30년 정도 사이에서, 그리고 심지어 30년이 넘어야 재건축·재개발을 허용해 주는 곳도 있으니 각 지역별로 그 도시에 적용되는 도시 및 주거환경정비조례를 살펴보아야 한다.

그리고 재개발은 사업구역 내에 위와 같이 노후화된 건축물이 약 1/2이상 ~ 2/3이상이 넘어야 재개발의 움직임이 시작되었습니다.

그런데 이와 같은 일을 하려면 그 일을 할 **주체세력**이 있어야 하고, 그 주체세력은 궁극적으로 조합원으로 구성된 **조합**인데, 이러한 조합을 설립하기 위한 전단계의 조직으로서 **정비사업조합설립 추진위원회**라는 조직을 구성하도록 법률에서 허용을 해주게 되었습니다.

이러한 추진위원회는 재건축, 재개발사업의 기본법인 「**도시 및 주거환경정비법**」(이하 '도시정비법'이라고 함)이 2003.7.1.부터 시행됨에 따라 법률에서 규정한 조직이 되었고, 이 도시정비법이 시행되기 이전에는 법률에서 정하는 조직은 아니고 단지 주민들이 자율적으로 결성한 조직이었습니다.

따라서 재건축, 재개발사업을 하기 위한 주체세력인 조합을 결성하기 위하여 먼저 추진위원회라는 것을 결성하여 관할관청의 설립승인을 받아야 하며, 추진위원회설립승인을 받은 뒤 약 6개월~1년 사이에 조합창립총회를 한 뒤 조합설립인가를 받고, 조합설립인가를 받은 뒤에는 사업시행계획인가, 관리처분계획인가등을 거친 뒤 기존 건물을 철거하고 신축아파트에 입주하기까지 약 5년 정도 소요(공사기간 약 3년)되는 경우가 가장 이상적인 사업진행기간이라고 할 것입니다.

즉, 재건축(재개발)을 하자고 시작한 지 최소한 약 7년 정도가 지나야 입주까지 완료가 되는 것이며, 더 이상 기간이 소요되는 경우도

많이 있습니다.

♣ 고 여사의 궁금한 점

그런데, 그동안 고 여사가 "우리 단지는 언제 재건축을 하는가?"라고 노심초사 기다리면서, 주위 재건축(재개발)조합의 사업추진절차를 살펴본 결과 다음과 같은 궁금한 점이 생겼다.

① 재건축/재개발은 사업시작단계부터 입주까지 왜 이렇게 오래 걸리는 것일까?

② 아파트나 연립주택, 단독주택의 수명이 보통 40년 정도는 되는 것으로 아는데, 지은 지 25년 정도밖에 되지 않아 현재 건물이 무너질 정도는 아닌데 왜 재건축(재개발)을 하자고 들 난리를 피우는 것일까?

③ 재건축의 경우에는 같은 시기에 건축된 아파트 또는 연립주택단지이기 때문에 주택단지 내 건물들이 다 같이 낡아있는 상태이다. 하지만 재개발구역내에는 오래된 건물도 있지만 건축된 지 몇 년이 안 된 새 건물도 있던데 왜 재개발을 하자고 하면서 새 건물도 부수려고 하는 것일까?

④ 재건축(재개발)을 '잘해보자'고 말을 하면서 왜 조합집행부와 이에 반대하는 사람들 간에 서로 비방하고 극단적으로 싸우는 것일까?

⑤ 조합장이나 조합 임원들이 무슨 큰 잘못을 하였기에 해임을 당하는 등 조합집행부 교체가 자주 일어나는 것일까? 심지어는 '재건축(재개발)사업이 종료될 때까지 조합장이 3번은 바뀌어야 된다.'는 풍문이 왜 들리고 있는 것일까?

⑥ 재건축이나 재개발이나 왜 그렇게 법원에 소송을 많이 제기

> 하고, 서로 간에 고소·고발을 하는 등 법적인 분쟁이 많은 것인가?
>
> ⑦ 그리고 마지막으로 재건축(재개발)을 하면 진짜 나에게 이익이 되는 것일까? 혹시 조합집행부나 건설업자의 감언이설에 속는 것은 아닐까?

이 모든 것이 우리의 **고 여사**에게는 쉽게 이해가 가지 않는 의문일 수밖에 없었다. 그래서 **고 여사**는 이러한 모든 점들에 대하여 앞으로 관심을 가지고 살펴보기로 하였다.

☞ 홈페이지(www.r119.co.kr)의 동영상 강좌를 들으시면
　더 쉽고 더 자세하게 이해하실 수 있습니다.

23. 정비사업의 시작

> ### 고 여사는 왜 25년된 낡은 아파트를 구입하였을까요?

Key Point

고 여사는 지은 지 30년 된 서울의 A아파트 59㎡ (17평형) 1채를 소유하면서 그곳에 살고 있다.

5년 전에 새롭게 집을 마련하면서 새 아파트를 구입하지 않고 왜 하필이면 25년이나 된 낡은 아파트를 구입하였을까요?

고 여사가 말하는 '황금의 U턴 이론' 이란?

법률사무소 국토
김조영 대표변호사의 **동영상 강의**

♣ 우리 동네도 재건축(재개발)을 한답니다!

"여보, 여보, 여보!"

저녁식사 준비를 위하여 시장을 갔던 고 여사는 헐레벌떡 아파트 현관문을 열고 들어오면서 남편을 다급하게 불렀다.

"왜~?"

"기다리고 기다리던 일이 드디어 시작 되었어요~ 우리 이제 부자

됐어요! 진짜야 ~"

　TV앞에 앉아 KT와 한화의 프로야구경기를 보면서 한화를 응원하던 남편은 고 여사가 하는 말을 흘려듣고는 별 대수롭지 않게 대꾸하였다.

　4:3으로 한화가 이기고 있는 상황인데 KT가 9회에 1아웃에 1루 주자가 있어 큰 것 한방이면 역전당할 수도 있기 때문이다.

　아니 그런데 한화의 하주석 선수가 정말로 멋진 수비를 하고 그 다음에 바로 1루에 송구하여 병살타를 잡아내어 경기를 끝내는 것 아닌가?

　"역시~ 하주석 멋져버려, 하주석 파이팅~."

　"아이~ 여보, 그렇게 말하지 말고~, **진짜! 우리 집값 오르게 생겼다니까요~** 그동안 기다리고, 기다리고, 또 기다리던 일이 드디어 시작 되었다니까요~"라고 말하며 고 여사는 남편 옆에 가서 남편을 흔들었다.

　그제야 남편은 흥분이 가신 뒤에, 고 여사를 제대로 바라보면서 무슨 일인지 궁금하게 물어보았다.

　"아니 도대체 무슨 일인데 그리 호들갑을 떨어?"

　"제가요~ 시장을 갔다 오는데요~, 아파트 입구에 재건축을 한다고 하면서 무슨 **추진위원회**인가 **준비위원회**인가 하는 것을 만들었다고 현수막을 걸어 두었더라고요."

[추진위원회 결성을 위한 준비위원회의 발족!
재건축/재개발의 시작이라고 할 수 있다.]

"그래? 그래서? 그게 뭔데?"

"아이 참~ 당신은! 내가 5년 전에 지은 지 25년이나 된 이 집을 살 때에 극구 반대하다가, '조금만 참고 살다가 재건축을 하게 되면 집값이 오를 것'이라는 말을 듣고 이 집을 사는 것을 당신이 허락하였잖아요? 그렇게 기다렸던 재건축이 드디어 시작을 한다니까요~"

"그래? 5년 전에 내가 그랬기는 하였는데, 그거하고 지금 무슨 준비위원회인가 추진위원회인가 하는 것 하고 무슨 상관인데?"

"하하~ 추진위원회를 만들면 바로 재건축을 시작하게 되는 것이에요~"

남편은 누워서 TV를 보다가 갑자기 일어나 앉으면서 회심의 미소를 지었다. 그리고 5년 전에 이 집을 살 때에 아내와 다퉜던 생각이 문득 나기 시작하였다.

♣ 새집을 포기하고 헌 집을 샀을 때는 다 이유가 있는 것이었어!

5년 전 …….

"여보, 이 집이에요, 이 집!"

고 여사는 새로 이사 가려고 미리 보아 둔 아파트단지에 남편과 함께 갔다.

"뭐? 이 집이야?"

남편은 아파트단지 옆의 도로에서 아내가 새로 이사 갈 집이라고 가리키는 아파트를 바라보면서 놀라며 되물었다.

"예~, 맞아요!"

[건축된 지 오래되어 낡은 아파트 외관]

"아니 당신, 지금 뭐 하는 거야? 정신 나갔어? 이 아파트 지은 지 몇 년이나 되었어?"

평소 좀 채 신경질을 내지 않는 남편이 갑자기 성질을 확 부렸다.

"25년이요, 아니, 왜요? 뭐가 잘못되었어요? 왜 갑자기 신경질부터 부려요?"

"됐어! 들어가서 볼 필요도 없어. 지금 당신 눈에 저거 안보여? **아파트 벽면의 페인트가 벌써 다 벗겨지고, 베란다 새시에 녹물이 흘러내리는 것이 안 보이냐 말이야**? 주변에 새 아파트도 많은데 **왜 하필이면 지은 지 25년이나 된 이런 낡은 아파트를 사려고 하냐고**?"

낡은 모습의 아파트를 보면서 남편이 연거푸 성질을 부렸다.

"도대체 정신이 있는 거야? 없는 거야? 저런 집에서 어떻게 살려고 그러는 거야?"

분위기가 심상치 않자 고 여사가 한마디 했다.

"낡긴 했지만 이 아파트를 사 두면 앞으로 분명히 재건축을 할 것이고, 재건축을 하면 집값이 올라가서 돈 벌 가능성이 매우 높다고 하였단 말이에요."

그러자 남편은 더욱 더 화를 내었다.

"누가 그딴 소리를 해?"

이 분위기에서 물러서면 안 된다고 생각한 고 여사는 용기를 내어 남편 얼굴을 똑바로 쳐다보면서 더 크게 말했다.

"아니, 재건축을 하여 얼마 전에 입주한 ○○아파트의 경우에는 재건축하기 전보다 엄청나게 가격이 많이 올랐다고 하고요, 강북에 있는 재개발단지의 경우에는 재개발하기 전보다 집값이 엄청나게 오른 경우도 있다고 하던데요? 내 친구가 재건축을 한 그 아파트에 살았는데, 그 친구가 그 당시 20년이 넘은 그 아파트를 살 때에 우리는 지은 지 3년 밖에 안 되었던 아파트를 사서 지금까지 살고 있는데, 현재까지 한 푼도 오르지 않았잖아요? 그 때에도 당신이 그랬어요!

'아니 당신 친구는 왜 새 아파트 놔두고 그렇게 헌 아파트에 들어가서 살아? 집을 사려면 제대로 사야지~ 나 원 참!…….'

 그런데 우리 집은 그동안 별로 안 올랐는데 내 친구 아파트는 엄청나게 많이 올랐더라고요. 지난 번 친구 모임 때 갔더니 그 친구가 수억 원을 벌었다고 자랑을 하는데, 내 정말 배가 아파서 죽을 뻔 했거든요……. 수억 원이면 당신 월급을 한 푼도 안 쓰고 전부 저축하여도 최소한 10년은 모아야 되는 큰돈이란 말이에요."

[재건축/재개발로 돈을 많이 벌어 좋아하는 모습]

 어렵게 고민하고 또 고민하여서 이 집을 사려고 결정을 한 것인데, 아파트를 보여주자 말자 남편으로부터 야단을 맞은 고 여사는 순간적으로 눈물이 핑 돌면서 그동안 상하였던 자존심이 튀어나와 이를 악물며 결사적으로 말했다. 그런데 위로를 해 줄줄 알았던 남편이 이럴 수가!

 "아니, 이 여자가? **당신이 지금 복부인이야?** 가족끼리 좋은 아파트에서 살려고 새 아파트로 이사 갈 생각은 하지 못할망정, 오래된 아파트를 사서 우리 가족 전부 녹물을 먹일 작정이야? 그리고 **복부인은 아무나 하는 줄 알아?** 지금은 부동산 값이 오르니까 당신이 그렇게 생각을 하는 가 본데, 그동안 많이 올랐기 때문에 앞으로 부동산

가격이 폭락할지도 몰라. 바로 옆에 있는 일본도 부동산가격이 10년 동안이나 하락을 했잖아? 본시 사람은 착실히 벌어서 열심히 저축하고, 그렇게 해서 재산을 모아야 하는 것이야! 그런데 복부인들처럼 당신도 그렇게 부동산 투기나 하겠다는 거야?"

"아니 이게 투자지 무슨 투기에요? 당신이 언제 나한테 부동산 투기하라고 돈이나 한번 준 적 있어요?"

평소 착하고 가정밖에 모르며 양심적으로 살아온 고 여사가 남편으로부터 부동산투기를 하려는 여자로 취급을 당하자 갑자기 화를 내며 큰 소리로 외쳤다.

[국회 청문회장] 〈KBS자료사진〉

"부동산으로 돈 버는 것은 다 투기야, 투기! 당신, 신문도 제대로 안 봤어? 정부에서 국무총리나 장관들 임명할 때에 국회에서 인사청문회를 하는데, 하다보면 꼭 그 중에 부동산투기의혹이 있다고 하면서 문제가 되어 중도 사퇴하는 것을 당신도 TV에서 다 봤잖아? 그것도 꼭 여자들이 투기를 해가지고 남편 앞길을 완전히 막아버려요 꼭! 어휴~"

"어이구, 부동산 투기했다고 손가락질을 받아도 좋으니 내 남편이 그런 자리에나 한번 가 봤으면 정말로 원이 없겠네요. 남들 욕할 필요 없다고요. **지금까지 자기 수중에 돈이 없었으니까 그렇지, 돈 있으면 부동산을 안 사둘 사람이 몇이나 되겠어요?** 번 돈을 집에다 쌓아 둘 거예요? 물가상승률보다 더 적은 이자를 주는 은행에 예금할 거예요? 안 그러면 금덩이를 사다가 집 금고에 넣어 두고 도둑 맞을까봐 가슴 졸이고 살아야 돼요? 그리고 우리 주변에 주식해가지고 돈 번 사람 봤어요? 처음에는 주식해서 얼마를 벌었네 하다가 나중에 보면 전부 깡통 차고 빚더미에 올라 앉아 있고, 심지어 자살하는 사람도 있잖아요?

그리고 **부동산은 투기고 주식은 투자**라고들 하는데, 내가 보기에는 **주식이 훨씬 더 투기성이 강해요.** 주식은 오늘 사서 내일 팔고, 심지어 하루 종일 꼼짝도 하지 않고 컴퓨터 앞에 앉아서 사고팔고, 또 사고팔고 하면서 기업의 경영에는 전혀 관심이 없고 시세차익에만 급급한 사람들이 대부분이잖아요. 그래서 주식이 오히려 부동산보다 더 투기성이 강하다고요.

내가 지금 집을 1채 가지고 있으면서 돈을 벌기 위하여 또 다른 집 1채 더 사자는 것도 아니고, 딱 1채 있는 우리 집을 이번에 새로 이사 가면서 기왕이면 이쪽으로 이사 와서 재건축을 해서 돈을 좀 벌자는 것인데, 그게 무슨 큰 잘못이라고 이렇게 백주 대낮에 사람들 다니는 길가에서 창피를 주고 그래요? 아 참 나~"

아내는 금방 눈시울을 적시면서 눈물을 글썽이었다. 순간 남편은 당황하여 주위를 쳐다보았다. 아내의 말처럼 지나가는 사람들이 자신들을 쳐다보면서 수군수군 대는 것을 보고는 남편은 어쩔 줄을 몰라 했다.

"당신 창피하게 왜이래? 아니~ 당신이 **부동산 투기꾼**이라는 것이 아니라, 이왕이면 새 아파트를 사면 당신도 집안일 하는 것이 편할 것이고, 집 수리비용도 적게 들 것이고, 또 애들도 살기가 편할 것 같다는 말이지 뭐…… 허~참……. 집에 돌아가자 여보"

화가 나고 서러움에 눈시울을 적신 아내의 얼굴을 바라보면서 남편은 자신의 처지가 한심스러웠다. **다른 사람은 10년 이상 먹지도 입지도 못하면서 아껴서 저축해야 겨우 벌 수 있는 돈을 별 고생 안하고 단 몇 년 사이에 버는 사람이 있다니**……. 어떤 사람은 주식해서 얼마를 벌었다고 하고, 또 어떤 사람은 땅을 사서 얼마를 벌었다고 하고, 또 누구는 아파트를 샀는데 벌써 프리미엄이 붙었다고 하고……. '**월급쟁이 백년을 해도 소용이 없다!**'는 말이 실감이 났다.

그날 밤 …….

"여보, 근데 말이야?"

낮에 남편으로부터 받은 서러움에 지쳐 집에 와서도 계속 훌쩍이는 아내를 가까스로 달래준 남편은 잠자기 전에 아내에게 말했다.

"왜요? 나 지금 졸린단 말이에요." 짜증이 난 아내는 귀찮다는 듯이 말했다.

"낮에 그 아파트 말이야……"

"아, 그 놈의 아파트 이야기는 왜 또 끄집어내고 그래요? 아직도 나 염장 지를 일이 남았우?"

"아니, 그게 아니라. 당신은 왜 그 아파트를 사려고 생각했어? 진짜 그 아파트가 가격이 상승할 가능성이 있기는 한 거야?"

서러움에 지쳐서 막 잠이 들려고 하는데 남편이 그 말을 끄집어내자 고 여사는 벌떡 일어나 앉으면서 말했다.

"여보, 당신, 생각이 바뀐 것이야?"

"아니, 그 집을 사든 안사든 당신이 그 집을 사려는 이유나 우선 들어보려고 말이야."

남편의 말투가 긍정적으로 흐르자 고 여사는 자신이 그 집을 사려고 하는 이유를 다음과 같이 말했다.

"어느 모 대학교 교수님께서 **재건축아파트의 가격추이**에 대하여 연구를 하셨는가 봐요. 그 당시는 지은 지 20년 내지 25년 정도가 되면 재건축이 가능한 시기였는데, 연구한 결과 아파트는 새로 짓고 난 뒤에는 조금씩 낡아지기 때문에 어느 정도 시기가 지나면 조금씩 하락하다가 지은 지 약 16년 내지 17년 정도 되면 가격이 하락하던 추세에서 상승하는 쪽으로 변경된다는 거예요. 즉 황금의 유(U)턴을 한다는 것이지요!"

"뭐? 황금의 유(U)턴? 야~ 우리 마누라 모르는 것이 없네! 그래 황금의 유턴 이론이라는 것이 뭔데?"

남편은 궁금증이 가득 찬 얼굴로 아내에게 바짝 다가앉았다.

"하하하……. 까르륵……."

아내가 갑자기 배를 잡고 웃어대자, 남편은 약간 부끄럽고 어색한 표정을 지으며 아내를 쳐다보았다. 그 놈의 황금의 유(U)턴 이론이라는 것이 무엇이기에…….

"황금의 유턴 이론이라는 것은 내가 방금 그냥 이름을 붙인 것이에요. 그 이론의 이름은 모르고, 그냥 지은 지 16년 내지 17년 되면 재건축을 시작할 수 있다는 여러 가지 여건 조성과 희망에 의하여 가격이 상승추세로 반전하여 재건축을 하여 입주할 때까지 계속하여 상승하게 된다는 것이지요. 그 있잖아요? 주식 그래프가 상승 반전하는 것처럼 말이에요."

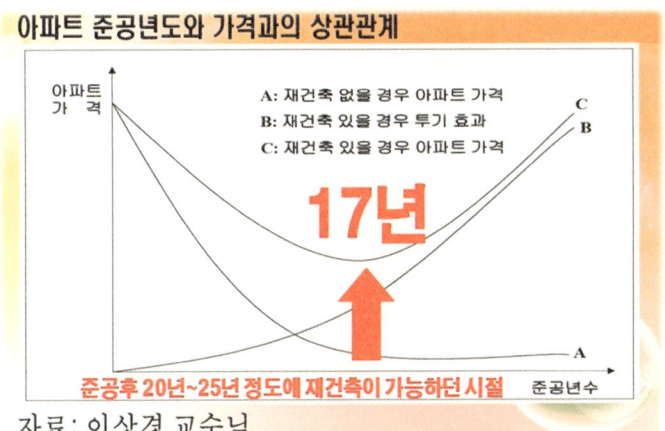

자료: 이상경 교수님

"그래서, 당신이 생각하기에는 지금 당신이 사려고 하는 아파트가 그 시기에 와 있다는 말이지?"

"그래요, 위 연구결과는 원래 주택을 지은 지 20년 정도가 되면 재건축을 할 수 있을 때의 연구결과이고, 따라서 16년, 17년 정도 되면 추진위원회를 결성하는 등 재건축·재개발 바람이 불 때의 이야기인데, 그 뒤 자원낭비라는 등의 이유로 재건축을 할 수 있는 건축물 노후도 연한을 자꾸 연장시켜서 지금은 25년 또는 30년 이상이 되어야 재건축을 할 수 있기 때문에, 아무리 늦어도 지금은 20년~25년 정도가 지나면 가격하락이 유턴을 하여 상승할 시기가 된 것이지요. 내가 보기에는 아까 낮에 본 그 아파트를 사 두면 틀림없이 가격이 오를 거예요. 그리고 만약에 내 말을 듣고 그 아파트를 사면 돈을 벌수가 있을 것 같아요."

아내의 설명을 듣던 남편은 곰곰이 생각하다가, **"그러면 내일 당신이 다시 가서 그 아파트 사!"**라고 말했다. 드디어 남편이 승낙을 한 것이다.

"여보 정말 고마워요~ 뽀!"

24. 정비사업의 수익발생이유

> 정비사업을 하면 왜 이익이 발생하는 것일까요?

Key Point

재건축·재개발등 정비사업을 하면 돈을 번다는 말을 많이 들었습니다.

그런데 허물어져 가는 아파트나 단독주택을 부수고 새로 지어서 이익이 발생한다는 것이 잘 이해가 되지 않습니다.

기존 건축물을 부수고 새로 지으려면 당연히 많이 돈이 들어가는 것이 정상일텐데, 오히려 돈을 번다고 하니 잘 믿을 수가 없습니다.

가능한 이야기인가요?

법률사무소 국토
김조영 대표변호사의 **동영상 강의**

♣ 준비위원장의 노력

"사모님 안녕하세요?"

오래간만에 친구들을 만나 찜질방에서 온 몸이 노근 노근하게 될 정도로 피로를 풀고 집으로 돌아오던 고 여사는 아파트 단지 안에서 어떤 남자의 인사를 받으면서 그 남자가 건네주는 명함을 받아 들었다.

"아, 예……. 그런데 누구세요?"

인사를 하면서 그 사람을 보니 어깨부터 허리까지 국회의원 선거때나 볼 수 있는 홍보용 띠를 두르고 있었다. 자세히 살펴보니 그 띠에는 "○○아파트 재건축 준비위원회"라는 글이 쓰여 있었다.

[추진위원회를 결성하기 위하여 열심히 준비하고 있는 모습]

"저는 우리 아파트 단지의 재건축을 위하여 힘쓰고 있는 김○○라고 합니다. 재건축을 하려면 추진위원회라는 것을 만들어야 하는데, 제가 그 추진위원회를 설립하기 위한 준비위원장직을 맡고 있습니다."

"네~, 그러세요! 저도 지난번에 아파트단지 입구에 「**추진위원회 구성동의서 징구 중**」이라는 현수막을 본 적이 있기 때문에 '우리 아파트단지도 재건축을 시작하는가 보다.' 라는 생각을 한 적이 있습니다."

"네, 역시 그러시군요. 제가 '척' 보니 사모님은 역시 다른 분 보다 더 재건축에 많은 관심을 가지고 계시고, 또 재테크에도 밝으실 것으로 보입니다. 제가 요즈음 여러 사람을 만나보지만 우리단지가 재건축을 처음 하다 보니, 재건축에 관하여 관심을 가지고 계시는 분을 만나기가 쉽지가 않았는데, 정말로 반갑습니다."

그러면서 준비위원장은 고 여사에게 어떤 서류봉투를 건네주면서 '이것을 잘 읽어보시고 **동의서를 작성해 제출해 주시기 바랍니다.**'고 말을 하였다.

"이 서류가 무엇이에요?"

"재건축을 하려면 추진위원회라는 것을 먼저 만들어 관할관청으로부터 구성승인을 받아야 하는데, 그 구성승인을 받기 위한 구성동의서입니다. 며칠 전에 이 동의서 및 이와 관련된 서류들을 A4 봉투에 넣어서 집집마다 우편함에 넣었는데 아직 못 보셨는가요?"

"아! 지난번에 집에 들어가다가 보니 집집마다 우편함에 봉투가 꽂혀 있던데 그 것인가요?"

[추진위원회구성동의서를 받기 위하여 집집마다 동의서를 배포하고 있다.]

"예! 바로 그 서류입니다. 역시 그 서류를 받아 보셨군요!"

고 여사는 순간 약간 난처한 표정을 혼자 지었다.

"아……. 그 서류 말이에요? 집집마다 우편함에 꽂혀져 있기에, 무슨 광고 전단지인가 생각하고 뜯어보지도 않고 바로 버렸는데요?"

순간 김 준비위원장도 약간 당황하면서, "괜찮습니다. 여기 새로 그 서류를 드릴 테니 집에 돌아가셔서 천천히 잘 읽어보시고 꼭 동의서를 제출해 주시기를 바랍니다."

그 서류를 들고 집으로 들어온 고 여사는 봉투를 뜯어서 자세하게 읽어보기 시작하였다. 그 서류봉투에는 다음과 같은 서류들이 들어 있었다.

- 안내문 : 주민들께 드리는 말씀
- 우리 단지의 정비계획내용
- 정비사업조합설립추진위원회 구성동의서
- 정비사업진행절차도
- 인근 지역의 정비사업 관련 신문기사

먼저 "**주민들께 드리는 말씀**"이라는 문서에는 우리 아파트 단지가 재건축을 하여야 하는 필요성에 대하여 다음과 같이 설명이 되어 있었다.

주민들께 드리는 말씀

- 아파트가 너무 낡아 **수도배관**에는 **녹물**이 계속 나오고 있는데, 이 부분은 재건축이 되지 않는 이상 **수도배관만을 위한 공사는 불가능**하다. 우리가 계속 녹물을 먹고 살아야 할 것인가? 우리 자녀들은 녹물세대 밖에 될 수 없는 것인가?

- 아파트 **전기배선**도 낡아서 합선이 자주 발생하고, 베란다 새시도 녹물이 흘러내려 아파트 벽면을 색칠하더라도 금방 녹물이 배 버린다. 그리고 비가 오면 천장에서 물이 떨어지고 있는 실정이다.

○ 경제적인 여건이 나아지면서 집집마다 자동차를 소유하게 되었고, 이로 인하여 우리 아파트 단지는 현재 **2중 주차**를 하고 있으며 심지어 **3중 주차**를 할 수 밖에 없는 경우도 많이 있다. 이렇게 힘들게 주차난을 겪으면서 살아야 하는가?

○ 아파트 집집마다 **화장실이 1개**밖에 없어서 아침마다 가족들이 출근시간만 되면 1개 밖에 없는 화장실을 사용하느라고 난리 법석이 벌어진다.

"아빠, 빨리 나와요. 나 학교 지각한다 말이야.", "영숙아, 빨리 나와. 나 설사 났어."

아침마다 이렇게 화장실에 들어간 사람에게 하소연하면서 살아야겠으며, 또 화장실에 들어가서 시원하게 볼일도 제대로 한번 못 보면서 언제까지 이렇게 살아야만 하겠는가? 또 화장실은 좁아서 샤워만 할 수 있지 욕조도 없는 집이 얼마나 많이 있는가?

○ 이러한 열악한 환경을 개선하기 위하여 우리는 이 낡은 아파트를 허물고 새로 지어야 하며, 우리가 그동안 많은 언론에서 접한 바와 같이 재건축을 하면 집값이 상승하여 경제적으로도 많은 이익을 볼 수가 있다.

따라서 "새 집 짓고 돈도 벌기" 위하여
우리 재건축 합시다!

라는 내용을 위주로 하여, 아파트 주민들에게 감동을 주는 여러 가지 이야기가 기재되어 있었다.

그러고서는 재건축을 할 경우에 진행되는 사업절차에 관하여 도표를 그린 문서가 있었고, 우리 단지의 경우에 재건축을 하게 되면 어떤 규모로 공사를 하여 신축아파트를 지을 수 있는지가 계획되어 있는 정비계획이라는 것에 대한 설명도 있었다.

그리고 인근 지역에서 재건축(재개발)을 하여 얼마를 벌었다는 등의 기사를 가득 싣고서는, 마지막으로 **정비사업조합설립추진위원회 구성동의서**라는 문서에 서명한 뒤 지장을 찍고, 주민등록증을 복사한 뒤 첨부하여(2012.8.2.이전에는 인감도장을 찍고 인감증명서를 첨부하였음) 준비위원회 사무실로 우편으로 보내거나 직접 제출해 달라고 되어 있었다.

고 여사는 우리가 재건축을 할 필요성과 그동안의 불편함을 호소한 위의 내용에 속으로 맞장구를 치면서 읽었고, 인근 지역에서 재건축(재개발)을 하여 얼마를 벌었다는 기사를 보면서 드디어 "**꿈은 이루어진다! (Dreams Come True)**."라고 속으로 좋아하고 있었는데, 주민등록증을 복사하여 달라는 말에는 그냥 인상이 찌푸려졌다.

"아니 내가 그 사람들을 어떻게 믿고 내 주민등록증을 복사를 해줘? 그러다가 신상정보가 다 공개되어 버리면 어떻게 하지? 불안한데~"

이렇게 생각을 하면서 동의서 양식의 내용을 보니 별 내용도 없었다. 가장 관심사가 될 수가 있는 조합원분담금의 내용조차도 없이 그냥 글자로만 잔뜩 기재되어 있었다. 즉, 재건축을 하게 되면 내가 얼마를 내어야 하고 어떤 평수를 받을 수 있는지가 가장 큰 관심사인데, 추진위원회구성동의서 양식을 보니까 그 점에 관하여는 아무 기재도 없는 것이다.

"순~ 나쁜 사람들이네……. 얼마를 내야 재건축을 하는지 **최소한 대략적인 금액**은 알려 주어야 재건축을 하든지 말든지 할 텐데, 그것도 알려주지 않고 무슨 동의서를 받겠다는 것이야? 별 사람들 다 보겠네……."라고 하면서 고 여사는 아까 준비위원장으로부터 받은 봉투를 한쪽 구석으로 **휙** 던져 버렸다.

[재건축(재개발)을 하려면 내가 얼마를 내야 하지?]

다음날 고 여사는 저녁식사 준비를 위하여 시장을 가려고 집을 나섰다. 아파트단지를 나오다 보니 관리사무소 옆에서 어제 본 준비위원장이 지나가는 부인들에게 무언가를 설명을 하고 있었다. 고 여사가 그 곳을 지나가자 준비위원장은 반가운 듯 말을 하였다.

"아이고, 사모님 안녕하십니까? 어제 보고 오늘 또 보네요. 어제 제가 드린 동의서를 보고 생각을 좀 해 보셨습니까?"

고 여사는 그냥 지나가려고 하다가 위원장에게 한마디 하였다.

"그런데 어제 준 서류를 보니까 좋은 말만 가득 써 놓았던데 **막상 우리가 얼마를 내고 재건축을 하여야 하는지, 그리고 무상으로 몇 ㎡를 주는지**에 대하여는 전혀 아무 말도 쓰여 있지 않던데요? 그리고 그 동의서인가 뭔가 하는 용지에 그냥 사용하는 아무 도장을 찍으면 되지 왜 지장을 날인하고 자필로 서명하고 주민등록증까지 복사해서 제출해 달라고 하는 거예요? 요즈음 개인정보가 새어서 문제가 많이 되고 있는데, 주민등록증까지 주는 것은 뭔가 약간 찜찜하잖아요.~"

"아 예, 안 그래도 제가 지금 이 사모님들에게도 그 점에 관하여 설명을 드리고 있던 참인데 우리 길에서 이럴 것이 아니라 제 사무실로 들어가서 자세하게 설명을 드리겠습니다."

그러면서 준비위원장은 같이 있던 주민 5명 정도를 데리고 준비위원회 사무실로 들어갔다.

"자 사모님들, 제가 우리 아파트 단지를 재건축하여야 하는 이유에 관하여는 각각 집으로 보내드린 **주민들께 드리는 말씀**이라는 서류에서 잘 설명을 해드렸습니다. 하지만 저의 말씀을 잘 믿으시기 않기 때문에 재건축/재개발 전문변호사님께 설명을 들어 보시는 것은 어떻습니까?"

"전문변호사님에게 설명을 들으면 물론 좋지만, 지금 이 사무실에 변호사님이 계시나요?"

"네, 전문변호사님께서 많은 분들이 손쉽게 재건축/재개발사업을 이해할 수 있도록 자신의 홈페이지에 동영상강의를 개설해 놓았습니다. 그 **동영상강의**를 보면 사모님들도 쉽게 이해하실 수가 있을 것입니다."

그러면서 준비위원장은 자신의 책상에 있는 컴퓨터에서 변호사의 홈페이지에 들어가서 관련 동영상강의를 틀어 놓았다. 그 동영상 강의에는 다음과 같은 내용이 나왔다.

1. 정비사업의 수익구조   ▶ 0:57

여러분 안녕하십니까, 김조영 변호사 입니다.

지금 많은 지역에서 재건축/재개발을 하여야 하는지, 아니면 하지 말고 그냥 있는 것이 나은지, 더 나아가 지금 하고 있는 사업을 중단하고 조합을 해산하여야 하는지에 관하여 많은 논쟁이 있는 상태입니다. 따라서 이번 시간에는 과연 재건축·재개발을 하면 이익이 발생하는지 여부에 관하여 설명을 드리도록 하겠습니다.

"고 여사님?"

고 여사는 깜짝 놀랐다. 마치 자기가 보고 있는 것처럼 변호사가 인터넷 강의 속에서 고 여사를 가리키면서 강의를 하고 있는 것이다.

자, 기존에 10채의 주택이 있었습니다. 그런데 10채를 허물고 그 땅위에 20채를 신축한 다음에 20채 중 10채는 기존 소유자들에게 주고, 나머지 10채는 일반인들에게 일반분양을 하여 **수익이 발생한다면** 여러분들은 그 사업을 하시겠습니까? 안 하시겠습니까?

고 여사는 속으로 그랬다.

"당연히 하지유~"

자, 그러면 과연 이렇게 수익이 날 수가 있는 것인지, 수익이 난다면 어떤 요인에 의하여 영향을 입는지를 한번 살펴보도록 하겠습니다.

2. 정비사업의 수익에 영향을 미치는 요소 ▶ 1:54

재건축·재개발 사업을 함에 있어 사업수익을 좌우하는 요소로는 '용적률과 일반분양가' 2가지를 들 수가 있습니다.

사업수익이 발생하는 요인을 말하자면 그 첫째는, 기존에 50㎡면적의 10세대였는데 재건축·재개발 사업을 통해 새로 65㎡ 면적의 20세대를 신축할 수 있기 때문입니다. 둘째는, 3.3㎡당 360만원의 공사비를 투입하여 일반분양가로 평당 1,200만원으로 분양하여 분양수익을 얻을 수 있기 때문이다. 이 때 사업부지인 땅은 현재의 소유자들이 제공을 하는 것이기 때문에 땅 매입비는 필요하지 않습니다.

위에서 말한 첫 번째 요인이 "용적률"이고, 두 번째 요인이 "일반분양가"입니다. 이 2가지 요소에 따라서 사업이익이 크게 좌우되게 되는 것입니다.

가. 용적률

용적률이라고 함은 토지면적 대비 그 토지위에 건축된 건물의 총면적(5층짜리 건물이면 1층부터 5층까지 전부 합산한 면적을 말하며,

연면적이라고 함)의 비율을 말합니다. 예를 들면 100㎡짜리 토지위에 300㎡의 연면적(각 층 면적을 합한 면적이라고 이해하면 쉬움)을 가진 건물을 신축하면 용적률을 300%라고 하게 됩니다.

따라서 기존 50㎡ 면적의 10세대에서 65㎡ 면적의 20세대를 신축할 수 있었던 것은 용적률이 기존보다 높게 허용되었기 때문입니다. 만약에 용적률이 기존보다 증가되지 않는다면 사업수익이 발생할 수가 없을 것입니다.

[같은 토지면적에 용적률을 높게 허용할수록 더 많은 신축세대가 발생한다]

나. 일반분양가

두 번째로 "일반분양가"라고 함은 신축 아파트중 기존 소유자들에게 배분을 하고 남는 호수를 일반인들에게 분양을 하게 되는데, 이때 일반분양자들에게 분양하는 가격을 일반분양가라고 합니다.

따라서 3.3㎡당 공사비 360만원을 들여서 공사를 한 뒤에 일반분양가를 평당 1,200만원이나 되게 분양을 한다면 그 차액이 바로 이익이기 때문에 일반분양가가 얼마인지 여부는 재건축·재개발사업수익에 결정적으로 영향을 미치게 되는 것입니다.

[일반분양가가 높을수록 많은 이익이 발생함]

그래서 시행하는 조합이나 건설회사는 가급적 일반분양가를 높여서 분양을 하려고 하였고, 이에 따라 2000년도 이후에 일반분양가가 엄청나게 상승을 하게 되었는데, 서울특별시의 예를 들어보면 아래 그림에서 보시는 바와 같습니다.

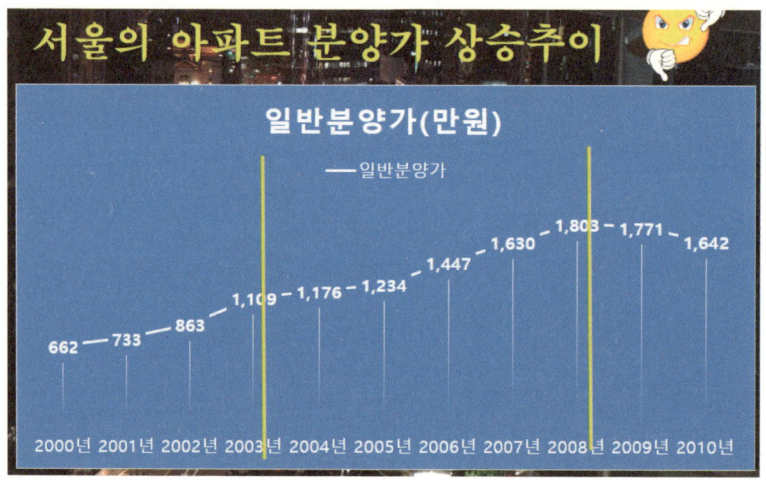

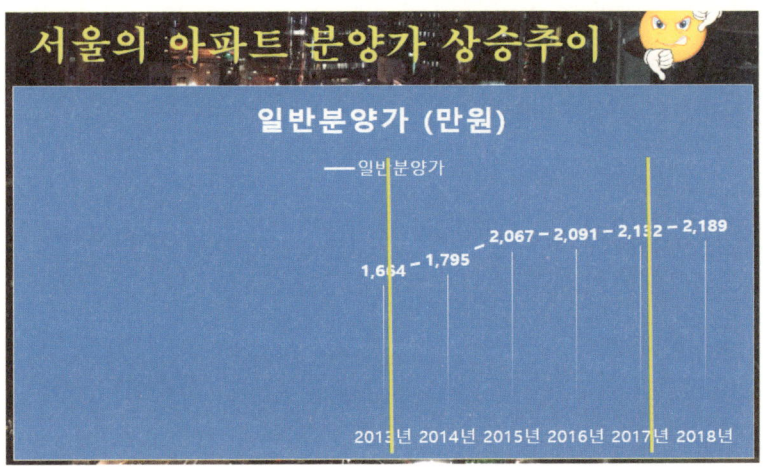

위 그래프를 보면 2000년도부터 2008년도 사이에 일반분양가가 무려 2.7배나 올랐음을 알 수 있습니다. 주택가격이 8년 사이에 2.7배가 오른다는 것은 거의 접하기 힘든 사실인 것입니다.

그래서 각종 언론에 보면 재건축·재개발사업단지의 **용적률**과 **일반분양가**가 초미의 관심사가 되고 있고, 조합과 시공사간, 조합원 내부 간의 분쟁이 발생하는 주요인 중의 하나는 바로 이 용적률과 일반분양가의 변동에 따라 사업이익이 변하기 때문이며, 이런 과정에서 서로간의 경제적 이익이 변동되기 때문에 분쟁이 발생하게 되는 것입니다.

3. 사업수익 계산례 ▶ 6:04

자 그러면 실제로 사업수익이 어느 정도 발생하는지를 예를 들어 살펴보도록 하겠습니다.

기존에 있던 10채를 부수고 75㎡ 20채를 신축하여 그 중 10채는 소유자들에게 주고 나머지 10채를 일반분양하는 것으로 가정하겠습니다.

① 공사비는 ㎡당 130만원으로 가정하고, 75㎡ 20채를 지으려고 하면 75㎡ × 20채 × 130만원= 19억 5,000만원이 소요됩니다.

② 10채를 일반분양하게 되는데 ㎡당 500만원에 일반분양한다고 가정하면 75㎡ × 10채 × 500만원 = 37억 5,000만원이 일반분양수입이 됩니다.

③ 그러면 사업수익은 18억원 (37억 5,000만원 - 19억 5,000만원)이 됩니다. 그런데 여기서 사업을 하는데 각종 비용이 들어가니까. 이 비용을 공제하더라도 10억원 이상의 이익이 발생하겠지요?

4. 결론

일반적으로 "땅 파서 석유가 나오는 것도 아니고, 다 낡은 집 부셔서 어떻게 돈을 벌 수 있다는 거야? 사기치지마 !"라고 말할 수도 있는데,

① 증가된 용적률에 의하여 조합원들에게 새 집을 주고도 일반분양을 할 수가 있다.

② 일반분양을 하면 수입이 생겨서 공사비와 사업비를 모두 지급하고도 이익이 남는다.

가 가능한 것입니다.

25. 재건축·재개발과 집값 상승과의 관계

재건축·재개발을 하면 집값이 얼마나 오르는가요?

Key Point

 안녕하십니까, 최조합장입니다.
 일반적으로 재건축·재개발을 하면 하지 않을 때와 비교하여 집값이 많이 오릅니다. 이것은 제가 직접 경험을 하였고, 아래에서 설명하는 내용으로 보아도 알 수 있을 것입니다.
 물론 부동산경기가 침체되어 오르지 못하는 경우도 있습니다. 그런 경우는 재건축·재개발뿐만 아니라 부동산가격전체가 오르지 않는 시기이기 때문에 달리 판단을 하여야지요. 하지만 재건축·재개발을 하면 하지 않는 지역보다는 집값이 상승한다는 것을 객관적으로 알 수 있습니다.

법률사무소 국토
김조영 대표변호사의 동영상 강의

1. 재건축·재개발의 희비

 재건축·재개발을 하면 돈을 많이 벌까요? 언론에서 보면 재건축·재개발이 활황일 경우에는 엄청나게 돈을 버는 것처럼 보도가 되고, 반면에 부동산경기가 좋지 않을 경우에는 재건축·재개발 때문에 죽겠다고 하는 등 종잡을 수가 없는 것 같은데, 과연 어떤 것이 사실일까요?

아래에서 ①2005년도 YTN 뉴스, ②2012년도 SBS 뉴스, ③2018년도 MBN 뉴스 3가지를 시청 할텐데, 약 6년 정도 사이에 각각 재건축·재개발이 황금알을 낳는 거위가 되었다가, 애물단지가 되었다가 하는 극단적인 상황이 도출되고 있습니다.

아래 뉴스는 동영상 강의를 참조하시기 바랍니다.

가. 2005년도 YTN 뉴스   ▶ 0:45

[부동산경기가 활황일 때의 뉴스]

나. 2012년도 SBS뉴스 ▶ 3:26

[부동산경기가 좋지 않은 때의 뉴스]

다. 2018년도 MBN 뉴스 ▶ 6:38

[부동산경기가 다시 과열현상을 보일 때의 뉴스]

2. 재건축·재개발을 하면 집값이 오르는가? ▶ 9:05

 주택가격이 일반적으로 상승추세였던 2007년을 기준으로 하여 그 이전 10년간의 주택가격과 재건축단지의 아파트 가격 상승추이를 살펴보면 다음과 같습니다.

1997년 말에 IMF사태로 인하여 부동산가격이 급락하였지만 1년 반 만에 회복이 되었고, 이후 부동산가격이 지속적으로 상승하던 2007년까지의 가격추이를 보면, 부동산가격상승기에 재건축·재개발을 하는 사업구역내의 부동산가격상승과 사업을 하지 않는 구역의 가격상승을 비교해 볼 수가 있을 것입니다.

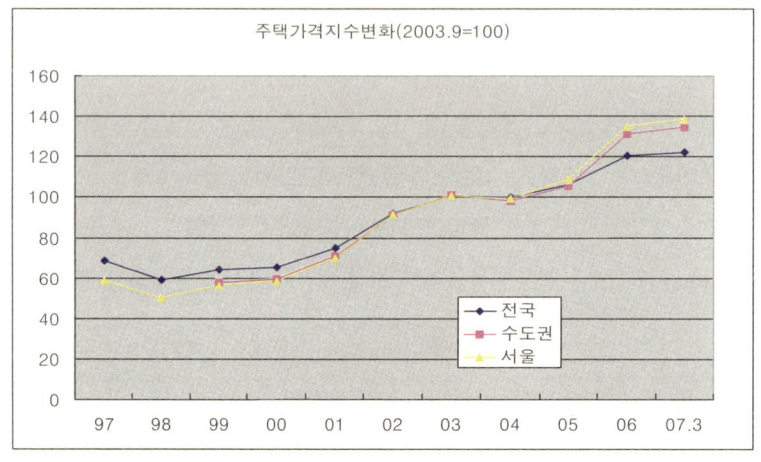

[주택가격지수 변화 (1997년~2007년) 자료 : 국민은행]

장기에 걸친 주택가격지수변화를 볼 때에 2003.9.을 100으로 산정(2003.9=100)하고 변화를 살펴보면, 2003.9.대비 2007.3.에는 약 20%에서 40%정도의 가격상승이 있었습니다(지수가 120~140이 됨). 그리고 2003.9.대비 1997년~2001년을 보면 지수가 60~80 사이인 것을 알 수 있습니다.

위 그래프를 보면 전국 주택가격지수가 가장 낮은 시점인 1998년 지수 60에 비하여 2007년에는 지수가 120정도가 되어 이 **10년 사이에 부동산 가격이 2배정도 상승**하였음을 알 수 있습니다. 전국보다는 **서울 및 수도권**이 '떨어질 때 더 많이 떨어지고 오를 때에는 더 많이 오른 것'으로 분석되어 있습니다.

10년 사이에 부동산가격이 2배가 상승하면 물가상승률에 비하여 많이 오른 것일까요 적게 오른 것일까요? 매년 소비자물가지수 상승률이 3~5%라고 한다면 많이 오른 것이라고 말할 수가 있겠지만 제가 느낄 때에 약 20년 사이에 대학등록금, 커피 값, 교통비, 밥 값 등을 보면 10배 이상 오르는 항목도 있기 때문에 위 부동산 가격상승이 결코 많이 오른 것이라 볼 수는 없습니다.

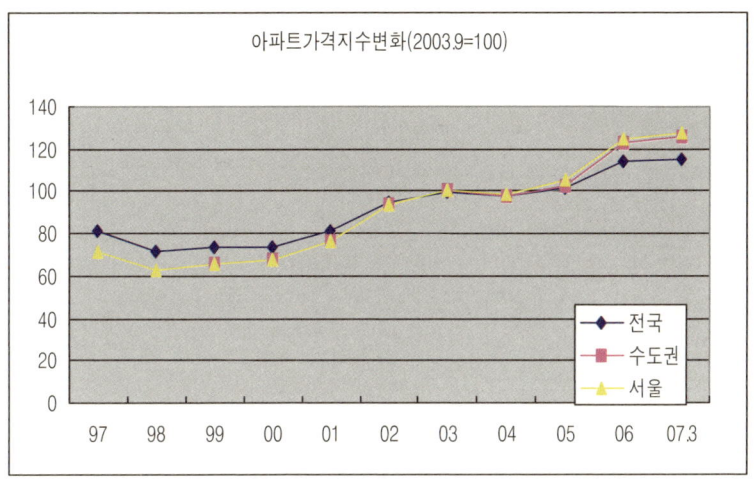

[아파트가격지수 변화 (1997년~2007년) 자료 : 국민은행]

주택 중 아파트가격지수 변화를 보아도 위 주택가격지수와 비슷한 결과를 나타내고 있습니다.

이에 비하여 서울 강남지역 주요 재건축대상아파트의 가격 변화를 살펴보면 2003년 1월 대비 2007년 5월 현재 100% 이상의 상승률(가격지수로는 200이 됨)을 보이고 있습니다.

단지명	2003.1	2003.12	2004.12	2005.12	2006.12	2007.5	2003.1 대비
개포시영(19평)	51,500	65,500	61,250	80,000	110,000	105,000	203.9%
개포주공2(25평)	69,500	89,000	77,500	118,500	169,000	167,500	241.0%
대치은마(34평)	56,000	71,500	68,500	88,000	131,000	115,500	206.3%
압구정현대1(54평)	89,000	105,000	111,000	180,000	232,500	232,500	261.2%
반포주공1(42평)	98,000	116,000	114,500	152,000	200,000	198,500	202.6%

[서울 강남지역 주요 재건축대상아파트 가격변화 (단위: 만원)]

그런데 중요한 점은 위 아파트들은 2007.5.당시에 재건축추진위원회도 설립되지 않은 상태이고, 단지 재건축을 할 것이라는 기대감만 있을 당시라는 점입니다.

위에서 보시는 바와 같이 재건축·재개발을 하는 경우와 하지 않는 경우의 부동산가격상승률이 차이가 많이 나기 때문에 부동산투자의 대상으로 재건축·재개발대상 사업단지의 부동산이 투자목적상 좋은 대상일 수가 있는 것입니다.

고 여사: 조합장님, 2003년부터 2007년까지는 진짜로 재건축·재개발단지의 주택가격이 많이 올랐네요? 그러면 향후에도 위와 같이 가격이 계속 상승할 수가 있을까요?

최 조합장: 네, 위 시세분석은 부동산가격이 전반적으로 상승할 때를 기준으로 한 것입니다. 하지만 고 여사님께서 질문하신 것처럼 부동산가격은 항상 상승만 하는 것이 아니라 하락을 하는 경우도 있습니다. **따라서 향후 상승할지 하락할지를 알 수 없지만, 재건축·재개발단지의 주택이 재건축·재개발을 하지 않는 단지의 주택보다는 가격이 상승할 가능성이 더 있다고 판단하시면 될 것입니다.** 왜냐하면 재건축·재개발단지의 주택은 사업을 함으로 인하여 개발이익이 발생할 가능성이 크기 때문에, 그 향후 개발이익으로 인하여 사업을 하지 않는 단지보다 가격상승률이 더 클 가능성은 충분하기 때문입니다.

그리고 서울특별시는 물론 특히 수도권의 경우에는 예전의 분당, 일산, 판교, 동탄 등과 같이 새로운 택지를 개발하여 주택을 공급하는 것은 한계가 있고, 오로지 기존의 주택을 허물고 새로이 주택을 공급하는 재건축·재개발사업을 통하여서만 신규주택공급이 가능하기 때문에 재건축·재개발 사업을 한시라도 쉬어서는 안 됩니다.

재건축·재개발사업이 2010년을 전후하여 많이 주춤거렸는데, 이런 현상이 그 이후에도 악영향을 미쳐 신규주택공급이 부족할 것이기 때문에 **향후 전세가격과 주택가격은 어쩔 수 없이 상승할 수밖에 없으며, 그러면 결국에는 저소득 서민층의 주택난은 더욱 심각해 질 수밖에 없을 것입니다.** 따라서 재건축·재개발단지의 주택을 사서 재테크를 하는 것은 향후에도 여전히 유망한 투자라고 할 것입니다.

3. 2018.8. 기준 재건축대상아파트와 비대상아파트의 가격상승추이 ▶ 12:15

위의 자료들은 10년 전의 자료여서 '김 변호사님~ 10년이면 강산도 변한다고 하는데 예전 자료로 그렇게 말씀하시면 않되지요~'라고 하실 분들이 계실 것 같아서, 2018.8. 당시를 기준으로 하여 2002년부터 2018년 사이의 서울 강남 아파트 중 재건축대상 아파트와 재건축대상이 아닌 아파트와의 가격 추이를 비교해 보도록 하겠습니다.

①아파트 가격을 비교하는 이유는 단독주택은 객관적인 공시가격이 나오지 않기 때문에 비교가 어렵기 때문이고, ② 서울 강남의 아파트를 비교한 이유는 재건축대상아파트와 비재건축대상아파트가 같은 동네에 붙어 있기 때문에 비교하기가 쉽기 때문입니다.

1	평형 : 단지내 중간, 가격 : 하한가 기준	입주일	2002.8	2003.8	2004.8	2005.8	2006.8	2007.8	2008.8	2009.8	2010.8	2011.8	2012.8	2013.8	2014.8	2015.8	2016.8	2017.8	2018.8	최근1년상승률
2	시세자료 : 부동산뱅크 자료 사용		기준가(만원)																	
3	개포동-개포주공1단지(45㎡),2,500세대	1982.11	43,000	58,000	54,000	67,000	75,000	97,000	92,000	98,000	90,000	85,000	70,000	77,000	83,250	89,000	109,500	111,000	146,500	
4	개포동-경남 (146㎡), 816세대	1984.3	53,000	61,000	70,000	70,000	95,000	105,000	100,000	92,000	90,000	90,000	90,000	85,000	82,500	92,000	107,500	118,750	175,000	
5	삼성동-상아2차(95㎡), 478세대	1981.12.	44,000	46,000	53,000	52,000	59,000	82,500	82,500	78,000	85,000	85,000	84,500	84,500	83,500	92,000	99,000	127,500	169,500	
6	삼성동-홍실(115㎡), 384 가구	1981.11	55,000	60,000	65,000	80,000	88,000	105,000	105,000	105,000	105,000	105,000	105,000	94,000	95,000	112,500	122,500	145,000	170,000	
7	대치동-대치삼성1차(133㎡),960 가구	2000.7.	56,000	65,000	74,000	78,000	98,000	101,000	90,000	88,000	91,000	95,000	95,000	83,000	82,000	90,000	98,000	105,000	154,000	
8	대치동-대치현대(111㎡), 630 가구	1999.6	56,000	60,000	60,000	62,000	80,000	85,000	85,000	79,000	86,000	89,000	89,000	89,000	80,000	83,000	88,000	105,000	135,000	
9	삼성동-삼성파크(139㎡), 114가구	2001.12	60,000	65,000	63,000	65,000	65,000	72,000	72,000	75,000	75,000	76,300	78,000	78,000	70,500	76,000	80,000	90,000	137,500	
10	도곡동-도곡삼성래미안(112㎡), 732가구	2001.12	59,000	68,000	78,000	82,000	100,000	100,000	98,000	98,000	96,000	93,000	90,000	90,000	90,000	93,000	105,000	105,000	160,000	
11	평형 : 단지내 중간, 가격 : 하한가 기준	입주일	2002.8	2003.8	2004.8	2005.8	2006.8	2007.8	2008.8	2009.8	2010.8	2011.8	2012.8	2013.8	2014.8	2015.8	2016.8	2017.8	2018.8	최근1년상승률
12	개포동-개포주공1단지(35㎡)	1982.11	100%	135%	126%	156%	174%	226%	214%	228%	209%	198%	163%	179%	194%	207%	255%	258%	341%	32%
13	개포동-경남1차 (104㎡)	1984.3	100%	115%	132%	132%	179%	198%	189%	174%	170%	170%	170%	160%	156%	174%	203%	224%	330%	47%
14	삼성동-상아2차(95㎡), 478세대	1981.12.	100%	105%	120%	118%	134%	188%	188%	177%	193%	193%	192%	192%	190%	209%	225%	290%	385%	33%
15	삼성동-홍실(115㎡), 384 가구	1981.11	100%	109%	118%	145%	160%	191%	191%	191%	191%	191%	191%	171%	173%	205%	223%	264%	309%	17%
16	대치동-대치삼성1차(133㎡),960 가구	2000.7.	100%	116%	132%	139%	175%	180%	161%	157%	163%	170%	170%	148%	146%	161%	175%	188%	275%	47%
17	대치동-대치현대(111㎡), 630 가구	1999.6	100%	107%	107%	111%	143%	152%	152%	141%	154%	159%	159%	159%	143%	148%	157%	188%	241%	29%
18	삼성동-삼성롯데(104㎡), 339가구	2000.4	100%	108%	105%	108%	108%	120%	125%	125%	127%	130%	130%	118%	127%	143%	150%	229%		53%
19	도곡동-도곡삼성래미안(112㎡), 732가구	2001.12.	100%	115%	132%	139%	169%	169%	166%	166%	163%	158%	153%	153%	153%	158%	178%	178%	271%	52%
20	평형 : 단지내 중간, 가격 : 하한가 기준	입주일	2002.8	2003.8	2004.8	2005.8	2006.8	2007.8	2008.8	2009.8	2010.8	2011.8	2012.8	2013.8	2014.8	2015.8	2016.8	2017.8	2018.8	최근1년상승률
21	국민은행 서울 아파트 매매가격지수		58.5	66.8	70.7	74.5	82.5	95.9	102.9	100.6	101.3	100.6	97.9	93.9	94.0	97.3	101.7	106.6	115.9	
22			100%	114%	121%	127%	141%	164%	176%	172%	173%	172%	167%	161%	161%	166%	174%	182%	198%	

[서울 강남지역의 재건축대상아파트와 비재건축대상아파트 가격 추이]

위 표가 서울 강남지역의 재건축대상아파트와 비재건축대상아파트 가격을 2002년부터 2018년까지 매년 8월을 기준으로 비교한 표입니다.

17년간을 기재하다보니 표가 너무 길어져서 글자가 잘 보이지 않으니, 이를 4년 단위로 계산한 표는 아래와 같습니다.

1	평형 : 단지내 중간, 가격 : 하한가 기준	입주일	2002.8	2006.8	2010.8	2012.8	2014.8	2016.8	2017.8	2018.8	최근1년상승률
2	시세자료 : 부동산뱅크 자료 사용		기준가(만원)								
3	개포동-개포주공1단지(45㎡),2,500세대	1982.11	43,000	75,000	90,000	70,000	83,250	109,500	111,000	146,500	
4	개포동-경남 (146㎡), 816세대	1984.3	53,000	95,000	90,000	90,000	82,500	107,500	118,750	175,000	
5	삼성동-상아2차(95㎡), 478세대	1981.12.	44,000	59,000	85,000	84,500	83,500	99,000	127,500	169,500	
6	삼성동-홍실(115㎡), 384 가구	1981.11	55,000	88,000	105,000	105,000	95,000	122,500	145,000	170,000	
7	대치동-대치삼성1차(133㎡),960 가구	2000.7.	56,000	98,000	91,000	95,000	82,000	98,000	105,000	154,000	
8	대치동-대치현대(111㎡), 630 가구	1999.6	56,000	80,000	86,000	89,000	80,000	88,000	105,000	135,000	
9	삼성동-삼성파크(139㎡), 114가구	2001.12	60,000	65,000	75,000	78,000	70,500	86,000	90,000	137,500	
10	도곡동-도곡삼성래미안(112㎡), 732가구	2001.12.	59,000	100,000	96,000	90,000	90,000	105,000	105,000	160,000	
11	평형 : 단지내 중간, 가격 : 하한가 기준	입주일	2002.8	2006.8	2010.8	2012.8	2014.8	2016.8	2017.8	2018.8	최근1년상승률
12	개포동-개포주공1단지(35㎡)	1982.11	100%	174%	209%	163%	194%	255%	258%	341%	32%
13	개포동-경남1차 (104㎡)	1984.3	100%	179%	170%	170%	156%	203%	224%	330%	47%
14	삼성동-상아2차(95㎡), 478세대	1981.12.	100%	134%	193%	192%	190%	225%	290%	385%	33%
15	삼성동-홍실(115㎡), 384 가구	1981.11	100%	160%	191%	191%	173%	223%	264%	309%	17%
16	대치동-대치삼성1차(133㎡),960 가구	2000.7.	100%	175%	163%	170%	146%	175%	188%	275%	47%
17	대치동-대치현대(111㎡), 630 가구	1999.6	100%	143%	154%	159%	143%	157%	188%	241%	29%
18	삼성동-삼성롯데(104㎡), 339가구	2000.4	100%	108%	125%	130%	118%	143%	150%	229%	53%
19	도곡동-도곡삼성래미안(112㎡), 732가구	2001.12.	100%	169%	163%	153%	153%	178%	178%	271%	52%
20	평형 : 단지내 중간, 가격 : 하한가 기준	입주일	2002.8	2006.8	2010.8	2012.8	2014.8	2016.8	2017.8	2018.8	최근1년상승률
21	국민은행 서울 아파트 매매가격지수		58.5	82.5	101.3	97.9	94.0	101.7	106.6	115.9	
22			100%	141%	173%	167%	161%	174%	182%	198%	

위 표중 바탕색이 파란색으로 되어 있는 아파트들이 재건축 대상아파트이고 흰 바탕색부분이 비재건축대상 아파들입니다. 그리고 아래

부분이 %로 표기한 부분입니다.

2017.8.~2018.8 까지는 정부의 부동산대책이 잘못되어 비정상적으로 가격이 상승한 기간이므로 이를 감안하여 2018.8.까지 만의 가격상승을 비교해 보면, 2002.8.을 100으로 산정할 때에 2017.8.에는 재건축대상아파트의 가격상승률이 224~290%이고, 비재건축대상아파트의 가격상승률은 150~188%임을 알 수 있습니다.

따라서 재건축대상아파트의 가격 상승률이 훨씬 높다는 점을 객관적으로도 잘 알 수 있습니다.

4. 결 론

이상에서 살펴본 바와 같이 재건축을 한다고 하면 재건축을 하지 않는 단지보다 더 가격이 상승되는 것은 확실하다고 할 것입니다.

이러한 현상은 재건축뿐만 아니라 재개발도 동일하게 나타나고 있습니다.

그래서 재건축·재개발 사업이 부동산재테크의 한 방법으로 애용되고 있는 것도 이러한 이유 때문이라고 할 수 있습니다.

☞ 홈페이지(www.r119.co.kr)의 동영상 강좌를 들으시면
더 쉽고 더 자세하게 이해하실 수 있습니다.

26. 정비사업을 해야 하는 이유

> 재건축·재개발을 왜 하는 것일까요? 안하면 안되는가요?

Key Point

고 여사가 지금까지 알기로는, 재건축·재개발은 낡은 주택 등을 철거하고 신축을 하는 사업으로 알고 있다.

그런데 가끔씩 보면 아직 철거할 정도의 건물이 아닌데도 서둘러서 재건축·재개발을 한다고 발표를 하거나, 신축한지 얼마 안 된 건축물까지 포함하여 철거를 하고 있다. 과연 재건축·재개발은 왜 하는 것일까? 그리고 꼭 해야만 하는 것인가? 자원낭비가 될 소지가 있는 것은 아닐까?

법률사무소 국토
김조영 대표변호사의 **동영상 강의**

1. 정비사업에 대한 반대파도 많다

재건축·재개발등 정비사업을 하면 돈을 벌 수 있다고 하니까 대부분의 사람들이 모두 재건축·재개발에 찬성할 것 같지만, 재건축·재개발을 함으로써 피해를 입는 사람들도 있기 때문에 재건축·재개발에 대한 반대파도 많이 있습니다.

2. 신규 주택공급에 가장 중요한 역할을 한다. ▶ 2:10

주택정책과 관련하여 재건축·재개발을 하여야만 하는 이유를 살펴보도록 하겠습니다.

가. 주택을 공급하는 여러 가지 방법

우리가 살고 있는 주택을 새로 신축하여 공급하는 방법은 다음과 같은 4가지가 있습니다.

그 첫째가 정부가 정책적으로 택지개발사업을 하여 신규주택을 대규모로 공급하는 방법입니다. 분당, 일산, 동탄, 판교 신도시 등이 바로 이러한 대규모 택지개발사업의 하나이지요.

둘째가 재건축·재개발사업 등 정비사업을 통한 신규주택의 공급입니다. 셋째가 건설회사 들이나 부동산개발회사(디벨로퍼)들이 회사의 수익을 위하여 독자적으로 주택개발사업을 하여 신규주택을 공급하는 방법입니다.

그리고 마지막으로 넷째가 개인 주택사업자들이나 소규모회사들이 연립주택, 다가구·다세대 주택, 도시형 생활주택 등을 소규모로 건립하여 신규주택을 공급하는 경우입니다.

나. 위 각 주택공급방법의 장단점

인구가 증가하면서 주택수요가 늘어나고 따라서 위와 같은 4가지 방법에 의한 주택공급이 원활하게 이루어져야만 주택가격과 전세가격이 안정화되어 삶의 가장 중요한 요소인 주거문제가 해결이 될 수 있습니다.

그런데 위 4가지 방법은 각각 장단점을 가지고 있습니다.

첫째 방법인 **대규모 택지개발사업**은, 실시만 된다면 주택공급수가 대규모로 공급이 되어 주택공급에 획기적으로 기여합니다. 분당신도시로 인하여 아파트 88,700가구, 연립주택 6,400가구, 단독주택 3,200가구 등 총 97,500가구가 신규공급 되었고, 또 일산 신도시는 총 63,130가구, 판교 신도시는 약 30,000가구가 신규공급이 되었습니다.

신도시	주택신규공급 수
분당	(97,500)가구
일산	(63,130)가구
판교	(30,000)가구

하지만 이러한 대규모 택지개발사업은 그 면적이 넓고 기존에 주택이 없는 전답, 임야 등을 대규모로 개발하여야하기 때문에 그 입지를 선정하는 것이 쉽지 않으며, 사람들의 생활권인 주요도심에서 거리가 먼 점이 단점입니다.

둘째 방법인 **재건축·재개발사업**은, 도시 내의 주택들이 노후화되면 언젠가는 낡은 주택을 허물고 신축하여야 하는데, 이 경우 해당 주택들을 허물고 신축하는 비용을 소유자들이 전액 부담하여야 합니다.

하지만 주택소유자들은 신축비용을 감당할 수가 없어 신축을 할 엄두를 내지 못하고 슬럼화 되어 갈 수 밖에 없는데, 이러한 상황을 주택재건축·재개발사업이라는 사업방식으로 해결을 하면 주택소유자들이 적은 비용으로 신규주택을 공급받을 수가 있기 때문에, 도시 내의 노후화된 주택을 허물고 신규주택을 공급하면서 그 공급숫자도 이전에 비하여 증가하여, 주거환경개선효과는 물론 신규주택공급을 통한 주택가격안정을 꾀할 수 있다는 장점이 있습니다.

그러나 주택재건축·재개발사업을 통하여 공급되는 신규주택의 **분양가격**이 **상승**함에 따라 주변 주택가격까지 함께 상승시키는 단점이 있고, 사업방식이 기존 주택을 철거하고 신축공사를 하는 것이 대부분이어서 사업구역내의 거주자 특히 세입자나 저소득층이 점점 도심 외곽으로 이사를 가야하는 부작용과 또 사업과정에서 각종 민원과 분쟁이 끊임없이 계속되는 단점이 있습니다.

셋째 방법인 건설회사나 부동산개발회사(디벨로퍼)등이 행하는 **주택개발사업**은, 성공할 경우에는 많은 이익이 창출되나 실패할 경우에는 큰 손해가 발생하기 때문에 주택가격이 상승하는 시기에는 주택공급을 증가시켜 줄 수 있는 장점이 있으나, 주택가격이 하락되거나 정체되는 시기에는 거의 사업을 하지 않아 주택공급에 차질을 빚을 수 있는 단점이 있습니다. 즉, 안정적인 주택공급이 될 수는 절대 없다는 것이지요.

넷째 방법인 **개인 주택사업자**들이 소규모로 연립주택, 다가구, 다세대 주택, 도시형생활주택을 건립하여 신규주택을 공급하는 경우에는 도시 내 골목골목마다 주택을 신규로 공급하는 장점이 있으나, 이 또한 주택가격이 하락하거나 정체되는 시기에는 거의 사업을 하지 않아 주택공급에 차질을 빚을 수 있다는 단점이 있습니다.

다. 주택공급의 가장 중요한 방법은 재건축·재개발사업입니다.

위에서 본 바와 같이 신규주택을 공급하는 방법이 여러 가지가 있으나, 택지개발사업은 그 시행이 간혹 있고, 건설회사나 부동산개발회사 또는 개인사업자들의 신규주택건설은 부동산가격이 상승하지 않는 시기에는 그 규모가 대폭적으로 축소되기 때문에 장기간 안정적인 주택공급방안이 되지 못한다고 할 것입니다.

하지만 재건축·재개발사업등 정비사업에 의한 주택공급은 해당 소유자들이나 시공사들이 사업을 함으로써 이익만 발생한다면 부동산가격상승기는 물론 부동산가격하락기에도 사업에 의한 신규주택공급이 가능하고, 그것도 기존 주택단지나 도시 내에 신규주택을 공급할 수 있다는 큰 장점이 있어 장기적이고 안정적인 주택공급방법이 충분히 될 수가 있는 것입니다.

그런데 위에서 제가 말씀드린 '부동산경기 하락기에도 소유자들에게 이익이 발생한다?'라는 말이 실현 불가능한 이상한 말일까요?

라. 부동산가격 하락기에도 재건축·재개발사업은 활성화될 수가 있습니다.

위에서 예시한 주택 공급방법 중 정부가 하는 택지개발사업을 제외한 나머지 3가지는 부동산가격상승시기에는 당연히 활성화될 수가 있지만, 부동산가격이 상승하면 저소득층이나 젊은 부부등 주택을 소유하지 못한 사람들은 오히려 역으로 손해을 보게 됩니다. 그리고 세입자의 경우에는 전세가격상승으로 삶의 질이 극도로 열악해 지게 되기도 하구요.

따라서 만약에 부동산가격 하락기나 부동산가격 정체기에도 재건축·재개발을 활성화시킬 수 있는 방법이 있다면 도시 내의 신규주택공급의 증가로 인하여 장기적인 주택가격안정을 꾀할 수가 있을 것입니다.

 많은 사람들은 '그런 방법이 어디에 있느냐?'고 반문을 하겠지만 본 변호사의 재건축·재개발사업, 그리고 도시계획 박사과정수료, 서울특별시 도시계획위원 역임의 경험으로는 분명히 그렇게 할 수 있는 방법이 있습니다. 그 방법을 찾기 위하여 우리 함께 계속하여 공부해 보기로 하지요. 해결방안은 의외로 가까운 곳인 용적률 증가에 있습니다.

3. 재건축·재개발을 하도록 유도하여야 하는 이유

▶ 11:54

 그리고 재건축·재개발을 하여야만 하는 이유는 또 있습니다.

가. 신규주택을 건설할 땅이 도시 내에는 더 이상 없다

 주택공급수를 늘려야 하는데, 서울특별시나 수도권의 대도시, 지방 대도시에는 기존 건물이 없는 상태의 나대지가 거의 없어, 신규주택공급은 기존 건축물을 허물고 그 땅 위에 신축공사를 하는 방식인 정비사업에 의존할 수밖에 없는 것입니다.

 따라서 주택공급을 증가시키기 위해서는 도시 주변 지역에 새로운 택지를 개발하여 주택을 건축하거나(분당, 일산, 동탄, 판교등 택지개발사업), 기존 도시 내에 있는 낡은 주택을 허물고 주택을 신축할 수밖에 없는데, 이 중에 기존도시 내의 낡은 주택을 허물고 새로운 주택을 건축하는 방식이 바로 재건축·재개발등 정비사업인 것입니다.

나. 건물이 너무 낡아 살기 힘들고, 노후화된 주택 등 건축물을 그대로 두면 안전사고, 도시미관 저해, 슬럼화 현상을 초래하게 된다.

 건물이 건축된 지 20년이 지나게 되면 ① 녹물 발생, 난방효과하락, ② 낡은 전기 배선에 의한 화재 위험 증가, ③ 붕괴 위험 증가, ④ 슬럼화(slum) 현상이 초래됩니다.

주택법 시행규칙에 규정된 장기수선계획의 수립기준 년도를 보면 아래와 같습니다.

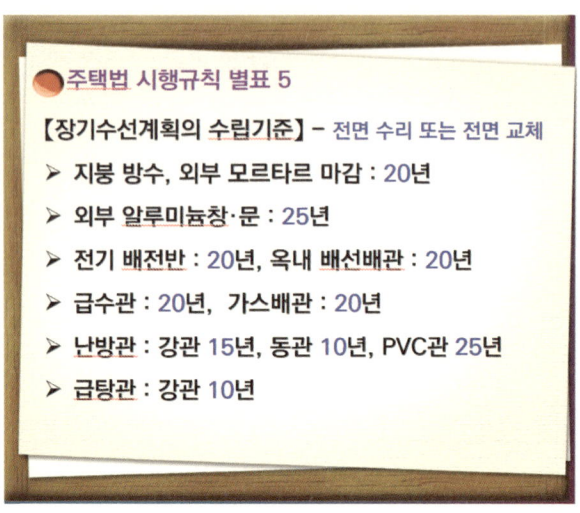

위 기간이 지나는 등 기존 건축물이 건축된 지 오래되어 노후화되면 **언젠가는 기존 건축물을 허물고 새로 지을 수밖에 없습니다.** 왜냐하면 낡은 주택을 그대로 두면 완전히 폐허직전까지 갈 것이고 따라서 언젠가는 허물어져 버릴 것이기 때문입니다.

4. 소유자들의 이익을 축소하는 정책을 해서는 안됩니다.

우리나라의 경우에는 이상하게 재건축·재개발 사업을 하여 소유자들이 이익을 얻게 되어 그 이익이 마치 불로소득인 것처럼 생각하고 이를 환수하여야 한다는 견해가 많이 있습니다.

그러나 만약에 소유자들이 손해를 본다면 ?

→ 절대로 정비사업을 안 할 것

→ 도시 내 신규주택공급이 크게 감소

→ 주택공급수가 줄어들어 오히려 주택가격을 상승시킬 것이기 때문에 소유자들의 이익보장은 어느 정도 해 주어야만 합니다.

5. 개발이익을 적정하게 보장하면 주택정책에 큰 도움이 된다.

위에서 이미 살펴보았겠지만, 기존 주택소유자들의 개발이익을 적절하게 보장하여 재건축·재개발등 정비사업이 활성화되도록 하는 것이 곧 서민들을 위한 주택정책의 기본이다.'라는 점을 명심하여야 할 것입니다.

6. 부동산경기 상승기든 하락기든 모두 재건축·재개발사업 진행이 가능하다.

부동산경기 상승기에는 투자수익 목적으로 재건축·재개발을 하려는 수요가 증가되어 재건축·재개발사업 등 정비사업이 원활하게 될 것입니다.

반면에 부동산경기 하락기에는 수요가 감소하고 분양신청률이 감소될 가능성이 높은데, 이때에 일반인들에게 분양되는 일반분양가를 주변 시세보다 적은 금액으로 분양할 수 있도록 만 한다면 부동산경기 하락기에도 분양이 될 수 있습니다.

그런데 일반분양가를 낮추면 조합원들의 일반분양수입금이 적어지게 되는데, 이를 용적률 인센티브를 더 주어 신축세대를 증가시켜주고 대신 일반분양가를 낮추면 조합원들에게는 적정한 분양수입이 보장되고, 일반분양받는 사람들은 분양가가 싸기 때문에 분양신청률이 증가될 것이며, 정부 주택정책상으로는 분양세대가 증가되어 주택공급에 도움이 되어 모두에게 이익이 될 수 있을 것입니다.

즉, 해답은 용적률제한을 완화하고, 이에 따른 층고제한도 완화하는 것만이 모든 국민들에게 유익한 주택정책이 될 것입니다.

7. 결 론

저는 우리나라 국민들의 주택행복지수를 높이기 위해서는 다음과 같은 대 전제하에 정비사업이 진행되어야 한다고 생각합니다.

① **재건축/재개발등 정비사업은 반드시 중단됨이 없이 지속적으로 진행**되어야 하며, 정비사업을 통한 도시 내에서의 주택공급 숫자는 그 비중이 매우 높기 때문에 정비사업은 주택경기가 좋던 나쁘던 계속 활성화 되도록 제도화 되어야 한다고 봅니다. 경기가 안 좋다고 하여 정비사업진행을 중단하게 되면 중단된 만큼 그 이후의 주택가격상승은 막을 수가 없으며, 이는 곧 서민들에게 큰 고통으로 돌아갈 수밖에 없습니다. 경기가 안 좋을 때에는 용적률 완화, 각종 부담금 축소 등을 통하여 소유자들이 사업을 진행할 수 있도록 더 지원을 하여야만 할 것입니다. 이것은 소유자들을 위한 것이 아니라 바로 국민을 위한 것임을 유념하여야 할 것입니다.

② '정비사업을 하면 소유자들이 과도하게 이익을 누리기 때문에 이를 적극적으로 막아야 한다.'는 인식은 크게 잘못된 것입니다. 정비사업을 지속적으로 시행하기 위해서는 토지등소유자의 개발이익이 일정하게 발생하도록 반드시 보장하여야 하며, **소유자들의 개발이익을 보장한다고 하여 주택가격이 반드시 상승하는 것은 아닙니다.** 주택가격상승과 소유자들의 개발이익 보장은 별개의 차원에서 검토되어야 할 것입니다.

③ **용적률 증가, 층고제한 완화** 등을 하여야만 정비사업이 진행가능

하며, 이에 따른 개발이익의 상당부분을 세입자, 저소득자등을 위한 소형주택을 공급하도록 하여 많은 수의 주택이 신규공급 되고, 이로 인하여 주택가격 및 전·월세가격이 안정되도록 하여야 합니다.

따라서 우리나라 주택가격의 안정과 서민들의 주거행복지수를 높이기 위해서는 반드시 정비사업을 활성화시키는 것이 필요하다고 하겠습니다. 만약에 불경기 때에 용적률완화, 각종 부담금 감면, 세제지원 등을 통하여 사업비용이 줄어들도록 하면, 신축아파트의 평당 분양가를 현 시세의 70~80%의 가격으로 분양을 하면서도 조합원들의 개발이익은 보장되어 사업은 활성화될 것이고, 이로 인한 주택공급의 증가(특히 소형주택의 증가) 및 저가 주택을 공급받는 서민들의 주거환경이 크게 개선될 수도 있는데도 불구하고, 이러한 정책은 현재로서 나오지 않고 있는 것입니다.

제가 22년간 몸담았던 재건축·재개발사업의 경험, 건설교통부/국토해양부 고문변호사를 6년간, 경기도 고문변호사 9년간을 하면서 각종 정책회의 참석 및 의견 제시, 대학원 도시계획 박사과정을 수료하면서 배운 지식, 그리고 2년간의 서울특별시 도시계획위원, 시장재정비위원 등을 통한 도시계획 경험 등을 고려할 때에, **용적률증가**와 **층고제한 완화** 만으로도 얼마든지 위와 같은 문제점을 해결할 수 있고, 이 방법만이 주택공급안정, 서민들의 주거환경개선, 국가적인 발전을 이룰 수 있다고 판단됩니다.

☞ 홈페이지(www.r119.co.kr)의 동영상 강좌를 들으시면
더 쉽고 더 자세하게 이해하실 수 있습니다.

27. 재건축·재개발사업의 긍정적 효과

재건축·재개발을 하면 어떤 좋은 효과가 발생하는 것인가요?

Key Point

고 여사는 언론에서 계속 떠들고 있는 정비사업 일몰제, 정비구역해제, 추진위원회, 조합해산등의 기사를 보면서 몹시 혼란스러웠다. 그리고 구역 해제 및 추진위, 조합해산등을 하자고 주장하는 사람들, 그러면 절대 안된다고 하며 관할관청 앞에서 시위하는 사람들.
도대체 누구 말이 맞는 것인가? 재건축·재개발을 한다고 다 좋은 일만 생기면 누가 재건축·재개발을 하지 않으려고 하겠는가? 재건축·재개발을 하면 어떤 점이 좋고 어떤 점이 나쁜 것일까?

법률사무소 국토
김조영 대표변호사의 **동영상 강의**

♣ 정비사업의 긍정적인 효과

 재건축·재개발 등 흔히 말하는 정비사업을 왜 하는 것일까요? 일부 사람들은 살고 있던 주택이 낡아졌기 때문에 새로운 집을 지어 좋은 환경에서 살기 위해서 재건축·재개발을 한다고 말을 하는 경우도 있으나, 솔직히 말하면 소유자들의 입장에서의 궁극적인 목적은 재건축·재개발을 하면 **재산증식이 되고 이익이 발생하기 때문**입니다. 만약에 손해를 본다면 누가 그 사업을 하겠습니까? 손해를 보면서 사업을 할 사람은 아무도 없을 것이기 때문입니다.

자, 그러면 이러한 재건축·재개발사업을 함으로서 발생하는 긍정적인 효과와 부정적인 효과를 살펴보는데 먼저 긍정적인 효과를 검토해 보기로 하겠습니다.

재건축·재개발을 하면 아래와 같은 긍정적인 효과가 발생합니다.

1. 주거환경개선 효과

첫째, 기존의 낡은 주거환경을 개선하여 주는 효과가 있습니다.

건축된 지 오래되어 낡고 허물어지기 일보직전의 주택, 비만 오면 천장에서 빗물이 새는 주택, 수도관에서는 녹물이 나오고, 화장실은 좁고, 주차장은 좁아서 2중, 3중 주차를 하여야만 하는 너무나 힘든 주택에서, 좋은 인테리어가 되어 있고 충분한 지하주차장, 그리고 좋은 조경시설과 쾌적한 주민공동시설이 되어 있는 새 주택으로 바꿀 수가 있는 것입니다.

2. 신규주택 공급에 기여

둘째, 기존의 주택을 허물고 **기존의 주택 수 보다 더 많은 주택을 신축함으로서 주택공급을 증가**시킬 수가 있습니다. 주택공급이 증가하기 때문에 주택가격을 안정시키는 효과가 발생하고, **아울러 전세가격도 안정화** 될 수가 있습니다. 그리고 도시 외곽이 아니라 도시 내에 신규주택공급을 증가시킴으로서 시민들의 출퇴근시간, 교통비 지출등도 상대적으로 감소될 수 있는 이점이 발생할 수가 있습니다.

서울특별시의 경우 2000년에서 2005년까지 총 348,770호의 주택이 증가되었는데, 이 중 재개발, 재건축으로 증가된 숫자가 총 253,536호여서 총 주택 증가수의 72.69%가 재건축, 재개발사업으로 공급되었으며, 2005년부터 2010년까지 5년 동안에도 총 55.90%가 재건축, 재개발에 의하여 공급되었습니다.

예전의 자료를 인용하는 이유는 이 이후의 데이터가 공개되지 않고 있기 때문에 부득히 예전의 자료를 인용함을 양해하여 주시기 바랍니다.

■ 서울특별시 주택공급 비율 (단위: 호)

	2000년	2001년 ~ 2005년	2006년 ~ 2010년
서울 주택수	1,973,179	2,321,949	2,525,210
증가분		348,770	203,261
주택재개발(순증가)		67,978	15,832
주택재건축(순증가)		185,558	97,798
재개발+재건축 계		253,536	113,630
계 / 증가분		72.69%	55.90%

〈자료: 서울특별시〉

3. 소형주택, 임대주택 공급

셋째, **서민형 소형주택, 임대주택 공급**에 기여하게 됩니다.

서울특별시에서 정비사업을 통해 공급된 소형주택의 경우 1985년 100호를 시작으로 2005년도에는 26,913호가 공급되어 동년도 서울특별시 소형주택 공급량의 30%를 차지하였습니다. 서민을 위한 소형주택 공급에 있어서 크게 기여하고 있는 것으로 판단됩니다.

■ 연도별 서울시 서민주택 공급추이 (62㎡ 이하)

	1980	1985	1990	1995	2000	2005
서울시	19,192	-	123,316	135,723	102,139	80,693
정비사업	-	100	2,414	8,920	10,433	26,913

〈자료: 서울특별시〉

그리고 1989년부터 공급된 서울특별시 임대주택은 2008년 현재 총 89,417호이며, 39㎡미만의 주택이 주로 공급되었습니다. 사업별로는 재개발사업을 통해 공급된 주택이 47,033호로 가장 높게 나타났으며, 공공임대사업을 통해 공급된 주택의 경우 39㎡미만에서 59㎡까지 다양하게 공급된 반면 재개발사업 및 주거환경개선사업의 경우 39㎡미만을 집중적으로 공급한 곳으로 나타났습니다.

■ 서울시 연도별 임대주택 공급 추세 (1990년 ~ 2008년, 단위: 호)

	1990	1995	2000	2005	2008
기타임대	640	29,665	8,242	1,685	2,212
재개발임대		647	26,909	17,475	2,002
합 계	640	30,312	35,151	19,160	4,214

〈자료: 서울특별시〉

4. 정비기반시설의 확대에 기여

넷째, 도로, 공원, 각종 부대시설 등을 새로 설치하면서 **기반시설을 확충**할 수 있고, 삶의 질을 개선시키는 효과도 또한 있습니다. 원칙적으로 도로, 공원 등 기반시설의 설치는 국가나 관할지방자치단체에서 하여야 하는데, 예산상의 문제로 설치하지 못하고 있는 경우가 대부분입니다. 이때에 재건축·재개발을 하는 소유자들이 자신의 비용으로 설치하여 국가나 지방자치단체에 기부채납을 함으로써 대신 설치를 해 주게 되어 이러한 측면에서 세금지출이 감소될 수가 있는 것입니다.

서울특별시의 경우 뉴타운사업지구의 기반시설의 확보비율을 보면 2차 뉴타운의 경우에는 기반시설의 확보비율이 기존 21.7%에서 사업 후 28.1%로 증가하게 되고, 3차 뉴타운의 경우에는 기존 24%에서 사업 후 36.4%로 증가하게 되었습니다.

■ 뉴타운 사업지구 기반시설 기존과 계획 비교표

	기존	계획
2차 뉴타운	21.7%	28.1%
3차 뉴타운	24%	36.4%

〈자료: 서울특별시〉

따라서 재개발, 재건축사업 등의 정비사업을 하게 되면 기반시설확보도 증가하게 되는 효과를 볼 수 있습니다.

5. 소유자들의 재산 증식

다섯째, 재건축·재개발을 하게 되면 사업수익이 발생하기 때문에 **사업구역내의 소유자들은 재산증식**이 될 수가 있습니다. 그리고 사업을 하지 않는 지역의 같은 면적의 부동산보다는 더 가격이 상승하게 되어 재산가치가 상승하게 됩니다. 쉽게 말하면 돈을 벌게 된다는 것이지요.

실제로 과거 재건축·재개발 사업이 활성화 될 때에 해당 구역의 부동산 가격이 어떻게 변동되었는지를 알아보면 아래와 같습니다.

1997년 이후 장기에 걸친 전국 주택가격지수 변화를 살펴보면, 2003.9.을 지수 100으로 계산하였을 경우에 2007.3.에 140 으로 상승하였습니다. 즉, 약 4년간 40%정도의 부동산 가격 상승이 있었다는 것입니다(지수가 120~140이 됨).

그리고 2003.9.대비 1997년~2001년을 보면 지수가 60~80 사이인 것을 알 수 있습니다. 위 그래프를 보면 전국 주택가격지수가 가장 낮은 시점인 1998년 지수 60에 비하여 2007년에는 지수가 120 정도가 되어 이 **10년 사이에 부동산 가격이 2배 상승**하였음을 알 수 있습니다. 전국보다는 서울 및 수도권이 '떨어질 때 더 많이 떨어지고 오를 때에는 더 많이 오른 것'으로 분석되어 있습니다.

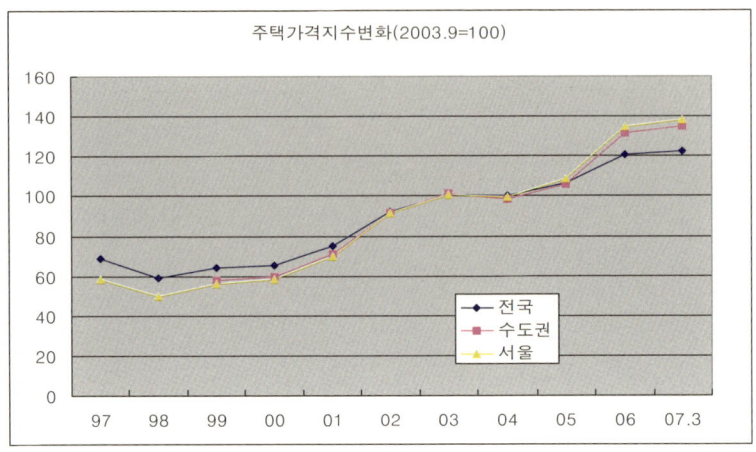

[주택가격지수 변화 (1997.~2007) 자료 : 국민은행]

이에 비하여 **서울 강남지역 주요 재건축대상아파트의 가격 변화**를 살펴보면 2003. 1월 대비 2007.5 현재 100%이상의 상승률(가격지수로는 200이 됨)을 보이며 지역에 따라서는 더 높은 상승률을 보이는 단지도 많이 있습니다.

단지명	2003.1	2003.12	2004.12	2005.12	2006.12	2007.5	2003.1 대비
개포시영(19평)	51,500	65,500	61,250	80,000	110,000	105,000	**203.9%**
개포주공2(25평)	69,500	89,000	77,500	118,500	169,000	167,500	**241.0%**
대치은마(34평)	56,000	71,500	68,500	88,000	131,000	115,500	**206.3%**
압구정현대1(54평)	89,000	105,000	111,000	180,000	232,500	232,500	**261.2%**
반포주공1(42평)	98,000	116,000	114,500	152,000	200,000	198,500	**202.6%**

[서울 강남지역 주요 재건축대상아파트 가격변화 (단위: 만원)]

6. 2018.8. 기준 재건축대상아파트와 비대상아파트의 가격상승추이

위의 자료들은 10년전의 자료여서 '김변호사님~ 10년이면 강산도 변한다고 하는데 예전 자료로 그렇게 말씀하시면 않되지요~'라고 하실 분들이 계실 것 같아서, 2018.8. 당시를 기준으로 하여 2002년부터 2018년 사이의 서울 강남 아파트중 재건축대상 아파트와 재건축대상이 아닌 아파트와의 가격 추이를 비교해 보도록 하겠습니다.

①아파트 가격을 비교하는 이유는 단독주택은 객관적인 공시가격이 나오지 않기 때문에 비교가 어렵기 때문이고, ② 서울 강남의 아파트를 비교한 이유는 재건축대상아파트와 비재건축대상아파트가 같은 동네에 붙어 있기 때문에 비교하기가 쉽기 때문입니다.

1	평형 : 단지내 중간, 가격 : 하한가 기준	입주일	2002.8	2003.8	2004.8	2005.8	2006.8	2007.8	2008.8	2009.8	2010.8	2011.8	2012.8	2013.8	2014.8	2015.8	2016.8	2017.8	2018.8	최근1년상승률
2	시세자료 : 부동산뱅크 자료 사용		기준가(만원)																	
3	개포동-개포주공1단지(45㎡),2,500세대	1982.11	43,000	58,000	54,000	67,000	75,000	97,000	92,000	98,000	90,000	85,000	70,000	77,000	83,250	89,000	109,500	111,000	146,500	
4	개포동-경남 (146㎡), 816세대	1984.3	53,000	61,000	70,000	70,000	95,000	105,000	100,000	92,000	90,000	90,000	90,000	85,000	82,500	92,000	107,500	118,750	175,000	
5	삼성동-상아2차(95㎡), 478세대	1981.12.	44,000	46,000	53,000	52,000	59,000	82,500	82,500	78,000	85,000	85,000	84,500	84,500	83,500	92,000	99,000	127,500	169,500	
6	삼성동-홍실(115㎡), 384 가구	1981.11	55,000	60,000	65,000	80,000	88,000	105,000	105,000	105,000	105,000	105,000	105,000	94,000	95,000	112,500	122,500	145,000	170,000	
7	대치동-대치삼성1차(133㎡),960 가구	2000.7.	56,000	65,000	74,000	78,000	98,000	101,000	90,000	88,000	91,000	95,000	95,000	83,000	82,000	90,000	98,000	105,000	154,000	
8	대치동-대치현대(111㎡), 630 가구	1999.6	56,000	60,000	60,000	62,000	80,000	85,000	85,000	79,000	86,000	89,000	89,000	89,000	80,000	83,000	88,000	105,000	135,000	
9	삼성동-삼성파크(139㎡), 114가구	2001.12	60,000	65,000	63,000	65,000	65,000	72,000	72,000	75,000	75,000	76,300	78,000	78,000	70,500	76,000	86,000	90,000	137,500	
10	도곡동-도곡삼성래미안(112㎡), 732가구	2001.12.	59,000	68,000	78,000	82,000	100,000	100,000	98,000	98,000	96,000	93,000	90,000	90,000	90,000	93,000	105,000	105,000	160,000	
11	평형 : 단지내 중간, 가격 : 하한가 기준	입주일	2002.8	2003.8	2004.8	2005.8	2006.8	2007.8	2008.8	2009.8	2010.8	2011.8	2012.8	2013.8	2014.8	2015.8	2016.8	2017.8	2018.8	최근1년상승률
12	개포동-개포주공1단지(35㎡)	1982.11	100%	135%	126%	156%	174%	226%	214%	228%	209%	198%	163%	179%	194%	207%	255%	258%	341%	32%
13	개포동-경남1차 (104㎡)	1984.3	100%	115%	132%	132%	179%	198%	189%	174%	170%	170%	170%	160%	156%	174%	203%	224%	330%	47%
14	삼성동-상아2차(95㎡), 478세대	1981.12.	100%	105%	120%	118%	134%	188%	188%	177%	193%	193%	192%	192%	190%	209%	225%	290%	385%	33%
15	삼성동-홍실(115㎡)), 384 가구	1981.11	100%	109%	118%	145%	160%	191%	191%	191%	191%	191%	191%	171%	173%	205%	223%	264%	309%	17%
16	대치동-대치삼성1차(133㎡),960 가구	2000.7.	100%	116%	132%	139%	175%	180%	161%	157%	163%	170%	170%	148%	146%	161%	175%	188%	275%	47%
17	대치동-대치현대(111㎡), 630 가구	1999.6	100%	107%	107%	111%	143%	152%	152%	141%	154%	159%	159%	159%	143%	148%	157%	188%	241%	29%
18	삼성동-삼성롯데(104㎡), 339가구	2000.4	100%	108%	108%	108%	108%	120%	120%	125%	127%	127%	130%	130%	118%	127%	143%	150%	229%	53%
19	도곡동-도곡삼성래미안(112㎡), 732가구	2001.12.	100%	115%	132%	139%	169%	169%	166%	166%	163%	158%	153%	153%	153%	158%	178%	178%	271%	52%
20	평형 : 단지내 중간, 가격 : 하한가 기준	입주일	2002.8	2003.8	2004.8	2005.8	2006.8	2007.8	2008.8	2009.8	2010.8	2011.8	2012.8	2013.8	2014.8	2015.8	2016.8	2017.8	2018.8	최근1년상승률
21	국민은행 서울 아파트 매매가격지수		58.5	66.8	70.7	74.5	82.5	95.9	102.9	100.6	101.3	100.6	97.9	93.9	94.0	97.3	101.7	106.6	115.9	
22			100%	114%	121%	127%	141%	164%	176%	172%	173%	172%	167%	161%	161%	166%	174%	182%	198%	

[서울 강남지역의 재건축대상아파트와 비재건축대상아파트 가격 추이]

위 표가 서울 강남지역의 재건축대상아파트와 비재건축대상아파트 가격을 2002년부터 2018년까지 매년 8월을 기준으로 비교한 표입니다.

17년간을 기재하다보니 표가 너무 길어져서 글자가 잘 보이지 않으니, 이를 4년 단위로 계산한 표는 아래와 같습니다.

1	평형 : 단지내 중간, 가격 : 하한가 기준	입주일	2002.8	2006.8	2010.8	2012.8	2014.8	2016.8	2017.8	2018.8	최근1년상승률
2	시세자료 : 부동산뱅크 자료 사용		기준가(만원)								
3	개포동-개포주공1단지(45㎡),2,500세대	1982.11	43,000	75,000	90,000	70,000	83,250	109,500	111,000	146,500	
4	개포동-경남 (146㎡), 816세대	1984.3	53,000	95,000	90,000	90,000	82,500	107,500	118,750	175,000	
5	삼성동-상아2차(95㎡), 478세대	1981.12.	44,000	59,000	85,000	84,500	83,500	99,000	127,500	169,500	
6	삼성동-홍실(115㎡), 384 가구	1981.11	55,000	88,000	105,000	105,000	95,000	122,500	145,000	170,000	
7	대치동-대치삼성1차(133㎡),960 가구	2000.7.	56,000	98,000	91,000	95,000	82,000	98,000	105,000	154,000	
8	대치동-대치현대(111㎡), 630 가구	1999.6	56,000	80,000	86,000	89,000	80,000	88,000	105,000	135,000	
9	삼성동-삼성파크(139㎡), 114가구	2001.12	60,000	65,000	75,000	78,000	70,500	86,000	90,000	137,500	
10	도곡동-도곡삼성래미안(112㎡), 732가구	2001.12.	59,000	100,000	96,000	90,000	90,000	105,000	105,000	160,000	
11	평형 : 단지내 중간, 가격 : 하한가 기준	입주일	2002.8	2006.8	2010.8	2012.8	2014.8	2016.8	2017.8	2018.8	최근1년상승률
12	개포동-개포주공1단지(35㎡)	1982.11	100%	174%	209%	163%	194%	255%	258%	341%	32%
13	개포동-경남1차 (104㎡)	1984.3	100%	179%	170%	170%	156%	203%	224%	330%	47%
14	삼성동-상아2차(95㎡), 478세대	1981.12.	100%	134%	193%	192%	190%	225%	290%	385%	33%
15	삼성동-홍실(115㎡), 384 가구	1981.11	100%	160%	191%	191%	173%	223%	264%	309%	17%
16	대치동-대치삼성1차(133㎡),960 가구	2000.7.	100%	175%	163%	170%	146%	175%	188%	275%	47%
17	대치동-대치현대(111㎡), 630 가구	1999.6	100%	143%	154%	159%	143%	157%	188%	241%	29%
18	삼성동-삼성롯데(104㎡), 339가구	2000.4	100%	108%	125%	130%	118%	143%	150%	229%	53%
19	도곡동-도곡삼성래미안(112㎡), 732가구	2001.12.	100%	169%	163%	153%	153%	178%	178%	271%	52%
20	평형 : 단지내 중간, 가격 : 하한가 기준	입주일	2002.8	2006.8	2010.8	2012.8	2014.8	2016.8	2017.8	2018.8	최근1년상승률
21	국민은행 서울 아파트 매매가격지수		58.5	82.5	101.3	97.9	94.0	101.7	106.6	115.9	
22			100%	141%	173%	167%	161%	174%	182%	198%	

위 표중 바탕색이 파란색으로 되어 있는 아파트들이 재건축 대상아파트이고 흰 바탕색부분이 비재건축대상 아파들입니다. 그리고 아래부분이 %로 표기한 부분입니다.

2017.8
258%
224%
290%
264%
188%
188%
150%
178%

2017.8.~2018.8 까지는 정부의 부동산대책이 잘못되어 비정상적으로 가격이 상승한 기간이므로 이를 감안하여 2018.8.까지 만의 가격상승을 비교해 보면, 2002.8.을 100으로 산정할 때에 2017.8.에는 재건축대상아파트의 가격상승률이 224~290%이고, 비재건축대상아파트의 가격상승률은 150~188%임을 알 수 있습니다.

따라서 재건축대상아파트의 가격 상승률이 훨씬 높다는 점을 객관적으로도 잘 알 수 있습니다.

따라서 재건축·재개발을 하면 일반 부동산투자보다는 더 많은 수익을 얻을 수 있는 가능성이 높다는 것이 그동안의 경험과 수치가 말해주고 있습니다.

7. 결론

이상에서 살펴본 바와 같이 재건축·재개발등 정비사업을 하면 아래와 같은 긍정적인 효과가 발생한다는 점을 알 수 있습니다.

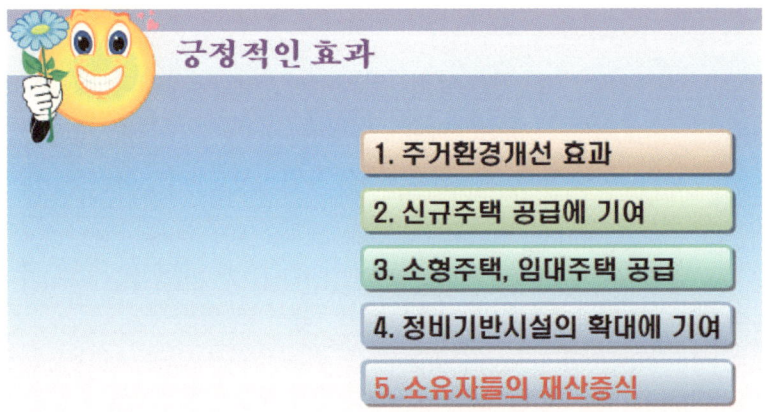

☞ 홈페이지(www.r119.co.kr)의 동영상 강좌를 들으시면 더 쉽고 더 자세하게 이해하실 수 있습니다.

28. 재건축·재개발사업의 부정적 효과

> 재건축·재개발을 하면 안 좋은 효과도 당연히 있겠지요?

Key Point

고 여사는 김 변호사가 앞에서 설명한 재건축·재개발의 긍정적인 효과에 대한 설명을 듣고, '재건축·재개발사업이 우리에게 꼭 필요한 사업이구나.'라는 생각을 다시 한 번 하게 되었다.

하지만, 현실적으로는 어느 사업구역을 불문하고 사업에 반대하는 목소리 또한 많은 것이 사실이다.

사업에 반대하는 사람들은 도대체 왜 사업을 반대하는 것일까? 과연 사업의 부정적인 효과는 어떤 것이 있을까?

법률사무소 국토
김조영 대표변호사의 **동영상 강의**

♣ 정비사업의 부정적인 효과

재건축·재개발을 하면 아래와 같은 부정적인 효과도 발생합니다.

1. 거주자들이 필수적으로 이사를 가야 함

재건축·재개발을 하면 그 곳에 살고 있는 거주자들이 필수적으로 이사를 가야 하는 사태가 발생합니다. 일반적인 택지개발사업이나 건설회사, 부동산개발회사, 개인주택사업자들의 주택개발사업의 경우에는 건축물이 거의 없는 나대지 위에 건설을 하기 때문에 기존 거주자들이 이사를 가야 하는 현상은 별로 발생하지 않습니다. 하지만 재건축·재개발사업은 기존 주택지역등에서 기존 건축물을 철거하고 행하여지기 때문에 필수적으로 거주자들이 이사를 가야하는 어려움이 발생합니다.

[소유자는 물론 세입자들도 이사를 가야 함]

2. 전세가격 상승

기존의 주택을 철거하기 위하여 많은 세대들이 이사를 가게 되면 이는 곧 전세수요를 일시적으로 증가시켜 전세가를 상승시킬 수가 있습니다. 일반적으로 세입자가 이사를 가게 되면 자신이 기존에 살던 집에 또 다른 세입자가 이사를 오기 때문에 전셋집 공급이 부족하게 되지는 않습니다. 하지만 재건축·재개발사업의 경우에는 기존에 살고 있던 집이 철거가 되기 때문에 기존 거주자들의 이사는 곧바로 새로운 전세수요로 등장하게 되며 이것은 바로 전셋집 공급부족으로 연결되어 주변 주택전세가격의 상승을 초래하게 됩니다. 보통 이주 후 공사를 하여 입주 시까지 3~4년 정도가 소요되기 때문에 상당한 기간 주변지역의 전세가격 상승을 유도하게 되고, 또 입주를 하더라도 한번 오른 전세가격은 잘 하락되지 않기 때문에 결국에는 상당부분 세입자들에게 악영향을 미칠 수밖에 없습니다.

■ 뉴타운 사업지구 지정 후 주택전세 가격변동 (단위. 3.3㎡당)

	뉴타운 지정당시	2008.8현재
단독주택	271만원	348만원
연립주택	297만원	426만원
아파트	443만원	477만원

[전세가격 상승 예]

3. 세입자, 저소득층이 외곽으로 쫓겨남

재건축·재개발단지의 주택은 노후화되어 있어 일반적으로 주변 지역보다 전세금이 저렴하게 형성되어 있습니다. 따라서 세입자들이 그 전세금으로 주변지역으로 이사를 갈 수가 없게 됩니다.

그래서 사업이 시작되어 이사를 가야할 상황이 발생하면 결국에는 기존 거주지보다 더 안 좋은 주택으로 이사를 가거나 더 외곽지역으로 쫓겨 갈 수밖에 없는 현상이 발생합니다.

[재건축사업단지의 세입자의 동향을 나타낸 매일경제 신문기사]

일반적으로 재건축·재개발을 하게 되면 신축아파트의 평형대가 전용면적 85㎡ 이상으로 많이 건축을 하기 때문에, 소유자라고 하더라도 기존에 소유한 주택의 가격이나 면적이 적은 경우에는 결국 신축 아파트를 분양받지 못하고 다른 곳으로 거주지를 옮기는 현상이 발생할 수밖에 없습니다.

[어느 재건축아파트 세입자의 이주 유형]

4. 소유자중 저자산가들 분양신청 못함

 소유자들이 모여서 조합을 결성하고 재건축·재개발사업을 시행하여 왔지만, 정작 분양신청이나 분양계약단계에서는 분양신청이나 분양계약을 체결하지 못하고 현금청산을 받는 경우가 있습니다.

 물론 재태크 측면에서 분양을 받지 않는 것이 이익일 것이라는 생각하에 그럴 수도 있지만 실제로 현재 소유하고 있는 부동산의 가격이 적고 신축아파트나 상가의 가격은 매우 높아 그 분양대금을 납부할 수가 없어 분양신청이나 분양계약을 포기하는 경우도 많이 있습니다.

- OO 3-1구역 : 분양신청율 50%
- OO뉴타운 : 422명중 79명 현금청산

5. 주택가격 상승

 사업시행자인 조합이나 건설사가 수익을 증가시키기 위하여 신축아파트의 분양가를 인상함으로서 주변 주택가격을 동반 상승시키는 효과가 발생합니다. 즉, 재건축·재개발사업을 하게 되면 주변 주택가격 상승을 초래하게 되고, 따라서 재건축·재개발사업이 주택가격상승의 주범이 되는 경우가 발생하는 것입니다.

■ 뉴타운 사업지구 지정후 주택매매 가격변동　(단위. 3.3㎡당)

	뉴타운 지정당시	2008.8현재
단독주택	905만원	1,367만원
연립주택	584만원	1,029만원
아파트	835만원	959만원

6. 긍정적인 효과와 부정적인 효과를 조화시키는 방법

위에서 보신 바와 같이 재건축·재개발사업의 긍정적인 효과와 부정적인 효과가 만만치가 않습니다. 위 2가지 긍정·부정효과를 모두 믹스하여 조화를 시킨다면 얼마나 좋겠습니까?

여러분은 위 2가지 효과를 어떻게 조화시킬 수가 있겠습니까? 그 해답을 알고 싶으면 앞으로 계속 이 강의를 들어보시기 바랍니다.

그 해답의 힌트는 바로 용적률에 있습니다.

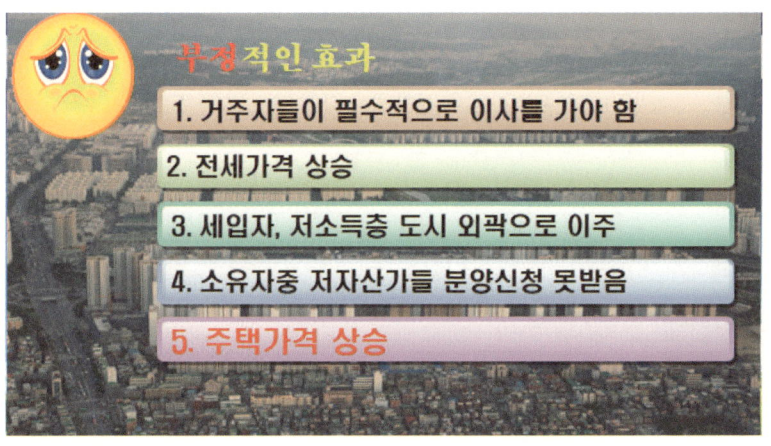

☞ 홈페이지(www.r119.co.kr)의 동영상 강좌를 들으시면 더 쉽고 더 자세하게 이해하실 수 있습니다.

29. 정비사업 초기자금 마련

> 사업초기에 소유자들이 돈 한푼 내지 않아도 정비사업을 할 수가 있다고 하는데 어떻게 그것이 가능한가요?

Key Point

 재건축·재개발 사업을 하자는 측의 주장을 살펴보면, 사업초기에 소유자들은 돈 한푼 내지도 않고 사업을 진행할 수가 있다고 말 하고 있습니다.
 그런데 기존 건축물을 철거하고 신축공사를 하려면 돈이 들 수밖에 없기 때문에, 아무리 사업초기라고 하여도 소유자들이 돈을 내서 사업을 진행하여야 하는데 어떻게 사업초기에 소유자들이 돈 한푼 내지 않고 정비사업을 할 수가 있는 것인가요?

법률사무소 국토
김조영 대표변호사의 동영상 강의

 지금 많은 지역에서 재건축·재개발을 하여야 하는지, 아니면 하지 말고 그냥 있는 것이 나은지, 더 나아가 지금 하고 있는 사업을 중단하고 조합을 해산하여야 하는지에 관하여 많은 논쟁이 있는 상태입니다. 따라서 이번 시간에는 과연 재건축·재개발을 하여야 하는지, 그리고 만약에 하여야 한다면 왜 **재건축·재개발을 할 수 밖에 없는 지**에 관하여 설명을 드리겠습니다.

 "고 여사님?"

고 여사는 깜짝 놀랐다. 마치 자기가 보고 있는 것처럼 변호사가 인터넷 강의 속에서 고 여사를 가리키면서 강의를 하고 있는 것이다.

"원래 아파트나 연립주택, 단독주택 등이 오래되어서 낡으면 그 주택을 부수고 새로 지어야 하는데, **이때 낡은 기존 주택을 부수고 새로 신축하는 비용은 누가 부담을 하여야 하는 것일까요?**"

고 여사는 속으로 답변했다. "당연히 그 주택 소유자가 부담하여야 하는 것이지요."

"네, 맞습니다. 건물이 오래되면 언젠가는 부수어야 하는 것은 당연한 이치이고, 또 이때 건물 주인이 그 비용을 부담하여 공사를 하지 않으면 누가 낡은 건물을 부수고 새로운 건물을 지어 주겠습니까? 이 과정을 살펴보면 다음과 같습니다.

① 낡으면 언젠가는 새로 지을 수밖에…….

우리가 살고 있는 주택은 처음에는 새것이지만 세월이 지날수록 낡아져서 언젠가는 그 낡은 주택을 허물고 새 집을 지어야만 합니다. 이는 주택뿐만이 아니라 모든 건물에 똑같이 해당되는 당연한 이치라고 할 것입니다.

② 누가 새로 지어주리? 세입자가 하리?

자, 그러면 오래된 주택을 허물고 새 집을 지어야 할 때가 되었을 때에 그 낡은 주택을 허물고 새 집을 지어야 하는 사람은 누구이겠습니까?

당연히 그 주택의 **소유자**입니다. 세입자가 자신의 비용으로 주택을 보수할 가능성도 없고 또 국가에서 나에게만 건축비용을 공짜로 줄리도 없지 않겠습니까? 즉, 낡고 쓰러져 가는 자신의 집을 허물고 공사비를 들여서 새 집을 지어야만 하는 사람은 바로 집주인이지 세입자가 아닌 것입니다.

③ **새집 지을 공사비와 공사기간 동안 이사 나가서 살 집의 전세금이 있느냐?**

하지만 낡은 주택에 살고 있는 집주인은 자신이 소유하고 있는 집이 낡고 쓰러져 가는 것을 잘 알지만 선뜻 새 집을 짓지 못하고 망설이게 됩니다. 왜 그럴까요?

"아~ 돈이 드니까 그러지!" 김 변호사의 강의에 고 여사는 답을 하였다.

맞습니다. 당연히 돈이 드니까 그렇지요. 왜냐하면 새집을 지으려면 우선 자신이 그 집에서 이사를 나간 뒤에 낡은 집을 부셔야 하는데, 그러려면 공사기간 동안 이사를 나가서 살 집을 얻어야 할 **전세금**도 필요하고, 또 새 집을 짓기 위한 **공사비**도 당연히 필요하게 됩니다.

자, 그러면 기존의 낡은 집을 허물고 새 집을 짓는데 필요한 금액이 얼마나 되는지 한번 알아보도록 하겠습니다.

[재건축(재개발)을 하려면 크게 신축공사비와 전세금이 필요하다.]

고 여사님이 현재 살고 있는 아파트를 허물고 새 아파트를 지을 때에 필요한 소요자금을 알아보는데, 아파트 단지 전체 세대수를 대상으로 하면 계산이 복잡하니까 설명의 편의상 아파트단지 세대 중에 고 여사님이 살고 있는 1개동만을 재건축한다고 할 경우를 예를 들어 설명을 하도록 하겠습니다.

고 여사님이 살고 있는 50㎡(15평형) 아파트 1개동이 **10세대**로 구성되어 있다고 가정해 봅시다. 자! 이 1개동의 건물이 너무 낡아 무너지기 일보직전이어서 어쩔 수 없이 10세대 소유자들이 돈을 모아 아파트를 새로 건축하기로 하였습니다.

기존 아파트가 50㎡인데 신축아파트도 동일한 50㎡으로 10세대를 짓는 것으로 가정하겠습니다. 공사를 할 건설회사에 알아보니 **㎡당 공사비로 140만원**을 달라고 합니다. 공사기간동안 이사를 나가서 살게 될 인근 아파트를 알아보니 50㎡짜리 **전세금이 약 1억 3,000만원**이었습니다. 위와 같은 사례에서 고 여사님이 필요한 자금은 다음과 같습니다.

[2억 원이나 되는 현금이 필요해?]

즉, 2억 원의 자금이 필요하게 되는 것입니다.

자, 그러면 지금 이 글을 보고 계시는 분들은 지금 있는 낡은 집을 허물고 새 집을 짓기 위하여 **2억 원**이라는 거금을 들여 재건축을 하시겠습니까?

그러자 강의를 듣고 있던 어떤 사람이 '지금 2억 원이 어디 있어? 아이구야~ 그렇게 돈이 많이 들면 재건축 못하지…….' 라고 말하였다.

[씨 ~ 난, 그런 큰돈이 없어요~]

그러나 돈을 별로 들이지 않고 재건축(재개발)을 할 수 있는 방법이 있습니다.

김 변호사가 이 말을 하자 순간적으로 모두 숨을 죽이고 변호사를 뚫어져라 쳐다보기 시작하였다.

자, 여러분들이 재건축에 필요한 돈 2억 원이 없어서 재건축(재개발)을 하지 못하고 있는 상황에서, 어떤 건설회사나 시행사가 나타나서 여러분들에게 "여러분들은 돈 한 푼 내지 않고 재건축(재개발)을 할 수 있습니다. 공사기간 3년~4년 정도만 나가서 살다가 들어오면 새 아파트를 드리겠습니다. 그것도 기존의 **50㎡**보다 **130%**나 많은 **65㎡**을 **공짜**로 드리겠습니다. 또 공사기간 동안에 이사 나가서 살

집에 대한 전세보증금도 무이자로 빌려 주겠습니다."라고 말한다면 여러분들은 어떻게 하겠습니까?

[천사가 따로 없네~, 사기꾼인가?]

그러자 누가 "야~ 그런 말을 하면 그게 사기꾼이지 제 정신 가진 사람이여? 지는 무슨 논 팔아 자선 사업하는 것도 아니고 무슨 수로 그럴 수가 있어?"라고 혼잣말을 하였다.

여러분들은 이자 한 푼 들이지 않고 전세금을 빌려서 이사를 나갈 수가 있고, 또 돈 한 푼 내지 않고 여러분들이 가지고 있는 **50㎡보다 130%나 더 큰 65㎡을 공짜로 받으실 수가 있습니다**. 그것도 새 아파트로 말입니다.

아니 가만, 가만. 저게 무슨 말이여? 도대체 이해가 되질 않네…….

50㎡을 새로 짓는데 1 세대 당 7,000만원이나 공사비를 부담하여야 하고 전세금도 1억 3,000만원이나 구하여야 하는데, 단 한 푼도 내지 않는다? 이 말을 믿어야 할 것인가? 그리고 공사 후 그것도 50㎡가 아니라 130%나 더 많은 65㎡을 공짜로 준다는데 이게 무슨 귀신 곡할 소리여?

[우와, 우리는 이제 살았다]

♣ 결 론

 이에 관하여는 자세히 살펴보도록 하겠습니다. '사업초기에 우리는 돈 한 푼 내지 않아도 된다고 하는데, 그러면 돈 없이 어떻게 사업을 할 수가 있어? 말도 안 되는 소리 하지 마'라고 하시는 것이 일반적인 반응이실텐데, ① 현재는 대부분 사업초기자금을 소유자들이 납부하지 않습니다. ② 그리고 추진위원회 단계 ~ 시공자 선정 전에는 정비사업전문관리업자가 사업자금을 대여해 주고, 시공자 선정 후에는 시공자나 금융기관이 사업자금을 대여해 주고 있습니다.

 그런데 이 것인 영원히 소유자들이 부담하지 않는다는 것이 아니라 형식적으로는 사업초기에 소유자들이 부담하지 않지만 나중에 관리처분계획 후 분양계약을 체결한 뒤 분담금을 납부함으로써 실질적으로는 소유자들이 부담을 하게 됩니다.

 그래서 결국에는 실질적으로는 소유자들이 사업비용을 부담하지만 재건축·재개발사업의 개발이익으로 이것을 충당하기 때문에 사업진행이 가능한 것입니다.

30. 정비사업에 대한 가장 기본적인 의문점

재건축·재개발을 하기 싫어하는 사람을 이렇게 설득하라

Key Point

재건축·재개발 사업을 하면 소유자들은 돈을 벌 수 있고, 주택공급이 증가하여 주택가격 안정에도 도움이 되고, 또 더 나아가 전세가격도 안정되어 세입자들도 좋다고 합니다.

그런데 이렇게 좋다고만 하는 사업에 대하여 결사적으로 하기 싫어하는 사람들이 있습니다. 잘못 이해하고 있으신 점도 있을텐데 이런 사람들을 어떻게 설득해야 할까요?

귀찮아하는 이유는 ① 그냥 귀찮다. ② 복잡하고 어렵다. ③ 이사를 가야 되고 전학도 가야 된다. ④ 돈을 납부해야 하는데~ 등입니다.

법률사무소 국토

김조영 대표변호사의 동영상 강의

1. 정비사업을 간단히 설명하면 어떤 것일까?

재건축·재개발등 정비사업을 간단히 설명하면 어떤 것일까요? 아래 사진에서 보시는 바와 같이 낡은 주택이나 건물을 철거하고 그 땅위에 주택등 새로운 건축물을 신축하는 것입니다.

2. 정비사업이 싫다는 가장 기본적인 질문에 대한 답변

재건축·재개발이 싫다고 하는 가장 기본적인 질문이 어떤 것이 있을까요?

이미 상영된 영화 "장수상회" 내용을 보면, 재개발에 반대하는 주인공의 반응이 나옵니다. 이 영상은 동영상 강의를 보시면 강의 초기에 나옵니다.

가. 총회에 나오라는 등 귀찮으니, 그냥 날 내버려 둬~ 라는데 대한 설득

① 총회는 1년에 1~2회 밖에 안합니다.

② 총회참석은 조합원님이 직접하실 수도 있고, 대리인이 대신 출석하거나 서면결의서 제출로 대체할 수 있습니다.

③ 그리고 총회 참석하면 교통비로 참석수당도 지급받을 수도 있습니다. 직접참석자에게는 10만원, 서면결의서 제출자에게는 5만원을 지급하는 경우도 있습니다.

④ 그리고 조합원님께서 직접 챙기실 필요없이 조합장, 이사, 대의원들이 수고하여 사업을 직접 챙기고 있으니, 믿고 그냥 지내시면 됩니다.

나. 사업이 복잡하고 잘 모르겠어~

① 조합장이나 이사, 대의원 들이 그 복잡한 업무를 잘 봅니다.

② 그리고 전문가인 정비사업전문관리업자(정비업체)가 조합을 도와 사업이 성공적으로 종료되도록 지원합니다.

③ 시공자도 재건축·재개발사업이 성공되도록 노력하며, 이 분야에 많은 경험이 있습니다.

④ 또한 시공자나 정비사업전문관리업자 이외에도 변호사, 법무사 등 각종 전문 협력업체 들의 도움으로 업무를 진행합니다.

다. 이사, 전학도 가야 되잖아, 힘들어~~

① 이사가는 것은 전세금으로 사용될 이주비를 무이자로 대여해 줍니다.

② 그리고 재건축·재개발을 하면 돈을 벌 수가 있는데, 이사와 전학 1번만 가면되니까 이 정도는 조금 참으셔야죠~

③ 사업을 하려면 돈을 내야 하는 것 아녀?

④ 사업 초기에 돈을 낼 필요는 없습니다.

⑤ 사업시행계획인가 후 신축 건물(주택, 상가)에 대하여 분양신청을 하고 분양계약체결한 뒤부터 돈을 납부하게 됩니다.

⑥ 그리고 현재 소유 부동산 가치보다 적은 금액의 신축아파트나 상가를 분양받으면 금액보다 적은 것을 분양받으면 오히려 환급을 받을 수가 있습니다.

마. 도대체 돈을 얼마나 설 수 있는데, 자꾸 하라고 하는거야?

① 일반적인 부동산 투자 수익률 보다는 많이 벌 수 있습니다.

② 그 증거는 제24강 "재건축·재개발과 집값 상승과의 관계' 강의

를 들어보시면 알 수 있습니다.

바. 그러면 재건축·재개발을 하면 무엇이 좋은데?

재건축·재개발을 하면,

① 소유자는 돈을 벌 수 있습니다.

② 도시 내에서 주택공급을 증가시킬 수 있는 가장 중요한 방법입니다.

③ 임대주택, 소형주택을 건설할 수 있는 좋은 방법이기도 합니다.

④ 주택공급이 증가되어 주택가격이 안정되고,

⑤ 주택공급이 증가되어 전세가격도 안정되며,

⑥ 주택건설로 인하여 건설경기가 회복되어 국민경제 회복에 많은 기여를 하게 될 것입니다.

사. 결 론

그러면 결국 재건축·재개발로 인하여 소유자나 세입자나 국가경제 모두 도움이 될 것입니다.

31. 정비사업의 기간

정비사업을 하면 통상적으로 어느 정도 기간이 걸리는가요?

Key Point

재건축·재개발등 정비사업의 진행절차를 살펴보면, 많은 단계가 있고 조합원이나 소유자들의 동의는 물론 관할관청의 인가가 있어야 하는등 그 절차가 매우 길고 어려운 것 같습니다.

그러면 이러한 각종 진행절차를 제대로 진행하여 사업을 성공적으로 마치려면 각 단계별로 어느 정도 시간이 소요되는 것인가요?

법률사무소 국토
김조영 대표변호사의 **동영상 강의**

1. 정비사업 진행절차

재건축·재개발등 정비사업을 진행하려면 아래와 같은 절차를 거쳐야 합니다. 정비기본계획수립부터 준공인가, 해산·청산시까지 많은 단계를 거쳐야 하는 것으로 되어 있습니다.

2. 각 단계별 소요 기간

각 단계별로 소요되는 기간을 보면 아래와 같습니다.

32. 지분제·도급제의 개념 및 선택

> 시공자 선정시 지분제와 도급제가 있다고 하던데? 그리고 지분제와 도급제중 어느 것이 이익인가요?

Key Point

50㎡ 소유자에게 65㎡을 공짜로 준다는 준비위원장의 말이 믿어지지가 않아서 고 여사는 재개발단지내에 살고 있는 배 여사와 다른 재건축단지에 살고 있는 아는 사람들에게 전화를 걸어 물어보았다. 그런데 놀랍게도 50㎡ 소유자에게 65㎡을 공짜로 준다는 그 말이 맞을 가능성이 있는 것이 아닌가?

그리고 '지분제와 도급제'가 있다고 하는데 과연 어느 것이 소유자들에게 더 이익이 되는 것일까?

법률사무소 국토
김조영 대표변호사의 **동영상 강의**

♣ 원래 가격보다 더 많이 쳐줘?

'따르릉'

"여보세요?"

"응, 슬기 엄마. 나야 나!"

"아니, 잘 나가는 고 여사님께서 어쩐 일로 미천한 저에게 이렇게 친히 전화를 다 주십니까? 하하하……. 언니 잘 있었어?"

고 여사는 재개발사업단지에 살고 있는 배 여사에게 전화를 걸었다. 배 여사가 살고 있는 곳은 **주택재개발**을 하는 곳으로서, 그 곳은 이미 **추진위원회구성승인**을 받고 **창립총회**를 거쳐 **조합설립인가 신청**을 해 놓은 곳이어서 고 여사의 재건축단지보다 사업이 빨리 진행되고 있는 곳이다.

그리고 지난 재개발조합설립 창립총회에서 **배 여사가 조합 이사로 선출이** 되었기 때문에 배 여사는 고 여사보다는 이쪽 방면에 더 많은 지식과 경험이 있는 상태였다. 그래서 고 여사는 언니·동생으로 지내고 있는 배 여사에게 자문을 받기 위하여 전화를 한 것이다.

"응, 그래. 잘 지내고 있어. 그런데 그 쪽은 재개발사업이 진행되어 이미 조합설립인가신청을 해 놓은 상태라면서?"

"지난달에 조합설립인가신청을 하였는데, 조금만 있으면 조합설립인가가 나올 것 같아."

"응, 그렇구나. 아래 표에서 보는 바와 같이 5단계까지 거의 갔구나! 그런데 말이야 자기가 살고 있는 재개발조합에서는 시공사가 조합원들에게 몇 평을 공짜로 준다고 하던가? 우리는 기존 50㎡ 소유자에게 65㎡을 공짜로 준다고 말하고 있는데, 통 이해가 되지 않고 믿을 수가 없어서 말이야"

[정비사업의 진행절차]

"어이구, 드디어 고 여사님 단지도 재건축을 하는가 보군요. 그동안 기다려 왔는데 좋겠습니다. 언니 한턱 내!"

"얘는, 한턱은 네가 내야지. 우리 단지는 이제 재건축을 막 하려는 단계이고, 자기네 집은 이미 조합설립인가단계까지 왔기 때문에 오히려 그쪽이 더 많이 진행되었구먼! 그리고 이사는 아무나 되냐? 이사 선출 기념 한턱 안내? 그리고 집값 좀 올랐니?"

"응, 조금 오르긴 올랐어······. 조합설립인가가 나게 되면 조금 더 오를 수가 있다고는 하는데, 요즘 부동산경기가 안 좋아서 안 내리면 다행일 것 같아. 그리고 원래 헌집을 부수고 새집을 지어서 다시 들어와서 살려고 하는 것이 재건축/재개발의 원칙인데, 사람들이 새 집을 어떻게 짓는 가에 대하여 관심이 있는 것 보다 현재 집값이 얼마나 오르는지에 대하여 관심이 더 많아. 그리고서는 공인중개사 사무실에 수시로 전화하여 시세를 확인해 보는 등 집값에만 너무 관심이 많은 것 같아."

"야, 사실~ 재건축이던 재개발이던 다 하는 이유가 돈이 되기 때문에 하는 것 아냐? '재건축·재개발을 하니까 집값이 오른다.'라고 해서 재건축·재개발을 하려고 하는 것이지, 만약에 '재건축·재개발을 하니까 오히려 집값이 내린다.'라고 한다면, 어느 누가 재건축/재개발을 하려고 하겠어? 나 같은 경우도 지금 살고 있는 이 아파트가 낡고 환경이 좋지 않지만, 그래도 나중에 재건축을 하면 집값이 오를 것이라는 그런 예상을 하고 이 집을 샀던 것이야. 단독주택과 달리 아파트의 경우에는 너무 낡아서 도저히 생활을 하기가 어려워. 녹물은 계속 나오지, 보일러는 심심하면 잘 안되어 따뜻하지도 않지, 욕조가 없거나 좁아서 목욕한번 제대로 시원하게 못하지, 아침이면 화장실이 1개여서 식구들이 출근 및 학교 가느라고 난리지, 그야말로 고통 속에서 지내면서 그 고통에 대한 대가가 재건축이라고 해도 과언이 아니야~ 그리고 남편 월급 받아 오는 것 가지고는 평생 모아도 나중에 자식 결혼 시킬 때에 전세금이라도 제대로 해 줄 수가 없을 것 같아서 내가 희망을 걸고 있는 것은 바로 우리 아파트의 재건축이라고 해도 과언이 아니야……."

"그래, 언니 말이 맞아. 내가 너무 이상적으로만 생각을 하고 있는 것 같아. 사실 조합원들의 관심은 온통 우리가 앞으로 얼마를 벌수 있을 것인지에 집중되어 있는 것이 사실이야."

[재건축/재개발을 하면 돈 벌어요~]

"참. 우리 넋두리만 하지 말고 그 쪽은 몇 평을 공짜로 준다고 했어?"

"아, 우리 조합은 언니네 동네처럼 아파트가 아니고 단독주택들이기 때문에 집집마다 평수와 건물면적들이 다 틀리잖아. 그리고 새 건물이냐 헌 건물이냐, 위치가 어디냐에 따라서 현재 가격도 천차만별이고……. 조합설립인가 후에 시공자선정을 해 보아야 알겠지만, 현재 대략 ㎡당 공사비를 약 150만원인 것으로 예상하고, 향후 일반분양가가 지금 보다는 약간이라도 더 높을 것으로 예상하였을 경우 소유자들이 소유한 부동산을 나중에 감정평가사가 감정평가를 하여 그 감정평가금액에 **120% 정도를 무상지분으로 할 수 있지 않을까 예상을 하고 있을 뿐이야~**. 예를 들면 내가 지금 소유하고 있는 부동산에 대한 감정평가금액이 2억이라고 하면 여기에 120%를 곱하여 2억 4,000만원을 나의 권리가액으로 쳐 주고 내가 나중에 분양받는 아파트공급가격과 이 가액과의 차액을 조합원분담금으로 납부하면 되는 것이야"

"120% ? 그러면 몇 평방미터가 되는데?"

"하하……. 언니! 재개발은 몇 평방미터를 무상으로 준다는 개념이 잘 없고 '**조합원 권리가액을 종전재산대비 몇 %로 해주는가?**'하는 개념으로 이해를 하여야 해. 왜냐하면 재건축은 아파트단지가 대부분이기 때문에 같은 면적대가 비슷한 가격으로 형성이 되어 조합원들이 종전에 소유하고 있던 재산을 쉽게 개략적으로 계산하는 것이 가능하지만, 재개발은 단독주택들이기 때문에 주택의 대지가 같은 50㎡이라도 좋은 위치에 있는 주택과 안 좋은 위치에 있는 주택의 가격차이가 많이 날 수 밖에 없잖아~

그래서 '기존 면적 ○㎡에 대하여 신축아파트 ○㎡을 준다.'라는 개념은 어렵고, 단지 자신이 소유하고 있던 주택을 사업시행인가 후에 감정평가를 하여 그 '감정평가금액의 ○ %를 권리가액으로 해 줄 것인가.'라는 개념으로 사업이 진행이 돼. 그리고 재건축이던 재개발이던 만약에 도급제로 사업을 진행하게 되면 '몇 %를 무상으로 준다.'라는 말은 맞지가 않고 최종적으로 부담금을 어떻게 납부할 것인가 라는 개략적인 부담금만 정하게 되어 있어."

"아니 지분제는 무엇이고, 또 도급제는 무슨 말이야? 내 머리털 나고 처음 듣는 이야기인데, 도저히 이해가 되지 않네……."

"그래, 지분제와 도급제의 개념이 어렵기 때문에 쉽게 설명을 하기가 곤란한데, 내가 아는 재건축·재개발 전문변호사님이 계시니까, 그 분한테 가서 상담을 받아 보면 언니도 아마 이해가 될 것이야. 내일 나랑 그 변호사님께 한번 가서 설명을 들어보자."

"알았어, 그럼 내일 점심때 봐……."

♣ 어떻게 위와 같은 일이 가능한가?

"안녕하십니까, 변호사님"

"예, 안녕하십니까, 배 여사님."

"제가 아는 언니가 재건축아파트단지에 살고 있는데, 이해가 안 되는 부분이 있어서 변호사님께 설명을 좀 들었으면 해서 이렇게 찾아왔습니다."

"예, 어떤 부분이 이해가 잘되지 않는 것인가요?"

고 여사는 김 변호사에게 바짝 다가가며 다음과 같이 궁금한 점을 물었다.

"저는 이해가 잘되지 않습니다. 지금 저의 단지는 재건축을 막 시작하려고 하는데요, 기존 50㎡ 소유자에게 65㎡을 공짜로 준다고 하거든요? 그리고 배 여사가 살고 있는 재개발단지에는 **120%를 권리가 액으로 준다고** 하는데 그것이 몇 평이 되는지도 모른다고 하고요. 그리고 **지분제·도급제**라고 하는 말이 나오는데 도대체 무슨 말인지도 잘 모르겠고요. 또 **도급제라는 것을 하게 되면 자신이 얼마를 분담금으로 내야 할지 잘 모른다고** 하니, 도저히 답답해서 견디기가 힘듭니다.

[재건축/재개발을 하면 제가 얼마를 내야 해요?]

 자신이 얼마를 낼지도, 그래서 얼마를 버는지도 잘 모르면서 재건축/재개발을 하여야 한다는 말인데 변호사님 이 말이 맞는 것인가요? 그리고 50㎡ 소유자에게 65㎡평을 공짜로 주던, 권리가액으로 120%를 주던, 기존 것 보다 더 많이 준다는 뜻인데, 그러면 조합집행부나 추진위원회 사람들이 자신의 논밭 팔아서 다른 사람 공사비를 대신 대 줄 것도 아니고, 또 공사하는 시공회사가 손해 보면서 지어 줄 것도 아니고 도대체 어떤 계산 하에 이것이 가능한 것입니까?"

 "예, 고 여사님께서 재건축·재개발에서 가장 중요하고도 핵심적인 부분에 대하여 질문을 하셨습니다. 아주 잘 지적하셨습니다. 아주 예리하게 질문을 하셨는데, 혹시 초등학교 다니실 때에 아주 공부를 잘 하시지 않으셨나요?"

 "어머머! 아니에요, 변호사님도 참!"

"아녜요, 변호사님! 이 언니 초등학교 때 전교에서 거의 1등 해서 졸업할 때에 교육감 상도 탔어요."

"하하, 역시 뭔가 다른 게 있네요! 재건축·재개발을 하게 되면 필수적으로 **지분제, 도급제, 무상지분율, 조합원분담금** 등의 용어가 나오고 있습니다. 우리가 일상생활을 하면서 쉽게 접하기 힘든 용어들이지요! 그러면 먼저 재건축·재개발 사업에서 이익이 발생하는 이유를 설명해 드리도록 하겠습니다.

1. 정비사업 수익 계산례 ▶ 0:50

'아니 도대체 어떻게 되었기에 재건축·재개발사업을 하면 이익이 발생한다고 하지?'

고 여사님의 아파트의 경우에 60㎡ **아파트 10세대를 허물고 그곳에 75㎡ 아파트 20세대를 건축**하는 것으로 예정해 봅시다.

건축비를 ㎡당 130만원으로 공사하였을 때에 총공사비는 19억 5,000만원이 소요될 것입니다(75㎡×120만원×20세대). 재건축·재개발사업은 일반적으로 조합원들이 소유한 토지위에 신축을 하는 것이기 때문에 토지비용은 투입이 없는 것으로 가정 하겠습니다.

그리고 신축아파트 75㎡ 20세대 중에 10세대는 고 여사를 포함한 기존의 소유자들에게 각 1채씩 주고 **나머지 10세대를 조합원이 아닌 일반인들에게 일반분양**하기로 하였습니다.

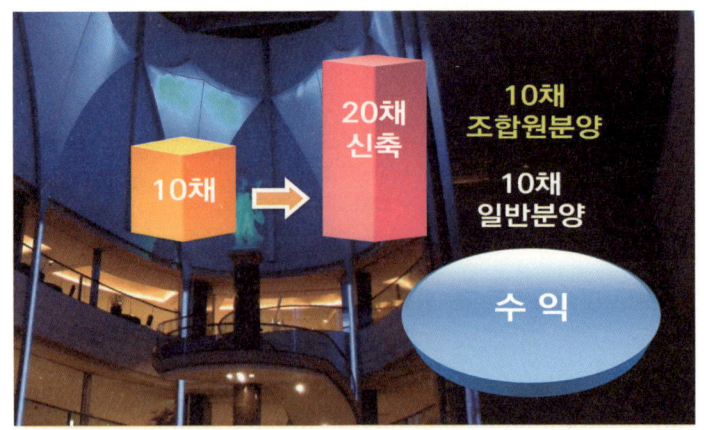

　일반 분양가를 ㎡당 500만원으로 가정해 보겠습니다. 그러면 75㎡ 10세대의 일반분양가액은 37억 5,000만원이 됩니다(75㎡×500만원 ×10세대).

일반분양 수입금 37억 5,000만원 중에 총공사비 19억 5,000만 원을 공제하면 18억 원이 남습니다. 이 때 기타 금융비용등 사업비용이 10억 원 정도 소요되었다고 가정하더라도 약 8억원의 이윤이 발생하게 되는 것입니다.

2. 지분제와 도급제

가. 지분제 방식

　지분제 라고 함은 조합이 사업의 주체이긴 하지만 공사를 맡은 시공사가 재건축·재개발사업을 주관하여 시행하면서 공사비, 사업비등을 전부 시공사의 책임으로 진행하게 됩니다. 그리고 조합원에게는 75㎡아파트 1채만 공짜로 주고 나머지 이윤은 시공사가 가져가되, 이 경우 사업에 소요되는 모든 비용을 시공사가 부담하여, 사업에 따른 손실 위험성도 시공사가 지게 되는 방식을 말합니다.

[시공사가 이익도 많지만 힘이 들겠네요~]

이를 정리해 보면 다음과 같습니다.

> · 10세대 일반분양 수익금 37억 5,000만원
> (75㎡ × ㎡당 500만원 × 10세대)
> · 신축공사비 19억 5,000만원 (75㎡ × ㎡당 130만원 × 20세대)
> · 금융비용등 기타 사업비용 10억원
> · 총 수익금 8억원 + 도급공사이윤 @ (시공사)

따라서 시공사에서는 위와 같이 공사비를 ㎡당 130만원으로 계산했을 때의 공사로 인한 이윤 이외에 사업이윤이 남기 때문에 고 여사님 등 소유자들이 신축공사기간동안 나가서 살 수 있는 집의 임대차 보증금을 자신들이 이자를 대신 납부해 주고서 무이자로 대출해 줄 수가 있는 것입니다.

나. 도급제 방식

도급제 라고 함은 사업주관을 조합원들의 단체인 조합이 직접 시행하고 시공사는 단순히 조합으로부터 신축공사만 도급받아 진행하게 되는데, 이 경우 조합은 단순히 시공사에게 공사도급금액만 주고 공사를 시키는 경우를 말합니다. 따라서 조합원들은 공사비와 사업에 투입되는 비용을 모두 자신들의 부담으로 조달하여야 하며, 대신 사업으로 생기는 이익을 전부 조합원들이 가져가게 됩니다.

[조합원들의 부담이 크겠네요! 하지만 더 큰 이익을 위하여 선택하였습니다.]

만약에 조합원들이 위와 같은 지분제방식의 사업설명을 들으면 조합원들 중 상당수는 『어? 그렇게 이윤이 많이 남으면 시공사에게 시행을 맡길 것이 아니라 우리가 직접 시행하고 공사는 평당 공사금액을 책정하여 시공회사에게 도급을 주면 시공사가 가져가는 8억 원 정도가 소유자들인 우리에게 돌아올 것 아닌가?』라는 생각을 할 수도 있을 것입니다.

그래서 사업이윤을 시행사가 가져가는 것으로 하지 않고 조합원들이 사업을 주관하여 그 이윤을 가져오고, 공사를 하게 될 시공사에게는 단순히 공사도급금액만 지급하기로 하는 경우에는 시공사가 가져가게 될 약 8원억 원이 조합원 10세대에게 배당이 됩니다. 이를 나누면 1세대 당 8,000만원씩이나 더 배당되게 것입니다.

고 여사는 믿어지지 않았다.

기존 60㎡에서 125%나 되는 신축 75㎡ 아파트 1채를 공짜로 받고 약 8,000만원이나 되는 돈을 또 받게 되다니!

재건축(재개발)사업이 가능한 이유가 바로 여기에 있는 것입니다. 위에서 계산한 사업이익은 이해하기 쉽게 단순히 계산한 것이고, 실제로는 공사도급금액이외에 많은 사업비용이 들기 때문에 사업이익이 위 금액보다는 적어질 수도 있습니다. 그리고 또 만약에 부동산경기가 회복되어 일반분양가가 높아지면 오히려 사업이익이 훨씬 더 많아질 수도 있습니다.

그래서 사업이익을 누가 가져가느냐 하는 방식에 따라서 위 가.항의 방법인 '시공사가 신축사업을 주관하여 조합원들에게 75㎡아파트 1채씩을 무상으로 주고(무상지분율이 120%이게 됨) 나머지 사업이익 및 손실을 시공사가 책임지는 경우'를 **지분제 사업방식**이라고 칭하고 있고, 위 나.항의 방법인 '사업주관을 조합이 시행하여 이익 및 손실을 조합이 책임지고 시공사는 단순히 공사도급금액만 받고 공사를 하는 경우'를 **도급제 사업방식**이라고 칭하고 있습니다.

3. 지분제와 도급제중 어느 것이 유리할까? ▶ 4:22

"배 여사, 너는 지분제와 도급제의 개념을 좀 알겠니? 변호사님이 설명을 잘 해 주셔서 예전보다는 알겠는데, 아직까지 혼란스러워~ 내가 보기에는 도급제가 분명히 더 이익일 것 같은데, 왜 지분제를 선택하는 조합이 있을까? 잘 이해가 안가."

변호사 사무실의 문을 나선 뒤 고 여사가 배 여사에게 넌지시 말하였다. 왜냐하면 배 여사는 재개발사업의 현장에서 임원으로 일하게 될 정도로 이 분야에서는 남보다 먼저 경험을 하였고, 고 여사는 이제 막 재건축에 대하여 시작을 하려고 하는 것이기 때문이다.

"야~ 그 변호사님, 진짜 설명을 쉽게 잘 해주네요. 원래 지분제와 도급제는 재건축사업이나 재개발사업 등 정비사업 이외에서는 잘 사용하지 않는 개념이기 때문에 쉽게 이해하기도 또 설명하기도 어려운데, 굉장히 쉽게 설명해 주신 것 같아요. 나도 처음에 재개발사업을 한다고 하며 주민설명회 등을 들을 때에 컨설팅회사 직원이나 추진위원회사람들이 나와서 '지분제로 하면 어떻게 되어 얼마가 남으며, 도급제로 하게 되면 또 어떻게 되어 얼마가 남으며…….' 라는 식으로 설명을 할 때에, '저네들 무슨 이야기를 저렇게 어렵게 하니? 하나도 못 알아듣겠다. 자기만 자기 설명에 심취해서 난리네~'라고 생각을 하였어.

그리고 들을 때는 그럭저럭 알 것 같더니만 듣고 돌아서면 금방 까먹어 버리더라고……. 특히, 일단 그 사람들이 설명하는 것에 대하여 색안경을 끼고 보는 것이 대부분의 사람들이기 때문에 잘 수긍이 가지를 않았어."

"아니, 왜 컨설팅회사직원이나 추진위원회 사람들이 말하는 것을 색안경을 끼고 보게 되는데? 그 사람들은 나름대로 주민들을 위하여 일하려고 하는 사람들 아닌가?"

고 여사는 의아한 생각이 들었다.

"언니처럼 다 그렇게 생각을 해 주면 얼마나 좋겠니? 나도 처음에는 컨설팅회사 직원(정식명칭은 '정비사업전문관리업자'의 직원 또는 약칭해서 '정비업체 직원'이라고 함)들이나 추진위원회 사람들이 재개발을 하자고 설명을 할 때에 나 역시 색안경을 끼고 보았어. 왜냐하면 그 사람들은 재개발을 하면 갑자기 무슨 벼락부자가 되는 것처럼 말을 하는 거 있지. 그것도 적당히 말해야지 '재개발을 하면 지금 집값보다 최소한 2배 이상은 뛰기 때문에 집집마다 전부 1억 원씩 이상, 최대 몇 억 원씩은 전부 벌 것'이라고 그렇게 말하는 거야.

그래서 내가 그 사람들한테 말했어. '아니, 그렇게 소유자들이 돈을 많이 벌게 되면 대한민국에서 재개발 안할 사람들이 어디 있겠습니까? 그런데 신문에 나는 것을 보면 재개발한다고 하여 4-5년씩은 그냥 허비하고 있는 경우도 많고, 무슨 놈의 재판은 또 그렇게 많이 하고, 그리고 조합장이 뇌물을 받아먹었다고 하면서 형무소 가는 경우도 많던데, 그렇게 많이 벌게 해주는 사업이라면 무엇 때문에 치고받고 싸우고 하겠습니까? 나는 당신들이 말하는 것을 도저히 믿을 수가 없습니다.'라고 말 하였었어."

배 여사는 예전에 자신이 지내온 길을 상기 시키면서 약간 격앙된 목소리로 말하였다.

"응~ 그래. 그랬구먼. 그런데 실제 배 여사 네 집은 집값이 많이 올랐잖아. **그 이유는 재개발한다고 그래서 오른 것이지, 다른 이유로 집값이 오르지는 않았을 텐데?**"

"응, 언니가 정확히 보았어. 지금 현재 우리 동네 재개발사업은 조합설립인가신청을 해 놓은 상태인데, 실제로 예전의 집값보다는 상당히 많이 올랐어. 이런 정도로 가다가는 정비업체 직원들이나 추진위원회 사람들이 말한 것이 딱 들어맞는 결과가 될지도 몰라. 그리고 내가 추진위원회 일을 보고 또 창립총회에서 조합임원으로 당선이 되기까지 이 쪽 공부를 많이 하였는데 실제로 잘만 하면 그 어느 부동산투자보다 훨씬 수익이 많이 나게 되고, 또 주거환경도 개선하는 효과를 가지고 있고, 나라의 주택공급에도 크게 기여하기 때문에 앞으로 재개발·재건축은 반드시 활성화가 되어야만 하는 분야인 것은 확실한 것 같아."

"그런데, 너희네 동네는 아까 변호사님이 설명하신 내용 중에 지분제를 택하였니?, 도급제를 택하였니?"

"우리 조합은 창립총회 때에 도급제 사업방식을 택하기로 하였어."

"아니 왜 도급제가 지분제보다 더 이익이 많이 남니?"

[지분제를 선택할지 도급제를 선택할지 '이것이 문제로다!']

"응, 내가 그동안 공부한 바로는 도급제가 더 이익이 많이 남기는 하는데 위험부담이 있어. 나중에 조합원들에게 분양하고 남은 주택을 일반인들에게 분양할 때 분양이 잘 되면 다행인데 분양이 잘 되지 않아 미분양이 발생하면 그만큼 사업진행이 어렵게 되거든. 그런데 재건축사업장의 경우에는 지분제를 택하는 경우가 많지만 재개발단지는 거의 대부분 도급제를 택할 수밖에 없어"

"아니 왜 재개발은 도급제만을 선택하여야 하는 것이야?"

"언니 봐! 지분제 사업이라는 것은 '조합원들이 소유하고 있는 종전자산에 대비하여 ○%의 무상지분을 주겠다.' 라는 것이잖아. 그래서 이러한 무상지분율을 시공사가 제시를 하려면 사업제안 당시에 그 사업구역내의 종전자산 가격을 알아야만 종전자산 가격 대비 ○%를 무상지분으로 제공하겠다는 제안을 할 수가 있는데, 일반적으로 재건축단지는 아파트이기 때문에 그 단지 전체의 시가를 금방 파악할 수가 있으나, 재개발단지는 주로 단독주택단지여서 집집마다 가격이 다 다르기 때문에 조합원들이 소유하고 있는 자산 가치를 미리 예상을 할 수가 없어. 그래서 재개발단지의 경우에는 대부분 도급제를 선택할 수밖에 없는 것이야~"

"아하, 그래서 너희네 동네는 도급제를 택하게 되었구나."

"응. 여러 번 회의를 거쳐서 결정하게 되었는데, 그 정확한 것은 변호사님께 다시 한 번 더 들어보도록 하자"

"그래."

법률사무소 국토
김조영 대표변호사의 동영상 강의

♣ 지분제와 도급제 방식의 이익비교

지금 고 여사와 배 여사는 재건축·재개발에 있어서 가장 중요한 부분인 지분제·도급제에 관하여 말씀을 나누고 있습니다. 사업을 진행하면서 "지분제사업방식으로 할 것인가, 아니면 도급제사업방식으로 할 것인가"하는 점은 굉장히 중요한 문제입니다.

자, 여러분. 이상에서 살펴본 바와 같이, 고 여사님이 생각한 것처럼만 사업이 진행되어 주면 분명히 지분제보다는 도급제가 더 많은 이익을 남기게 된다는 것을 알 것입니다. 왜냐하면 시공사가 가지고 가게 되는 이익을 조합이 이를 거두게 되고, 결국에는 조합원들에게 배당이 될 것이기 때문입니다.

♣ 현실적으로는 누가 더 이익일지 모름

하지만 실제 사업을 완료하였을 경우에 어느 사업방식이 더 이익일

지는 모릅니다.

첫째, **도급제**의 경우에는 사업을 진행하면서 발생하는 **모든 이익을 조합원들이 챙기지만 손실 또한 조합원들이 전부 감수**하여야 합니다. 즉, 공사가 순조롭게 진행되고 신축아파트 일반분양도 잘되어 높은 가격으로 분양가가 형성되면 다행이지만, 그렇지 않고 미분양이 된다거나 일반분양가가 하락되어 분양대금수입이 적어지게 되면 예상했던 수입보다 적게 되고, 심지어는 모든 사업에 따른 손실을 조합원들이 떠안게 되기 때문이지요.

둘째, **도급제**의 경우에는 도급공사비 및 사업경비지급을 위하여 조합원들이 **사업도중에 부담금을 계속하여 납부**하여야 합니다.

지분제 사업의 경우에는 도급공사비 및 사업경비를 시공사가 부담하여 자신의 비용으로 지급해 가면서 사업을 진행하게 되나, 도급제의 경우에는 도급공사비 및 사업경비지급을 위하여 조합원들이 중간 중간 많은 금액의 부담금을 납부하여야만 공사가 계속될 수가 있는 것입니다. 왜냐하면 도급공사의 수급인인 시공사로서도 중간 중간에 공사비를 지급받아야만 그 다음 공사를 진행할 수가 있기 때문입니다. 적게는 수백억 원이나 심지어 수천억 원의 공사비가 소요되는 재건축/재개발사업에 있어서 공사대금을 외상으로 하고 공사를 계속할 수는 없기 때문입니다.

그런데 실제로는 조합원들의 부담금 납부실적이 저조하여 공사가 중단되는 경우도 있고, 공사가 완료된 뒤에도 공사금액을 미납하여 입주하지 못하는 경우도 더러 발생하고 있습니다.

따라서 계산상으로는 지분제보다 도급제가 더 이익일 것 같으나, 사업 중간에 발생하는 각종 위험적인 요소와 경비를 조합원들이 부담하여야 하기 때문에 결과적으로 어느 것이 더 이익이 될 지는 장담

할 수가 없는 것이지요.

♣ 그래도 둘 중에 어느 것을 선택하는 것이 나을까요?

고 여사는 그래도 둘 중에 어느 것을 선택하는 것이 나을지에 관하여 고민을 하게 되었다. 왜냐하면 어차피 둘 중에 하나는 선택을 할 수 밖에 없기 때문이다.

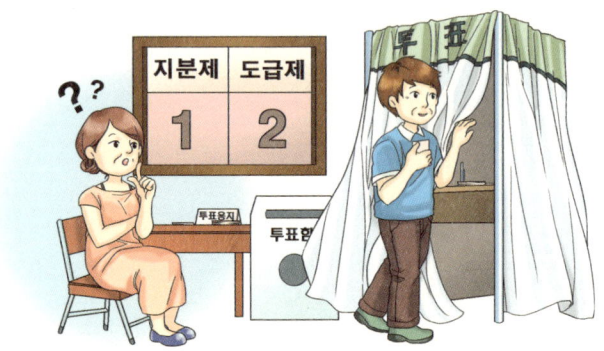

[도급제냐 지분제냐? 이 것 쉬운 문제가 아닙니다!]

결론은 이것이다. 간단히 요점을 정리하면 아래와 같다.

지분제 · 도급제의 선택

Key Point

1. 지분제가 도급제와 다른 점은?
   ① 사업에 대한 각종 위험부담
   ② 개발이익
   ③ 각종 사업비용 부담

2. 안정적인 무상지분만을 바랄 경우
   ⇒ **지분제**

3. 개발이익을 나누어 수익을 극대화 하고 싶을 경우
   ⇒ **도급제**

지분제 · 도급제의 선택

Key Point

4. 주택가격 상승시
   ⇒ **도급제**

5. 주택가격 하락시
   ⇒ **지분제**

6. 소유자들이 각종 사업경비를 부담할 능력이 없을 경우
   ⇒ **지분제**

♣ 언제 결정하게 되는가요?

어느 재건축/재개발사업장에 있어서 지분제방식으로 사업을 할지, 아니면 도급제방식으로 사업을 진행할지에 관하여는 보통 시공자를 선택하는 조합 총회나 또는 그 이전 조합 총회에서 결정을 하게 됩니다. 조합에서 시공사를 선정하기 전에 지분제방식을 채택할지 도급제방식을 채택할지에 관하여 "사업방식 결의의 건"을 총회안건으로 상정하여 총회 의결로 먼저 사업방식을 정한 다음에, 그 다음에 '시공자선정결의의 건'을 진행하여야 합니다.

하지만 시공자선정총회이전에 시공자 선정공고 및 입찰지침서를 배포할 때에 사업방식에 관한 내용을 미리 결정하여 시공자들에게 설명을 하여야만 시공사들이 그 사업방식에 맞는 사업제안을 할 수가 있기 때문에, 일반적으로는 대의원회에서 먼저 사업방식에 관한 결의한 뒤에 선택된 방식대로 입찰공고를 하고 사업제안서를 받은 뒤에, 이를 전제로 위에서 보신 바와 같이 시공자선정 총회 때에 '사업방식 결의의 건'을 안건으로 상정하여 결의하게 되는 것입니다.

☞ 홈페이지(www.r119.co.kr)의 동영상 강좌를 들으시면
　 더 쉽고 더 자세하게 이해하실 수 있습니다.

33. 시공자의 중요성 및 수익구조

정비사업에 있어 시공자가 왜 중요하며, 무슨 이익을 얻기에 그렇게 목숨걸고 덤벼드는가요?

Key Point

조합이 재건축·재개발등 정비사업을 하려고 할 경우 가장 중요한 협력업체가 시공자라고 한다. 시공자는 그냥 공사업체에 불과한데 도대체 왜 시공자가 그렇게 중요하며, 또 시공자가 휘두르는 대로 따라가는 경우가 많은 것인가?

단순히 공사업체라는 역할 이외에 더 많은 역할을 하는 것인가?

법률사무소 국토
김조영 대표변호사의 **동영상 강의**

1. 정비사업의 쌍두마차

흔히 재건축·재개발등 정비사업을 할 경우에 조합과 시공자를 사업의 쌍두마차라고 합니다. 사업상 중요한 역할을 시공자가 담당하고 있음을 표현하는 말입니다.

그런데 우리가 일반적으로 생각할 때에 시공자는 그냥 공사하는 건설회사가 아닌가요? 도대체 공사업체 이외에 어떤 역할을 하고 있는 것인가요?

조합과 시공자간의 역할을 아래와 같이 설명할 수 있습니다.

조합
① **사업시행의 주체**
② 조합원 의사결정의 주체
③ 시공자의 고객

시공자
① **공사**의 주체
② **자금조달**의 주체

2. 조합의 입장에서 본 시공자의 역할

조합의 입장에서 본 시공자는 아래와 같은 역할을 하게 됩니다.

가. 신축공사를 해 주는 건설회사

○ 신축공사를 해 주는 건설회사인데, 만약에 **공사를 중단하거나, 부실공사로 인한 공사하자가 발생하거나, 마감자재공사가 미흡하여 입주민들의 불만을 사거나, 공사기간을 지연**시키면 조합의 입장에서는 엄청나게 힘든 **물질적·정신적 고통**을 당하게 됩니다.

나. 자금 조달 역할

○ 재건축·재개발등 정비사업의 경우에는 소유자들이 초기자금을 납부하지 않고 진행하고 있어서 정비사업에 필요한 각종 사업경지를 시공자가 자금조달을 안 해 주면 사업진행이 안됩니다.

○ 신탁회사가 사업시행자가 될 경우에는 자금을 신탁회사가 조달해 오기 때문에 시공자가 자금조달업무는 하지 않는 단순 시공업체가 될 수도 있습니다.

○ 일반적으로 **자금조달의 방식**에는 아래의 2가지가 있습니다.

① 시공자가 조합에 직접 대여
② 조합이 금융기관으로부터 대여시 연대보증

3. 시공자의 예상이익

○ 그러면 일반적으로 시공자는 어떤 이익을 예상하고 있을까요? 도급제 사업과 지분제 사업이 약간 다릅니다.

○ 도급제 사업의 경우에는 "**도급공사로 인한 공사비 이익**"을 예상하고 있고, 지분제 사업의 경우에는 "**도급공사로 인한 공사비 이익 및 사업진행에 따른 사업수익**" 까지 예상하게 됩니다.

4. 그러면 왜 선정되려고 노력하는 것일까요?

① 공사가 대규모입니다. 신축세대수가 보통 500가구 ~ 수천가구에 달합니다.

② 지분제 사업이 아니더라도 도급공사만으로도 수익이 가능합니다.

③ 그리고 지분제 사업의 경우에는 사업이익까지 가지게 됩니다.

④ 개발사업과 달리 토지매수대금이 필요 없습니다. 토지는 조합원이 될 소유자들이 모두 소유하고 있기 때문입니다.

⑤ 그래서 금융비용까지 부담하면서 수주하려고 노력하는 것입니다.

⑥ 일반적으로 주택가격상승기에는 지분제, 하락기에는 도급제를 선호하게 됩니다. 조합은 이와 반대가 되겠지요?

34. 무이자이주비, 유이자이주비

> 무이자 이주비라는 것은 무엇인가요? 또 유이자 이주비는 무엇인가요?

Key Point

재건축·재개발을 할 때에 기존의 건축물을 철거하고 이사를 가게 되는데, 이 때 이주비를 조합에서 빌려 준다고 합니다. 그런데 이주비 중에 무이자 이주비가 있고 또 유이자 이주비가 있다고 하는데 무슨 차이가 있는가요?

법률사무소 국토
김조영 대표변호사의 동영상 강의

♣ **이주비는 대개 금융기관에서 조합원에게 빌려주는 것이고 모두 이자가 발생합니다.**

'**이주비**'라고 함은 사업구역내의 주택이나 건물에 거주하고 있는 소유자들이 공사기간 동안에 집을 비우고 이사를 나가야 하는데, 그런 사람들이 다른 지역에 전셋집을 얻을 때에 임대차보증금등으로 사용하라고 금융기관에서 대출을 해 주어 조합원들이 받아가는 대출금을 말합니다.

주로 시공자가 자신이 마련한 자금으로 빌려주거나, 금융기관으로부터 토지등소유자 개인의 이름으로 대출을 받고 시공자가 보증을 서는 경우가 많으며, 이때 대출금에 대한 이자를 시공자가 자신의 부담으로 대신 납부하게 되면 소유자의 입장에서는 이자가 없는 것이나 마찬가지여서 이때의 이주비를 "**무이자 이주비**"라고 하고, 이자를 대출자인 토지등소유자 본인이 부담하는 이주비를 "**유이자 이주비**"라고 합니다.

대개는 시공자선정시에 입찰에 참여하는 시공자에서 제안을 하는데, 무이자 이주비를 "기본 이주비"라고도 표현을 하면서 이주비대출금에 대한 이자를 시공자가 부담하여 금융기관에 납부하게 되고, 유이자 이주비는 "추가 이주비"라는 명칭으로도 사용하며 무이자 이주비만으로는 전세금이 부족한 경우에 추가로 금융기관 등으로부터 대출을 받게 되는데, 이 때 발생하는 이자는 대출을 받은 조합원들이 직접 부담하여 금융기관에 납부를 하게 됩니다.

그리고 **이 이주비는 나중에 입주 시에 반환을 해야 하는 돈**입니다.

예를 들면, 어느 조합의 조합원 개인당 기본이주비(무이자 이주비)가 1억 5,000만원인데, 그 주변의 전세금이 2억 원인 경우에는 기본이주비 이외에 5,000만원을 더 대출을 받아야만 주변지역에 전세계약을 할 수가 있는 것입니다.

따라서 기본이주비 1억 5,000만원은 무이자(시공자가 대신 납부해줌)로 대출을 받고, 나머지 5,000만원은 대출을 받은 뒤 그 이자는 조합원 본인이 납부하여야 하는 것입니다. 그리고 결국에는 나중에 입주 시에 위 기본이주비와 유이자 이주비는 전부 갚아야 하는 돈이지요.

다만, 이러한 기본이주비 및 추가이주비는 조합원 자신이 소유하고 있는 주택이나 상가 등 부동산을 담보로 하여 대출을 받는 것이기 때문에, 자신이 소유하고 있는 부동산에 이미 근저당권 등 담보가 설정되어 있으면 해당 부동산의 시가에서 그 담보금액을 공제한 나머지 금액의 한도 내에서 대출을 받게 됩니다. 따라서 각 조합원별로 이주비를 받는 금액이 다를 수가 있습니다.

> **최고의 이주 지원 혜택**
>
> ☑ **무이자 이주비 세대당 평균 1억 5천만원 지급**
> 조합원님을 위해 넉넉한 이주비를 준비했습니다.
> 모든 조합원님들께서 만족하는 이주를 하실 수 있도록 지원해 드립니다.(이주비 당사 보증)
>
> ☑ **이사 비용 세대당 3,000만원 지급**
> 무상 지급 1,000만원 + 무이자 대여 2,000만원
> 모든 조합원님들께서 편안히 이사를 하실 수 있도록 세대당 총 3,000만원의 이사비용을 지원해 드립니다.

[시공자로 선정되기 위하여 최고의 이주지원혜택을 제안하고 있다.]

어느 시공사가 시공자선정단계에서 조합에 입찰제안서를 제출할 때에 이주비등을 제안하는 내용을 살펴보면 위와 같습니다. 위 내용은 무이자 이주비 이외에도 이사비용까지 제안하는 내용을 담고 있습니다.

무이자 이주비를 세대당 평균 1억 5,000만원을 지급하고(이주비는 시공사가 지급보증함), 이주비와 별도로 이사하는데 소요되는 이사비용을 세대당 3,000만원을 지급하는 것으로 제안되어 있습니다.

이때 혼동하지 말아야 할 것은, 공짜로 주는 이사비용은 1,000만원이고(무상지급이라고 기재되어 있음), 나머지 2,000만원은 무이자로 빌려주는 것이기 때문에 입주시에 반환을 하여야 하는 것이니 착오 없으시기 바랍니다.

♣ 2018.2.9.이후 시공자 선정의 경우에는 무이자이주비, 이사비 등의 제안을 할 수 없음

그런데 시공자선정과 관련하여 건설회사 등이 이주비, 이사비등을 과도하게 제안하여 사회적으로 물의를 빚자 국토교통부에서는 2018.2.9.부터 시행된 국토교통부 고시 '정비사업 계약업무처리기준' 제29조제2항에서 "사업시행자등은 건설업자등에게 이사비, 이주비, 이주촉진비, 「재건축초과이익 환수에 관한 법률」 제2조제3호에 따른 재건축부담금, 그 밖에 시공과 관련이 없는 사항에 대한 금전이나 재산상 이익을 요청하여서는 아니 된다."라는 금지조항을 두어 위 일자 이후에 진행되는 시공자 선정절차에서는 무이자이주비, 유이자이주비, 이사비 등의 제안사항을 볼 수가 없을 것 같다.

☞ 홈페이지(www.r119.co.kr)의 동영상 강좌를 들으시면
더 쉽고 더 자세하게 이해하실 수 있습니다.

35. 정비사업과 세입자

> 정비사업은 소유자만 할 수 있는가요?
> 세입자는 하지 못하는 것인가요?

Key Point

　재건축·재개발등 정비사업은 소유자만을 위한 것인가요?
　사업이 진행되면 그 곳에 살고 있던 세입자도 모두 이사를 나가야 되는데, 세입자가 정비사업에 참여할 수 있는 방법은 없는가요?

법률사무소 국토
김조영 대표변호사의 **동영상 강의**

1. 세입자가 서러운 이유

　재건축·재개발 사업이 아니더라도 일반적으로 세입자가 서러운 이유가 무엇인가요?

　주택임대차계약기간은 기본이 2년이고, 상가건물임대차계약기간은 기본이 1년인데, 이 법이 적용되어 계약갱신을 하더라도 5년 또는 10년만 연장할 수 있습니다.

　그래서 결국 임대차기간이 종료되면 이사를 가야 하기 때문에 주거

또는 사업이 불안정하게 되는 것이지요.

만약에 이사를 가지 않으려면 계약갱신 때 임대차보증금 및 임대료를 주인이 요구하는 대로 인상해 주어야 하는데, 이것이 어려워 결국 이사를 나가야 하는 경우가 많이 발생하는 것입니다.

그리고 세입자가 이사 나갈 때에 주인이 새로 들어오는 세입자로부터 보증금을 받아서 나가는 세입자에게 주기 때문에 세입자는 이사 나가는 날에도 불안한 마음을 떨칠 수가 없습니다.

정부에서 발표할 때에는 주택보급률이 100%가 넘기 때문에 공급은 제대로 되어 있다고 말하는데, 왜 대도시의 경우에 자신이 소유한 주택에서 자신이 살고 있는 주택의 비율인 '자가점유비율'이 40%~60% 밖에 되지 않는 것일까요?

결국 40%~60%만 자신 소유 집에 살고 있고, 나머지는 전부 다른 사람 소유집에 사는 세입자라는 것 아닌가요?

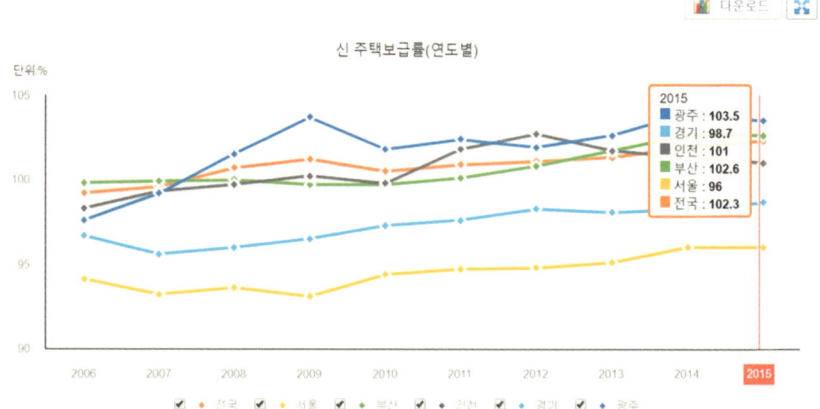

[주택보급률은 100%정도에 이른다]

1. 자가점유비율

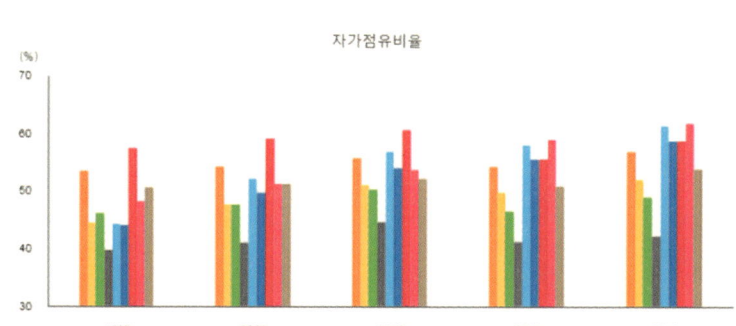

[하지만 자가점유비율은 40%~60%에 불과하다]

2. 도시 및 주거환경정비법상 조합원의 개념

○ 도시 및 주거환경정비법 제39조(조합원의 자격 등)에는 「① 제25조에 따른 정비사업의 조합원(사업시행자가 신탁업자인 경우에는

위탁자를 말한다. 이하 이 조에서 같다)은 **토지등소유자**(재건축사업의 경우에는 재건축사업에 동의한 자만 해당한다)로 하되, 다음 각 호의 어느 하나에 해당하는 때에는 그 여러 명을 대표하는 1명을 조합원으로 본다......」라고 규정하여 토지등소유자만 조합원이 될 수 있는 것으로 규정되어 있습니다.

○ 그런데 위 법 제2조(정의) 제9호에는 아래와 같이 규정되어 있습니다.

「9. "**토지등소유자**"란 다음 각 목의 어느 하나에 해당하는 자를 말한다......

가. 주거환경개선사업 및 재개발사업의 경우에는 정비구역에 위치한 토지 또는 건축물의 **소유자** 또는 그 지상권자

나. 재건축사업의 경우에는 정비구역에 위치한 건축물 및 그 부속토지의 **소유자**」

○ 따라서 소유자만 조합원이 될 수 있고, 세입자는 조합원이 될 수가 없도록 되어 있기 때문에 세입자는 정비사업의 주체가 될 수가 없습니다.

○ 그 이유는 조합원이 되면 자신이 소유하고 있던 부동산을 현물로 출자하고 신축아파트나 상가를 분양받게 되는데, 소유자뿐만 아니라 세입자까지 신축건축물을 조합원 분양가로 분양받게 되면 일반분양수입이 발생하지 않아 재건축·재개발사업이 불가능할 수도 있기 때문입니다.

○ 만약에 용적률 상승을 지금보다 2~3배로 상승시켜주면 세입자에게도 혜택이 가능 사업을 할 수가 있을 수도 있을 것입니다.

36. 정비사업별 신축건축물의 종류

우리 정비사업에는 어떤 종류의 건축물을 신축할 수 있는가요?

Key Point

재건축·재개발 등 사업에 있어서 신축할 수 있는 건축물이 무엇인지에 따라 사업수익이 크게 좌우된다.
그래서 사업시행자가 건축물의 층수나 아파트, 오피스텔, 사무용 빌딩 중 수익이 많이 남는 건축물을 마음대로 선정하여 신축할 수 있도록 허용하면 안되는가?

법률사무소 국토
김조영 대표변호사의 **동영상 강의**

1. 여러 용도와 높이의 건물

우리의 주변을 보면 많은 종류의 건물이 있음을 볼 수 있습니다. 크게 주택과 상가점포 건물, 그리고 업무용 사무실 건물 등이 있는데, 이 종류에 따라 높이, 용적률등도 다릅니다.

그런데 재건축·재개발사업은 기존의 건축물을 허물고 그 땅위에 신축건축물을 짓는 것이 기본이기 때문에 소유자들은 가급적 그 땅위에 높게, 이익이 많이 나는 유형의 건물을 짓고 싶어 할 것입니다.

　이런 경우에 소유자들이 신축건축물의 유형을 마음대로 짓도록 허용하면 어떤 결과가 초래될까요?

　재건축·재개발사업은 대부분 기존주택이 낡아져서 신축주택을 짓는 것이 목적인데, 이익이 많이 발생하는 상가점포, 사무실빌딩 등을 높게만 짓게 되면 주택공급이 많이 부족하게 될 것입니다.

　그래서 법으로 각 사업별 신축건축물의 종류를 정해 두고 있습니다.

2. 각 정비사업별 신축할 수 있는 건축물의 유형

　도시 및 주거환경정비법 제23조에는 각 사업별로 신축할 수 있는 건축물의 종류를 규정하고 있습니다.

　법령 내용 및 해설은 동영상 강의를 참조하시고, 결론적으로 요약하면 아래와 같습니다.

종류	신축,공급가능한 건축물등 유형
주거환경개선사업	주택 및 부대시설·복리시설, 환지
재개발사업	건축물, 환지
재건축사업	주택 및 부대시설·복리시설, 오피스텔

☞ 홈페이지(www.r119.co.kr)의 동영상 강좌를 들으시면 더 쉽고 더 자세하게 이해하실 수 있습니다.

37. 일반분양가 자율화의 양면성

일반분양가가 자율화되면 좋은 것일까요?

Key Point
재건축·재개발은 기존세대수 대비 증가세대수가 많아서 일반분양분이 많아야 하고, 또 일반분양가도 높아져야만 수익이 많이 나기 때문에 무조건 일반분양가 자율화를 주장하고 있는데, 일반분양가가 자율화되면 과연 좋은 것일까요?

법률사무소 국토
김조영 대표변호사의 **동영상 강의**

1. 서울의 아파트 분양가 상승추이

일반분양가와 관련하여, 먼저 서울의 일반분양가 상승추이를 알아보도록 하겠습니다.

1997년말에 IMF 사태가 있었는데, 그 뒤 약 3년 만에 부동산 경기가 회복되었습니다. 그 때 쯤인 2000년부터 2018년까지의 일반분양가 추이를 살펴보면 아래 그래프와 같습니다.

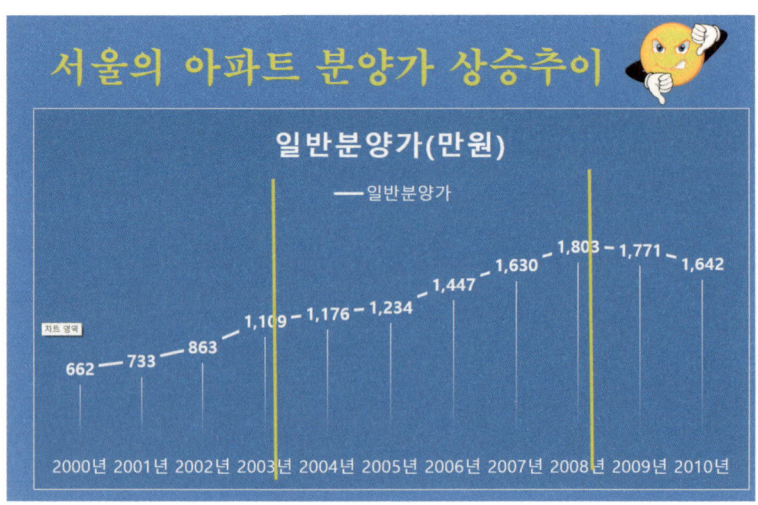

〈2003년~2010년〉

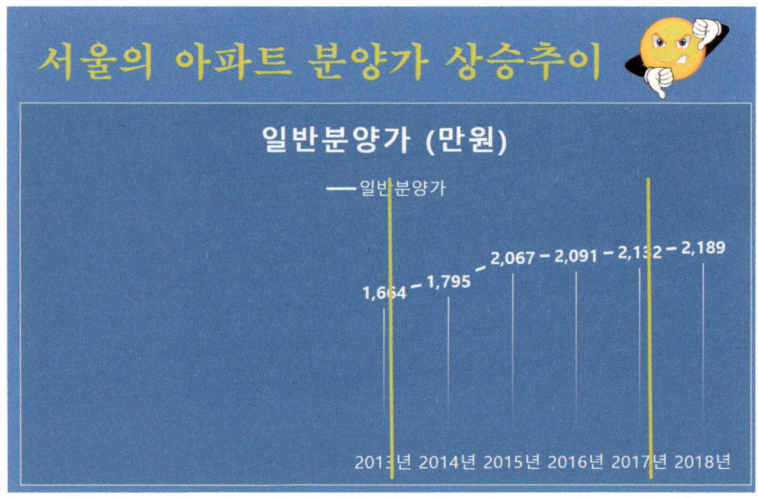

〈2013년~2018년〉

○ 2000년에 평당 662만원이었던 서울시 평균 일반분양가가 도시 및 주거환경정비법이 시행되던 2003년도에는 1,109만원으로 상승하였고, 2008년도에는 1,803만원으로 상승하였습니다. 8년만

에 2.7배, 즉 170%가 상승하였습니다.

○ 그리고서는 2008년을 정점으로 일반분양가가 하락하다가 2013년에 1,664만원으로 회복을 한 뒤에 계속 상승하여 2018년에는 2,189만원까지 상승하였습니다.

2. 일반분양가를 자율화 할 경우 나타나는 현상

○ 일반분양가를 자율화 하면 아래와 같은 현상이 나타나게 됩니다.

일반분양가 자율화

1. 분양가 자율화를 할 경우 나타나는 현상

1) 신축아파트의 분양가를 높여서 받을 수 있음
   → 일반분양수입을 증가 → 개발이익이 증가

2) 분양가를 과도하게 높이면 미분양 발생 가능
   → 미분양 아파트라는 나쁜 이미지 발생할 수 있음

3) 조합원들의 초과분양면적에 대한 분담금이 증가될 가능성 (지분제 사업의 경우)
   → 초과면적 x 일반분양가

4) 주위 다른 주택가격 상승 초래
   → 부동산 가격 상승 초래, 저소득층 고통증가

3. 일반분양가를 상한제를 할 경우 나타나는 현상

○ 반대로 일반분양가 상한제를 시행할 경우에는 다음과 같은 현상이 나타나게 됩니다.

일반분양가 자율화

2. 분양가 상한제의 경우 나타나는 현상

1) 신축아파트의 분양가가 제한을 받음
   → 일반분양수입 감소 → 개발이익 감소
   → 주택공급 감소 (장기적인 주택가격 상승요인)

2) 분양가가 높지 않아 분양신청률 증가 가능성
   → 분양가를 적정하게 산정 → 분양신청률 증가

3) 조합원들의 초과분양면적에 대한 분담금 적정
   → 초과면적 x 일반분양가

4) 주위 다른 주택가격 상승 초래 요인 감소
   → 부동산 가격 상승 요인 감소

4. 결 론

○ 위에서 살펴보신 것처럼, 일반분양가를 자율화하였을 경우의 장·단점과 분양가상한제를 실시하였을 경우의 장·단점이 각각 있습니다.

○ 그런데 어느 것을 택하는 것이 과연 좋은 주택정책일까요? 저의 개인적인 의견은 아래와 같습니다.

김조영 변호사 의견

■ **분양가 상한제는 유지되어야 한다.**

1) 일반분양가 상승은 주변 주택가격 상승의 주요인
   → 투입원가 대비 과도한 분양가 상승은 사업자 수익만 증가 → 주변 주택가격 상승 → 전세 가격 상승 → 삶의 질 하락

2) 분양가 심사위원회에서 적정한 분양가 결정
   → 택지비, 건축비, 적정이윤 등을 조사하여 결정

3) 사업이익 감소로 인한 주택공급 감소 해결방안
   → 용적률 완화로 사업이익 보장 → 주택공급 증가

☞ 홈페이지(www.r119.co.kr)의 동영상 강좌를 들으시면 더 쉽고 더 자세하게 이해하실 수 있습니다.

38. 신탁업자의 정비사업 진출

신탁업자가 사업시행자가 되었을 경우의 찬·반 입장

Key Point
현행법상 신탁업자가 사업시행자가 될 수 있는 경우는 어떤 사업인가?
신탁업자가 단독으로 사업시행자가 될 수 있는가?
신탁업자가 단독사업시행자가 되었을 경우의 장단점은?

법률사무소 국토
김조영 대표변호사의 **동영상 강의**

1. 신탁업자가 공동사업시행자가 될 수 있는 경우

 현행 정비사업에는 주거환경개선사업, 재개발사업, 재건축사업 등 3가지가 있습니다. 주로 알고 있는 사업의 주체인 사업시행자는 조합인 경우가 많이 있는데, 현행법상 신탁업자가 공동사업시행자가 될 수 있는 경우는 재개발사업에 국한되어 있습니다.

사 업	시행자
주거환경개선사업	단독 : 시장·군수 직접 또는 토지 주택공사등, 공공기관출자법인 공동 : + 건설업자 또는 등록사업자
재개발사업	단독 : 조합 또는 토지등소유자(20인 미만) 공동 : + 시장·군수, 토지주택공사등, 건설업자, 등록사업자, 신탁업자, 한국감정원
재건축사업	단독 : 조합 공동 : + 시장·군수, 주택공사등, 건설업자, 등록사업자, (신탁업자 x, 한국감정원 x)

위에서 보시는 바와 같이 신탁업자는 재개발사업의 경우에만 조합 또는 토지등소유자와 공동으로 사업시행자가 될 수 있도록 규정되어 있습니다.

2. 신탁업자가 단독 사업시행자가 될 수 있는 경우

그런데 신탁업자가 단독으로 사업시행자가 될 수 있는 경우가 있습니다.

도시 및 주거환경정비법 제27조에 보면 재개발사업·재건축사업의 지정개발자라는 것이 있는데, 이 지정개발자로 지정되면 재개발사업 또는 재건축사업을 단독으로 시행할 수 있습니다.

지정개발자는 시장·군수가 지정을 하게 되는데, 신탁업자가 지정개발자로 지정되려면 3가지 요건중에 어느 하나만 충족하면 신탁업자가 지정개발자로 지정되어 단독사업시행자가 될 수 있습니다.

이 3가지 요건중 3호의 경우가 가장 일반적으로 선호하는 방법인데 아래에 그 조문을 굵은 글씨로 표시해 보겠습니다.

도시 및 주거환경정비법	도시 및 주거환경정비법 시행령
제27조(재개발사업·재건축사업의 지정개발자) ① 시장·군수등은 재개발사업 및 재건축사업이 다음 각 호의 어느 하나에 해당하는 때에는 토지등소유자, 「사회기반시설에 대한 민간투자법」 제2조제12호에 따른 민관합동법인 또는 신탁업자로서 대통령령으로 정하는 요건을 갖춘 자(이하 "지정개발자"라 한다)를 사업시행자로 지정하여 정비사업을 시행하게 할 수 있다.〈개정 2018. 6. 12.〉 1. 천재지변, 「재난 및 안전관리 기본법」 제27조 또는 「시설물의 안전 및 유지관리에 관한 특별법」 제23조에 따른 사용제한·사용금지, 그 밖의 불가피한 사유로 긴급하게 정비사업을 시행할 필요가 있다고 인정하는 때 2. 제16조제2항 전단에 따라 고시된 정비계획에서 정한 정비사업시행 예정일부터 2년 이내에 사업시행계획인가를 신청하지 아니하거나 사업시행계획인가를 신청한 내용이 위법 또는 부당하다고 인정하는 때(재건축사업의 경우는 제외한다) 3. 제35조에 따른 재개발사업 및 재건축사업의 조합설립을 위한 동의요건 이상에 해당하는 자가 신탁업자를 사업시행자로 지정하는 것에 동의하는 때 ② 시장·군수등은 제1항에 따라 지정개발자를 사업시	제21조(지정개발자의 요건) 법 제27조제1항 각 호 외의 부분에서 "대통령령으로 정하는 요건을 갖춘 자"란 다음 각 호의 어느 하나에 해당하는 자를 말한다. 1. 정비구역의 토지 중 정비구역 전체 면적 대비 50퍼센트 이상의 토지를 소유한 자로서 토지등소유자의 50퍼센트 이상의 추천을 받은 자 2. 「사회기반시설에 대한 민간투자법」 제2조제12호에 따른 민관합동법인(민간투자사업의 부대사업으로 시행하는 경우에만 해당한다)으로서 토지등소유자의 50퍼센트 이상의 추천을 받은 자 3. 신탁업자로서 정비구역의 토지 중 정비구역 전체 면적 대비 3분의 1 이상의 토지를 신탁받은 자 ◀【해설】 • 3호 : 신탁업자들은 시행령 3호, 법 3호의 요건을 충족하여 자신이 지정개발자로 지정되는 절차를 주로 진행하려고 하고 있다. • 그래서 토지 면적의 1/3이상 토지를 신탁받고 동시에 조합설립동의율인 3/4이상의 지정개발자 지정 동의를 받아 신탁업자가 지정개발자가 되어 사업시행자가 되려고 하는 절차를 주로 진행하게 된다.

이와 같이 신탁업자가 지정개발자로 지정되어 단독으로 사업을 시행할 수 있는 절차에 관하여는 추후 자세하게 설명드리도록 하고, 본 강의에서는 단독으로 사업을 시행하게 되었을 경우의 장·단점을 살펴보도록 하겠습니다.

3. 신탁업자가 단독 사업시행자가 되었을 경우 정비사업 진행절차

신탁업자가 지정개발자로 지정되어 단독으로 사업시행자가 되었을 경우에는 정비사업 진행절차상 아래 흰색으로 표시된 부분인 '추진위원회 구성승인, 창립총회, 조합설립인가' 절차가 생략되게 됩니다.

따라서 그 만큼 사업진행이 빨라 질 수는 있습니다.

4. 신탁업자 진출에 대한 찬성입장

신탁업자의 정비사업 진출에 관하여는 찬·반 논쟁이 많이 뜨거운 상황입니다.

먼저 찬성하는 입장의 설명을 들어보면 다음과 같습니다.

① 신탁업자를 단독시행자로 선정하면 사업진행이 엄청나게 빨라진다.

② 추진위원장이나 조합장의 비리가 사라진다.

③ 신탁회사의 자금력으로 공사비 등 협력업체에 대한 비용을 지급할 수 있어 사업이 중단될 가능성은 매우 적다.

④ 토지등소유자와 도급제 방식으로든 지분제 방식으로든 원하는 대로 할 수 있다.

⑤ 일반분양이 잘 안되더라도 그 정도의 위험부담은 신탁회사의 자금력으로 충분히 부담할 수 있다.

⑥ 추진위, 조합 운영비가 들지 않는다.

⑦ 각종 협력업체의 용역비 단가를 줄여서 사업비용을 최대한 줄

일 수 있다.

⑧ 추진위원회나 조합이 있다고 하더라도 이를 해산하고 우리를 사업시행자로 지정하면 기존에 투입된 모든 비용을 우리가 부담하겠다.

5. 신탁업자 진출에 대한 반대 입장

반면에 반대하는 입장도 만만치 않습니다.

① 신탁업자의 정비사업담당 직원들의 지식이 부족할 수 있다.

② 신탁업자에게 수수료 또는 사업이익을 별도로 주어야 한다.

③ 신탁업자도 여러 곳의 정비사업을 하다 보면 자금력이 부족할 수 있다.

④ 신탁업자가 사업에 대여해 주는 자금의 이율이 기존의 시공자 연대보증하에 금융기관으로부터 대출받던 것에 비하여 높을 수 있다.

⑤ 신탁업자와의 계약을 해제하려면 통상적으로 동의한 비율과 동일(3/4이상)하게 시행자지정해제를 하여야 하기 때문에 해제가 어려워 일방적으로 끌려갈 수 있다.

⑥ 사업시행에 관한 모든 의사결정을 신탁업자가 전횡하더라도 단독시행자이기 때문에 통제가 쉽지 않다.

⑦ 신탁업자의 이익과 토지등소유자의 이익이 충돌할 때에는 회사의 이익을 우선시 할 수밖에 없다.

⑧ 협력업체 선정에 있어서 신탁업자 직원에 의한 새로운 비리가 발생할 수도 있다.

⑨ 지분제 방식의 경우에 신탁업자의 이익을 위하여 저가 위주로 협력업체 선정시 능력이 부족한 협력업체가 선정될 수가 있다.

6. 결 론

신탁업자의 정비사업 진출이 잘 안 되는 사업장의 활력소가 될 수도 있고, 또 사업진행에 걸림돌이 될 수도 있을 것입니다.

위에 장단점을 모두 말해 두었으니 잘 선택하여 신중하게 결정을 하시기 바랍니다.

☞ 홈페이지(www.r119.co.kr)의 동영상 강좌를 들으시면
더 쉽고 더 자세하게 이해하실 수 있습니다.

39. 정비사업 진행여부 결정권자

정비사업 진행을 결정하는 것은 누구인가요?

Key Point
 정비사업에는 추진위원회, 조합, 정비사업전문관리업자, 시공자 등 각종 협력업체 등이 모두 관여하고 있습니다.
 이렇게 많은 업체등이 있는데, 과연 정비사업 진행을 결정하는 것은 누구일까요?

**법률사무소 국토
김조영 대표변호사의 동영상 강의**

1. 정비사업 진행절차 중 소유자들의 동의를 받아야 하는 단계

 정비사업은 시장·군수가 진행해 주는 것도 아니고, 또 추진위원회나 조합 임원이 강제적으로 진행을 한다고 하여 진행이 되는 것이 아닙니다.

 각 단계별로 필수적으로 토지등소유자의 동의가 있어야만 그 다음 단계로 진행이 됩니다.

위 사업진행에 있어 토지등소유자의 동의를 받아야 하는 시기를 보면 아래와 같습니다.

① 정비구역이 지정된 뒤 추진위원회를 구성할 때에 토지등소유자 과반수의 동의를 받지 않으면 구성할 수가 없습니다.

② 추진위원회 구성승인을 받은 뒤에 조합을 설립하기 위하여 창립총회를 개최하려면 토지등소유자의 3/4이상(사업별로 약간 차이가 있음)의 동의를 받지 않으면 창립총회를 개최할 수가 없습니다. 그리고 그 뒤 조합설립인가를 받을 때에도 이 동의율은 유지되어야 합니다.

③ 추진위단계에서나 조합단계에서 시공자 등 각종 협력업체를 선정하여야 하는데, 이 또한 토지등소유자나 조합원들이 선정하게 됩니다.

④ 조합설립인가를 받은 뒤에 구체적인 사업시행계획을 수립하여 사업시행계획총회에서 결의를 하려면 조합원 과반수 또는 2/3의

동의를 받아야 합니다.

⑤ 사업시행계획인가를 받은 뒤 조합원 분양신청을 받게 되는데, 조합원들의 분양신청율이 저조하면 이 또한 그 다음 단계로 진행하기가 어렵습니다.

⑥ 분양신청현황을 기초로 하여 관리처분계획을 수립하여 총회에서 의결을 받으려면 조합원 과반수 또는 2/3이상의 동의를 받아야만 합니다.

⑦ 관리처분계획인가 후 이주를 하게 되는데, 만약에 조합원들이 제대로 협조를 해 주지 않으면 사업진행에 많은 차질이 발생하게 됩니다.

2. 결론

이상에서 알 수 있는 것처럼 정비사업진행을 결정하는 것은 결국 토지등소유자 또는 조합원들인 것입니다. 따라서 조합임원이나 시공자가 일방적으로 정비사업을 마음대로 진행하는 것처럼 잘못된 비방을 하지 말고, 자신이 정확히 판단을 하여 올바른 의결권을 행사함으로서, 정비사업이 성공적으로 진행하도록 하여야 할 것입니다.

☞ **홈페이지(www.r119.co.kr)의 동영상 강좌를 들으시면 더 쉽고 더 자세하게 이해하실 수 있습니다.**

40. 조합원 탈퇴 가능 여부

조합원이 사업도중 탈퇴할 수가 있는가요?

Key Point

사업초기에 잘 몰라서 조합원이 되었는데, 중간에 탈퇴를 하고 싶습니다.

사업진행도 잘 안되는 것도 같고, 서로 싸우는 것을 쳐다보는 것도 지겹고 그래서 빨리 여기서 벗어나고 싶습니다.

조합원 탈퇴가 가능한가요

법률사무소 국토
김조영 대표변호사의 동영상 강의

1. 토지등소유자의 사업계속 참가여부 결정단계

정비사업을 진행함에 있어서 토지등소유자가 이 사업에 계속하여 남고 싶은지 아니면 사업에 가담하고 싶지 않는지에 따라 결정할 수 있는 단계가 3~4 차례가 있습니다.

재건축사업과 재개발사업의 차이점 중에 하나는 재건축사업은 조합설립에 동의한 토지등소유자만 조합원이 되는 반면, 재개발사업은 동의율이 충족되어 조합설립인가가 나면 동의하지 않은 사람도 모두 조합원이 되게 됩니다.

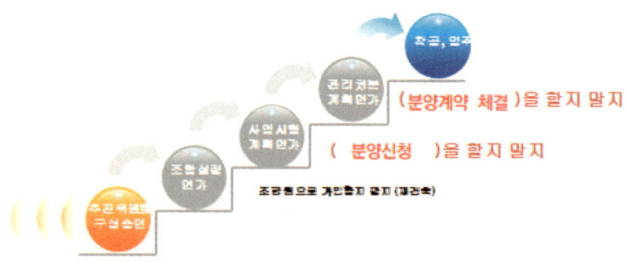

위 사업단계별로 설명을 드리면 아래와 같습니다.

① 먼저, 재건축사업의 경우에는 이 사업에 참가하고 싶지 않으면 조합설립동의를 하지 않으면 됩니다. 추진위원회 구성동의서를 제출한 사람은 조합설립인가 전에 반대의사를 표시하면 되고, 추진위원회 구성동의서를 제출하지 않은 사람은 조합설립동의서를 제출하지 않으면 됩니다.

② 재개발사업의 경우에는 본인이 조합설립동의를 하지 않더라도 다른 사람의 조합설립동의율이 충족되면 본인도 강제적으로 조합원이 됩니다.

③ 재건축사업이든 재개발사업이든 일단 조합설립인가가 나면 조합정관에 탈퇴할 수 있는 조문이 있기는 하지만 탈퇴에 대하여 조합총회결의를 얻도록 되어 있고, 조합원들이 탈퇴 동의를 해주지 않기 때문에 임의적인 탈퇴는 거의 불가능합니다.

④ 따라서 사업시행계획인가 후에 실시하는 조합원분양신청 기간 내에 분양신청을 하지 않으면 현금청산대상자가 되어 조합원지위를 상실하게 됩니다.

⑤ 그리고 분양신청을 하였다고 하더라도 관리처분계획인가 후에 실시하는 분양계약기간 내에 분양계약을 체결하지 않으면 이 또한 현금청산대상자가 되어 조합원 지위를 상실하게 됩니다.

⑥ 위와 같이 재건축사업은 3차례, 재개발사업은 2차례 사업에서 빠질 수 있는 기회가 있는데. 이런 것들을 모두 제외하고도 투기과열지구 등 조합원지위양도가 제한되는 지역을 제외하고는 본인이 소유한 부동산을 매도하고 얼마든지 사업에서 빠질 수가 있습니다.

☞ 홈페이지(www.r119.co.kr)의 동영상 강좌를 들으시면 더 쉽고 더 자세하게 이해하실 수 있습니다.